大人も
こども 聖書検定・旧約聖書編 公式テキスト

JN074885

旧約聖書

　旧約聖書は 39 巻からなる聖典で、長い時を経て、多くの信仰者によって記され、編集されました。旧約聖書は、大きく分けて以下の 4 つの部分から構成されています。

律法の書（モーセ五書）：神様の創造の秩序や、神様の教えの根となる律法が記されています。
歴史書：イスラエルの王国の成り立ちが記されています。
文学書：詩編（詩篇）や箴言などの神様を賛美する祈り集が収められています。
預言書：救い主の訪れとイスラエルの滅亡と回復、終わりの時代について記されています。

　「旧約聖書」という呼び名はキリスト教の視点によるもので、救い主イエス・キリストが人としてこの世に生まれる以前の出来事が記されています。そのため、主イエス・キリストによる「新しい契約」に対して、それ以前の契約を「旧約」と呼んでいます。

　旧約聖書は一見すると分厚く難解に思えるかもしれませんが、旧約聖書を読むことで新約聖書における主イエス・キリストの十字架による罪の贖いと、新しい契約の素晴らしさがより立体的に理解できます。

　本書では、旧約聖書を童話作家によるやさしい文章と美しい挿絵で描き出し、「もっと教えて」コーナーでは、理解が難しい出来事を深くやさしく解説しています。

　どうぞ、この本を入り口として、聖書との出会いの扉を開いてください。

一般社団法人
聖検 聖書検定協会
® 商標登録 第5385562号

聖書検定とは、聖書から出題される検定試験です。
検定を受けることにより、聖書をわかりやすく理解することができます。

〈目的〉

聖書検定は、多くの方々に広く聖書を知っていただく機会となることが第一の目的です。「神のみことば」である聖書を知らないで日本の方々が過ごすことのないように、その勤勉で優れた国民性のゆえに、検定という方法をとりました。

〈理念〉

●神のことばである聖書そのものを純粋に伝えます。

●教派を越え、かたよらないで、聖書の本質をきわめます。

●広く一般の方々に門戸を開き、じゅうぶんに親しんでいただきます。

●いつの世でも非常に影響力のある聖書の教えを身につけて、広く自由に世界へと羽ばたいていただくように願っています。

●聖書知識に限定しており、特定の教派やセクトに片寄っていません。

●プロテスタント、カトリックの両方に配慮しています。

"わたしたちは、自分自身を宣べ伝えるのではなく、主であるイエス・キリストを宣べ伝えています。わたしたち自身は、イエスのためにあなたがたに仕える僕なのです。"（コリントの信徒への手紙 二 4章5節）

〈「こども聖書検定・旧約編」8つの特徴〉

1 旧約聖書を時系列の順に構成しているので、流れがとても理解しやすくなっています。

2 童話作家による、やさしく読みやすい文章は、声に出して読み、また読み聞かせにも最適です。

4 内容をイメージした美しい挿絵はとても印象に残り、また、豊富な図表は学習の助けとなります。

5 「もっと教えて」のコーナーは、理解が難しい出来事を、深くやさしく解説しています。

6 各課の適切な練習問題により、習熟度を確認しながら学習できます。

7 通信による受検方式なので、時間、場所を問わず、どなたでも受検することができます。

8 採点はていねいに行い、正誤と共に、とても分かりやすい模範解答を添えます。

〈商標登録〉

『聖書検定』は商標登録しています。

® 商標登録 第 5385562 号

〈 聖書について 〉

　旧約聖書はヘブライ語の原典から、新約聖書はギリシア語の原典から、各国語に翻訳されています。日本語に翻訳された『聖書』は、どの聖書も、もとをただせば原典にいたります。どの『聖書』でも翻訳の言葉や表現にそれぞれの特色がありますが、基本的に同じです。聖書検定の学習で参考とされるのには、次の『聖書』を推奨しております。

　日本の教会や学校で多く用いられている聖書も、次の『聖書』が一般的です。

●日本聖書協会発行　『聖書』通称「口語訳聖書」といわれます。今も広く使われています。
　　　　　　　　（ 1954 年から発行されています。）

●日本聖書協会発行　『聖書　新共同訳』通称「新共同訳、続編を含まない」といわれます。
　　　　　　　　（ 1987 年から発行されています。プロテスタント用の聖書です。）

●日本聖書協会発行　『聖書　聖書協会共同訳』（ 2018 年から発行されています。）

●日本聖書協会発行　『聖書　新共同訳』通称「新共同訳、続編含む」といわれます。
　　　　　　　　（ 1987 年から発行されています。続編を含むためカトリック用の聖書です。）
　　　　　　　　『聖書　聖書協会共同訳』（旧約聖書続編付き）

●日本聖書協会発行　『舊新約聖書』古い訳です。通称「文語訳聖書」といわれます。
　　　　　　　　（文章が文語体で格調高いのが特色です。）

●いのちのことば社発行、新日本聖書刊行会翻訳　『聖書　新改訳』通称「新改訳聖書」といわれます。

●いのちのことば社発行、新日本聖書刊行会翻訳　『聖書 新改訳 2017』（ 2017 年から発行されています。）

【本文（童話作家による、やさしく読みやすい文章）】

1　各課のアイコンと見出し
2　童話作家による、やさしく読みやすい文章
3　声に出して読み、また、読み聞かせにも最適
4　内容をイメージした美しい挿絵
5　難しい語句の説明があり便利
6　全て振り仮名を振っている本文

(1) 各課のアイコンと見出しによって、内容が分かりやすい

(2) 童話作家による、やさしく読みやすい文章

(3) 声に出して読み、また、読み聞かせにも最適

(5) 難しい語句の説明が、同じページにあり、すぐに知ることができて便利

(4) 内容をイメージした美しい挿絵は、とても印象に残る

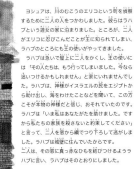

【もっと教えて（理解が難しい聖書の出来事を、深くやさしく解説）】

1　各課のアイコンと見出し
2　理解が深まる聖句とその解説
3　祈りを導いてくれる祈りの例文
4　理解が難しい出来事を深くやさしく解説
5　学習の助けとなる豊富な図表
6　各課毎に習熟度を確認できる練習問題

(1) 各課のアイコンと見出しによって、内容が分かりやすい

(4) 理解が難しい出来事を深くやさしく解説

(2) 各課の重要な聖句を掲載

(2) 聖句の解説で理解が深まる

(3) 聖句の内容に沿って、祈りを導いてくれる例文

(5) 豊富な図表による解りやすい説明は、学習の助けとなる

(6) 各課毎に〈キーポイント〉として、習熟度を確認できる練習問題がある

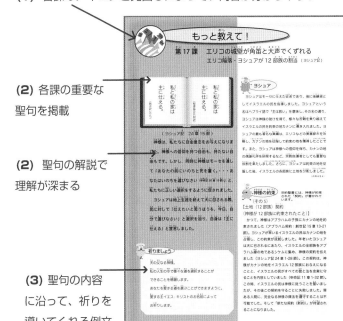

聖書検定試験の内容と実施について

どなたでも、何歳でも、いつでも、自由（飛び級できます）に受検できます。

こども聖書検定は、読み聞かせてわかる年齢から大人まで、どなたでも受検できます。

下の表の2種類の試験はどちらでも、また両方でも、自由に受検できます。

通信による筆記試験ですので、時間や場所を問わず受検できます。

検定試験名	受検の順番	出題範囲	受検実施方法
こども聖書検定・旧約聖書編	自由に受検できます	本文（童話作家による文章）から出題 ※「学習補助ドリル」での学習を推奨	通信による筆記試験
もっと教えて聖書検定・旧約聖書編	自由に受検できます（飛び級あり）	本文と「もっと教えて」各課のキーポイントから出題	通信による筆記試験

検定試験の認定の基準、受検料、申し込み方法ついて ※申し込みは巻末 P158~P159

検定試験名	到達度	再試験	受検料
こども聖書検定・旧約聖書編	70%以上	検定試験の結果、得点が到達度に満たない場合、すぐに再チャレンジができます。	1500円（税・送込）（こどもから大人まで同料金）
もっと教えて聖書検定・旧約聖書編	70%以上	検定試験の結果、得点が到達度に満たない場合、すぐに再チャレンジができます。	2,000円（税・送込）（こどもから大人まで同料金）

①受検者は申し込み、受検料を支払う（巻末 P157~P159 に記載）
↓
②当協会より検定試験問題用紙、解答用紙、返信用封筒を受検者に送る
↓
③受検者は解答用紙に記入し、同封の封筒に入れ当協会に送り返す。
↓
④当協会は受検者の解答を丁寧に採点し、正誤と共に模範解答冊子と認定証を送る。

採点結果と認定証について

採点結果と、受検した級の認定証を発行します。（採点した解答用紙と模範解答冊子を同封）

試験問題見本	こども聖書検定・旧約聖書編

ここに記載の問題は「こども聖書検定・旧約聖書編」の例題です。本試験の参考としてください。出題範囲は1～50課のいずれかから数十問。本試験では記号や数字で答える選択問題、穴埋め問題、○×式問題が出ます。（※「公式学習補助ドリル」での学習を推奨 P.156 詳細）

※本試験では解答用紙が別にあります。解答用紙を同封の封筒に入れて、聖書検定協会に返信いただきます。

 問い 神様がつくられた天地創造の順番のとおり、◯の中に数字を書こう。

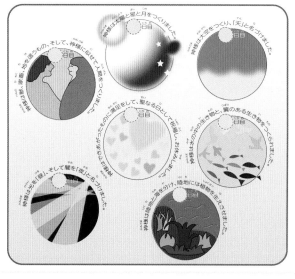

こども聖書検定・旧約聖書編
試験問題見本の解答

ここに記載の問題は「もっと教えて聖書検定・旧約聖書編」の例題です。本試験の参考としてください。
本試験では記号や数字で答える選択問題、穴埋め問題、○×式問題が出ます。出題範囲は1～50課全てのキーポイントから各1～2問ずつ。
※本試験では解答用紙が別にあります。解答用紙を同封の封筒に入れて、聖書検定協会に返信いただきます。

問. 次の質問について、カッコ内に当てはまる最も適切な語句の記号を一つ選んでください。

（1）モーセがミデアンの地で羊飼いをして暮らしていたある日、神の山ホレブに行った時、何が燃えていた？

> ㋑ 燃える炭　　　㋺火の柱　　　㋩ 燃える柴　　　㋥ 金の子牛

（2）12名の勇ましい士師のうちの一人、ギデオンがミデヤン人と戦うために立ちあがった時、神様は兵の数が多すぎると言い、兵は何人に減らされた？

> ㋑ 3万人　　　㋺ 3千人　　　㋩ 300人　　　㋥ 30人

（3）ダビデが全イスラエルの王となり、エルサレムの町を都とし、そこを『何の町』と呼んだ？

> ㋑ ダビデの町　　　㋺ ユダの町　　　㋩ 星の町　　　㋥ イスラエルの町

（4）旧約聖書の預言書の全17書の中で「三大預言書」と呼ばれている預言書以外の預言書はどれ？

> ㋑「エレミヤ書」　　　㋺「イザヤ書」　　　㋩「ダニエル書」　　　㋥「エゼキエル書」

（5）「わたしは新しい心をあなたがたに与え、新しい霊をあなたがたの内に授け、あなたがたの肉から、石の心を除いて、肉の心を与える。」（エゼキエル36:26）（口語訳）
この聖句の「肉の心」の説明で最も当てはまるものは？

> ㋑ 岩のように硬い心　　　㋺ 偏屈な心　　　㋩ 自分勝手な心　　　㋥ 愛と憐みの心

もっと教えて聖書検定・旧約聖書編 試験問題見本の解答 (1) ㋩、(2) ㋩、(3) ㋑、(4) ㋑、(5) ㋥

1	2	3	4	5

旧約聖書39巻

5巻 律法(モーセ)五書

1	2	3	4	5	6	7	8	9	10	11	12	13	14	15	16	17
創世記	出エジプト記	レビ記	民数記	申命記	ヨシュア記	士師記	ルツ記	サムエル記上／サムエル記第一	サムエル記下／サムエル記第二	列王記上／列王記第一	列王記下／列王記第二	歴代誌上／歴代誌第一	歴代誌下／歴代誌第二	エズラ記	ネヘミヤ記	エステル記
創	出	レビ	民	申	ヨシュ	士	ルツ	サム上	サム下	王上	王下	代上	代下	エズ	ネヘ	エス
					ヨシ			Iサム	IIサム	I列	II列	I歴	II歴			

本書

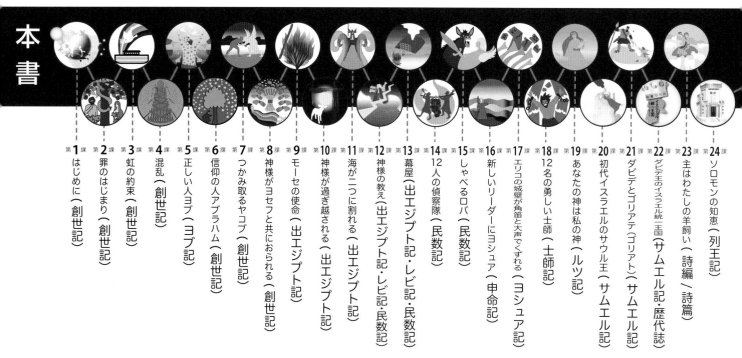

第1課 はじめに（創世記）
第2課 罪のはじまり（創世記）
第3課 虹の約束（創世記）
第4課 混乱（創世記）
第5課 正しい人ヨブ（ヨブ記）
第6課 信仰の人アブラハム（創世記）
第7課 つかみ取るヤコブ（創世記）
第8課 神様がヨセフと共におられる（創世記）
第9課 モーセの使命（出エジプト記）
第10課 神様が過ぎ越される（出エジプト記）
第11課 海が二つに割れる（出エジプト記）
第12課 神様の教え（出エジプト記・レビ記・民数記）
第13課 幕屋（出エジプト記・レビ記・民数記）
第14課 12人の偵察隊（民数記）
第15課 しゃべるロバ（民数記）
第16課 新しいリーダーにヨシュア（申命記）
第17課 エリコの城壁が角笛と大声でくずれる（ヨシュア記）
第18課 12名の勇しい士師（士師記）
第19課 あなたの神は私の神（ルツ記）
第20課 初代イスラエルのサウル王（サムエル記）
第21課 ダビデとゴリアテ（ゴリアト）（サムエル記）
第22課 ダビデ王のイスラエル統一王国（サムエル記・歴代誌）
第23課 主はわたしの羊飼い（詩編／詩篇）
第24課 ソロモンの知恵（列王記）

歴史年表

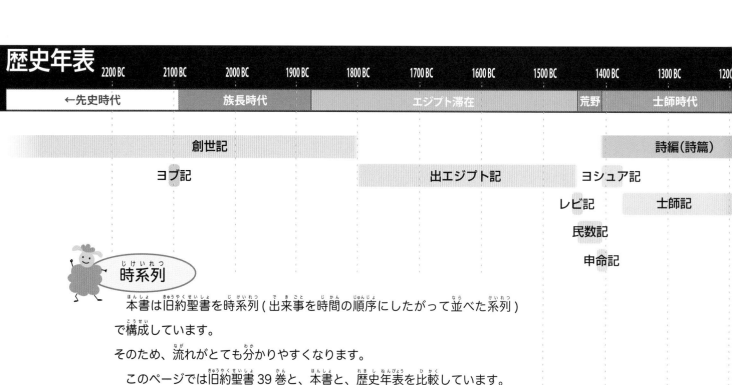

	2200 BC	2100 BC	2000 BC	1900 BC	1800 BC	1700 BC	1600 BC	1500 BC	1400 BC	1300 BC	1200
	←先史時代		族長時代			エジプト滞在			荒野	士師時代	

創世記
ヨブ記
詩編（詩篇）
出エジプト記
ヨシュア記
レビ記
士師記
民数記
申命記

時系列

本書は旧約聖書を時系列（出来事を時間の順序にしたがって並べた系列）で構成しています。

そのため、流れがとても分かりやすくなります。

このページでは旧約聖書39巻と、本書と、歴史年表を比較しています。

（歴史年表の出典は巻末）

5巻 預言書　　12巻 十二小預言書

18	19	20	21	22	23	24	25	26	27	28	29	30	31	32	33	34	35	36	37	38	39
ヨブ記	詩編／詩篇	箴言 しんげん	コヘレトの言葉／伝道者の書	雅歌 がか	イザヤ書	エレミヤ書	哀歌 あいか	エゼキエル書	ダニエル書	ホセア書	ヨエル書	アモス書	オバデヤ書	ヨナ書	ミカ書	ナホム書	ハバクク書	ゼファニヤ書／ゼパニヤ書	ハガイ書	ゼカリヤ書	マラキ書
ヨブ	詩	箴	コヘ／伝	雅	イザ	エレ	哀	エゼ	ダニ	ホセ	ヨエ	アモ	オバ	ヨナ	ミカ	ナホ	ハバ	ゼファ／ゼパ	ハガ	ゼカ	マラ

※新共同訳書名目／新改訳書名目　新共同訳略題／新改訳略

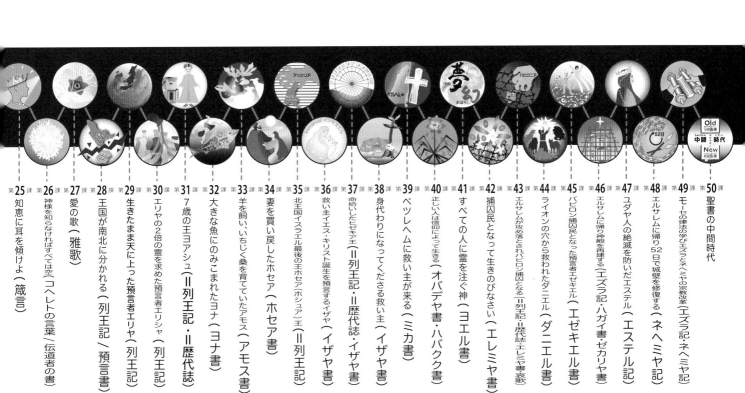

第25課 知恵に耳を傾けよ（箴言）
第26課 神様を知らなければすべては空（コヘレトの言葉／伝道者の書）
第27課 愛の歌（雅歌）
第28課 王国が南北に分かれる（列王記／預言書）
第29課 生きたまま天に上った預言者エリヤ（列王記）
第30課 エリヤの2倍の霊を求めた預言者エリシャ（列王記）
第31課 7歳の王ヨアシュ（Ⅱ列王記・Ⅱ歴代誌）
第32課 大きな魚にのみこまれたヨナ（ヨナ書）
第33課 羊を飼い、いちじく桑を育てていたアモス（アモス書）
第34課 妻を買い戻したホセア（ホセア書）
第35課 北王国イスラエル最後の王ホセア（ホシュア）王（Ⅱ列王記）
第36課 救い主イエス・キリスト誕生を預言するイザヤ（イザヤ書）
第37課 命拾いしたヒゼキヤ王（Ⅱ列王記・Ⅱ歴代誌・イザヤ書）
第38課 身代わりになってくださる救い主（イザヤ書）
第39課 ベツレヘムに救い主が来る（ミカ書）
第40課 すべての人に霊を注ぐ神（ヨエル書）
第41課 正しい人は信仰によって生きる（オバデヤ書・ハバクク書）
第42課 捕囚民となって生きのびなさい（エレミヤ書）
第43課 エルサレム攻め落とされバビロン捕囚になる（Ⅱ列王記・Ⅱ歴代誌・エレミヤ書・哀歌）
第44課 ライオンの穴から救われたダニエル（ダニエル書）
第45課 バビロン捕囚民となった預言者エゼキエル（エゼキエル書）
第46課 エルサレムに帰り神殿を再建する（エズラ記・ハガイ書・ゼカリヤ書）
第47課 ユダヤ人の絶滅を防いだエステル（エステル記）
第48課 エルサレムに帰り52日で城壁を修復する（ネヘミヤ記）
第49課 モーセの律法を学びエズラとネヘミヤの宗教改革（エズラ記・ネヘミヤ記）
第50課 聖書の中間時代

00 BC　1000 BC　900 BC　800 BC　700 BC　600 BC　500 BC　400 BC　300 BC　200 BC　100 BC　4 BC

士師時代 ｜ 統一王国時代 ｜ 分裂王国時代 ｜ バビロニア捕囚 ｜ 捕囚からの帰還 ｜ 聖書の中間時代 ｜ 新約→

箴言・コヘレトの言葉（伝道者の書）・雅歌　　　　エズラ記

ヨエル書　イザヤ書　ゼファニヤ書（ゼパニヤ書）　ネヘミヤ記

ホセア書　エレミヤ書　エステル記

ツ記

アモス書　哀歌

ナムエル記（上・第一）　オバデヤ書　ナホム書　エゼキエル書

サムエル記（下・第二）　ヨナ書　ダニエル書

列王記（上・第一）　ミカ書　ハバクク書　ハガイ書

列王記（上・第一）　ゼカリヤ書

歴代誌（上・第一）　マラキ書

歴代誌（下・第二）

●イエスの誕生（紀元前4年頃）

目次
もくじ

第1課　はじめに

天地創造（創世記1-2章）

宇宙・大空・そして私たちの住む地球は、どうやってできたのでしょう。

ひとりでにできた？　それとも……

こたえは聖書の中にあります。
神様がすべてを造られたのです。

どんなふうに造ったのかって？
では、順番にお話ししましょう。

はじめは神様がおられるだけで、なんにもありませんでした。

１日目、神様は言いました。「光、あれ」

すると真っ暗闇の中に光が輝きました。

神様は光を見て満足しました。

神様は光を「昼」、そして闇を「夜」と名づけました。

２日目、神様は大空を造り、「天」と名づけました。

３日目、陸地と海を分けました。陸地には植物を生えさせました。

それを見て神様は満足しました。

４日目、天に光る物をふたつ造りました。大きい光る物は昼に地上を照らし、小さ
い方は夜空に浮かぶようにしました。それが太陽と月です。

星が造られたのもこの日のことです。

神様は満足しました。

５日目、神様は水の中の生き物と、翼のある生き物を造られ、

それらを見て満足しました。

そして祝福して言いました。

「どんどん子どもを産んで増えなさい。」

６日目、神様は前日の生き物以外のあらゆる動物を造り、

満足しました。

最後に造られたのが私たち人間です。

人間は神様に似せて造られました。

そして、それまでに造った生き物を人間におまかせになりました。

３日目にできた「植物」は人間と動物の食べ物になりました。

できあがったものすべてを見た神様は、ものすごく満足しました。

そして７日目を聖なる日として祝福し、お休みしました。

もっと教えて！

第1課　はじめに　天地創造 (創世記 1-2章)

初めに神は
天と地を創造された。
(聖書協会共同訳)

はじめに神が
天と地を創造された。
(新改訳 2017)

(創世記　1章1節)

聖書は、「旧約聖書」と「新約聖書」という2つの部分からなります。旧約聖書はヘブライ語で書かれ、新約聖書はギリシャ語で書かれています。旧約聖書は、世界と人類の創造、歴史などが収められています。

その最初の巻である創世記は、ヘブライ語で「初めに」という意味の בְּרֵאשִׁית ［べシレ－と］ (おから発音←)という言葉から始まります。つまり、聖書は「初めに神は天と地を創造された」という言葉から始まるのです。この言葉は、神様が世界を創造し、すべてを支配しているという聖書の基本的な考え方を示しています。(出典は巻末)

創造の順番

神様が造られた天地創造の順番を覚えましょう。
(創世記 1:1-2:3)

1 日目、光と闇を分け、光を昼と呼び、闇を夜と呼ばれた。

2 日目、大空を造り、大空の下と大空の上に水を分けさせられた。 大空を天と呼ばれた。

3 日目、天の下の水は一つ所に集め乾いた所が現れた。乾いた所を地と呼び、水の集まった所を海と呼ばれた。地は草を芽生えさせた。

4 日目、二つの大きな光る物と星を造り、大きな方に昼を治めさせ、小さな方に夜を治めさせられた。昼と夜を分け、季節や日や年のしるしとした。

5 日目、水の中の魚、大空を飛ぶ鳥を種類ごとに創造し、産めよ、増えよと祝福した。

6 日目、地の獣、家畜、土を這うものを造られた。神様に似せて人を造り、海の魚、空の鳥、家畜、地の獣、地を這うものすべてを支配させた。

7 日目、全ての業を完成し終えて休まれた。第7の日を祝し、聖なるものとされた。

祈りましょう

天の父なる神様。
あなたが創造された世界を感謝します。
今日という日も神様がくださいました。
この日を感謝して生きることができますように。
愛する主イエス・キリストのお名前によってお祈りします。

聖書の中の大きな数字を「章」と呼び、小さな数字を「節」と呼びます。聖書のそれぞれの巻は「章」で区切られていて、その章の中にはたくさんの「節」があります。たとえば、創世記第1章1節は「初めに、神は天地を創造された。」になります。「創1：1」と略します。それは住所の番地のようで、「創世記町1丁目1番地」のようなものです。

聖書は元々巻物であったため「巻」と呼びます。

「章」と呼びます。
「節」と呼びます

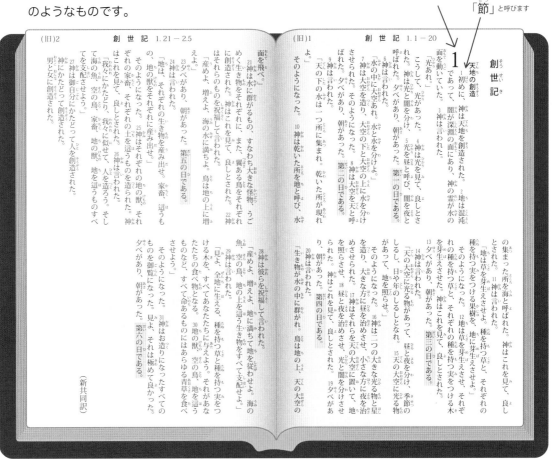

7日目の安息

神様は天地創造の時、空の太陽、月、星、海も山も、動物も人間も6日間かけて造られ7日目は休まれました。

この休みの日を聖書では「安息日」と呼びます。

「神様にも休みが必要？　神様も疲れるの？」と思うかもしれませんが、安息日は私たちが思うような休養の日としての意味があるだけでなく、神様と人間が一緒に過ごす時です。

神様はこの世界を「非常に良い」と言われ美しく造られました。

安息日は「この素晴らしい世界を一緒に味わおう」と神様から私たちへの愛の呼びかけの日と解釈できます。

考えたり、話し合ったり、覚えたりしてみよう！
第 1 課のキーポイント！

□ 1．神様は1日目は何を創られた？　　□ 2．神様は2日目は何を創られた？　　□ 3．神様は3日目は何を創られた？

□ 4．神様は4日目は何を創られた？　　□ 5．神様は5日目は何を創られた？　　□ 6．神様は6日目は何を創られた？

□ 7．神様は7日目は何をされた？　　□ 8．神様は人間をどなたに似せて創られた？　　□ 9．神様は創造されたもの全てを見てどのように思われた？　　□ 10．「安息日」とはどのような日だと思う？

※答えは巻末の148ページにあります。

第2課　罪のはじまり

最初の人アダムとエバ（創世記2-3章）

6日目につくられた人間のことを、もう少しくわしく見てみましょう。
だって私たちのことですから。
なんと私たちは大地のちりでつくられたのです。

人の形をつくっても、
それだけでは動きません。
神様は人間の鼻にいのちの息を、
ふうーっと吹き入れました。
すると……
いのちあるものとなりました！

神様はご自分がつくった人間を
「エデンの園」におきました。
園には良い木が
たくさんはえていて、
真ん中には「いのちの木」と
「善悪を知る木」がありました。
神様は人に言いました。
「どの木からでも好きなだけ食べていいよ。
でも『善悪を知る木』だけはだめだ。
その木から取って食べると、あなたは必ず死ぬから。」

それから神様は人のあばら骨のひとつをとって
女の人をつくりました。
一人でいるのは良くないと思われたからです。
男の人はアダム、
そしてアダムからつくられた女の人がエバです。

ある日、蛇がエバに近づいて言いました。
「園のどの木からも食べてはいけないと
本当に神様は言ったのですか？」
エバはこたえました。「園の木から食べていいのです。
でも真ん中にある『善悪を知る木からは
食べてはいけない、さわってもいけない、
死ぬといけないから』と言われました」

　すると蛇は――「あなたがたは決して死にませんよ。
それを食べると神様のようになり
善悪を知る者になるのです。
神様はそのことがわかっているのです」と言いました。
エバは、じっと木を見ました。
その実はとてもおいしそうです。
見た目も良いし、食べたら賢くなれそうです。
エバは、がまんできずに
その実をとって食べてしまいました。
そしてアダムにわたすとアダムも……！

　実を食べた二人は、裸でいることが
急に恥ずかしくなりました。
それで葉っぱをつなげて腰のまわりを隠しました。
そればかりか神様の足音を聞いた二人は、
木の間に隠れてしまったのです。

　神様は言いました。「食べてはいけないといった木から食べたのか？」
アダムは「あなたがつれてきた女が、あの木からくれたので食べたのです」
エバは「私は蛇にだまされたのです。それで食べました」

　神様は蛇に言いました。「おまえは、どの生き物よりものろわれる。腹ばいで動く
ようになる。女の子孫がおまえの頭を踏みつけ、おまえは彼のかかとにかみつく」
エバにはこう言いました。「あなたは子を産むとき大いに苦しむ。そして夫に支配さ
れる」さいごにアダムに言いました。「食べてはいけないといっておいた木から食べ
たので大地はのろわれた。あなたは食べ物を得るために一生苦しむ。そして、土に
帰るのだ」

　神様は動物の皮で衣をつくって二人に着せてあげました。そして「いのちの木」
からも食べることがないように彼らをエデンの園から追い出しました。

もっと教えて！

第 2 課　罪のはじまり 最初の人アダムとエバ（創世記 2-3 章）

神である主が造られたあらゆる野の獣の中で、最も賢いのは蛇であった。蛇は女に言った。「神は本当に、園のどの木からも取って食べてはいけないと言ったのか。」（聖書協会共同訳）

さて蛇は、神である主が造られた野の生き物のうちで、ほかのどれよりも賢かった。蛇は女に言った。「園の木のどれからも食べてはならないと、神は本当に言われたのですか。」（新改訳 2017）

（創世記　3 章 1 節）

神様の御言葉を正確に理解するのはたいせつな事です。人類の悲劇は、神様の御言葉を曖昧に聞いたことから始まりました。

私たちは、変わることのない神様の約束の御言葉に目を向け、神様が私たちに対してほんとうに何を言っておられるのかを知り、それに心を留めることを目指していきましょう。

祈りましょう

天の父なる神様。
あなたの言葉に目を向け、その意味を知り、心に留めることができますように。
愛する主イエス・キリストのお名前によってお祈りします。

神様の約束（その 1）

旧約聖書には、神様が約束された「契約」が書かれています。

【アダム契約（神様がアダムに約束されたこと）】

「神は彼らを祝福して言われた、『生めよ、ふえよ、地に満ちよ、地を従わせよ。また海の魚と、空の鳥と、地に動くすべての生き物とを治めよ』。」（創世記 1:28）（口語訳）

私たちは「支配」と聞くと嫌なイメージを抱きます。しかし、神様は「祝福に満ちた唯一の主権者（支配者）」（I テモテ 6:15-16 など）と聖書の中に記されています。

つまり神様がアダムと契約を結び、彼らに命じたことは、私たち人間の子孫がふえ、エデンの園（喜びという意味）がこの地に広がり、祝福と命によりこの地を統治することでした。

これはイエス・キリストを通して大宣教命令として（マタ 28:19-20）（マコ 16:15）（ルカ 24:47-49）（ヨハ 20:21）（使 1:8）回復しました。

「それから、イエスは彼らに言われた。『全世界に出て行き、すべての造られた者に福音を宣べ伝えなさい。』」（マルコの福音書 16:15）（新改訳 2017）

考えたり、話し合ったり、覚えたりしてみよう！

第 2 課のキーポイント！

□ 1. 神様は人間の鼻に何を吹き入れた？

□ 2. 神様は人間を何という名の園においた？

□ 3. 園の真ん中にある 2 つの木はそれぞれ何という名の木？　また、その内のひとつで、神様が食べてはいけないと言った木は何という木？

□ 4. 「神様が食べてはいけないと言った木」から生えた実を食べたらどうなると神様は言われた？

□ 5. 神様は人の体のどの部分をとって女の人をつくった？

□ 6. 神様が最初に作った男の人の名前と、女の人の名前は？

□ 7. ある日、蛇がエバに近づいて何と言った？

□ 8. 蛇に言われたことによってエバは何をした？

□ 9. 「8」のことによって恥ずかしくなった二人はどんなことをした？

□ 10. 神様は食べてはいけない木の実をエバにすすめた蛇と、木の実を食べたアダムとエバにそれぞれ何といった？

※答えは巻末の 148 ページにあります。

ADAM'S FAMILY TREE アダムの家系図

アダム

エバ

【エデンの園】
一つの川が
エデンから湧き出て、
園を潤していた。
それは園から
分かれて、
四つの源流と
なっていた。

（創世記 2:10）

カイン　　アベル　　セツ（セト）　息子・娘達

ノア

【カインとアベル】

　アダムとエバには男の子が生まれました。弟アベルは羊を飼う者、兄のカインは土を耕す者となりました。

日がたって、カインは地の産物を、アベルは群れのういごと肥えたものとを持ってきて、主に供え物としました。

神様は、アベルとその供え物は目を留められたけれども、カインとその供え物には目も留めませんでした。カインは

激しく怒り、顔を伏せてしまいました。そして、弟のアベルを野原に誘い出して殺してしまいました。

　神様は、カインに「あなたは何をしたのです。あなたの弟の血の声が土の中からわたしに叫んでいます。あなたは、

地上をさすらう者となるでしょう」と言われました。

　カインは、神様に「私はさすらう者となり、私を見つけた者が私を殺すでしょう」と言いました。神様は、カイン

を見つけた者が彼を打ち殺さないように、カインに一つのしるしをつけてくださいました。その後、カインは主の前

を去って、エデンの東、ノドの地に住みました。（創世記 4:1-16）（口語訳参照）

「罪」って？

聖書が言う「罪」とは何でしょう。

　アダムとエバは、神様から「『善悪の知識の木の実』を食べてはならない」と命じられていました。しかし、蛇の^{（創 2:17）}

誘惑に負けて、その木の実を食べてしまいました。アダムは自分のしたことをエバのせいにし、エバは蛇のせいにし^{（創 3:6）}
^{（創 3:12）（創 3:13）}
ました。

　こうして人は、神様から離れ、自己中心的な考えに走り、自分たちが神様のように賢く、全知全能であるかのよう

に思い始めました。そして「いつも自分は（神様のように）正しい」と考え、他人を裁くようになりました。聖書は^{（マタ 7:1）（ルカ 6:37）}
^{（ロマ 2:1）（ロマ 2:2）}
このような姿勢を「不信仰」、あるいは「罪」として説明します。

　私たちの深刻な「罪」に対する唯一の解決は、私たちのために、ご自分を犠牲にして命を捧げてくださったイエス・^{（ガラ 2:20）}

キリストの十字架にあります。キリストの犠牲によって、私たちは神様からの赦しを受け、神様と和解することがで^{（エフェ 1:7）（コロ 1:20）}

きます。イエス・キリストの恵みと愛によって、私たちは神様との良い関係を再び築き直すことができるのです。

第3課　虹の約束

ノアの箱舟 (創世記6-10章)

　アダムとエバから子どもが生まれ、その子どもたちがまた子どもを産み、地球上に人間がふえました。けれど、食べてはいけない木の実を食べた時から、すべての人に「罪」が入りこんでしまいました。

　罪はどんどん広がり、人の考えることや、行動は悪いことばかり。
神様はとても悲しみました。
あまりのひどさに人を造ったことを
後悔するほどでした。
このままではいけないと
思われた神様は
洪水をおこすことを決めました。

　でも、一人だけ、
たった一人だけ、
神様の心にかなう人がいました。
それはノアです。

　ノアの心はいつも神様と一緒でした。
ある日、神様はノアに言いました。
「箱舟をつくりなさい。」
神様はつくり方、大きさ、形など細かくノアにつたえました。

　ノアは妻と、セム・ハム・ヤフェテ(ヤフェト)という三人の息子、
その家族たちと暮らしていました。
ノアは神様にいわれたとおりに、家族たちと、
すべての生き物の雄と雌を箱舟にのせました。
ぜんぶ神様のいうとおりにしました。

大洪水がおきたのはノアが 600 歳の時です。
大雨が 40 日 40 夜続き、水がどんどん増して一番高い山も水の中にしずみました。
そして地上に残った動物も人間も滅びてしまいました。
人の悪はそれほどにまでひどかったのです。
150 日のあいだ水は増え続けました。

神様は大雨の源と天の水門を閉じました。
すると雨はやみ、大水が減り始めました。
ノアたちをのせた箱舟は
アララテ (アララト) の山に着き、
水の中にしずんでいた山々の
てっぺんが見えてきました。
ノアは箱舟の窓をあけ、
カラスを放ちました。
カラスは
地の上の水が乾かないので、
出たり戻ったりしていました。
鳩もおなじように放ちましたが
戻ってきました。
それから 7 日後、
もういちど鳩を放つと、
鳩は新鮮なオリーブの葉っぱを
くわえて戻ってきました。
水が地から引いたのです！
神様はノアに、家族と動物と一緒に
舟から出るようにいいました。

ノアは神様のために祭壇を築き、ささげものをしました。
神様はノアと家族を祝福して言われました。
「産めよ。増えよ。地に満ちよ。
植物と同じように、すべての生き物もあなたがたの食べ物になる。
わたしはあなたがたと約束する。
二度と大洪水によって地を滅ぼすことはしない。虹が約束のしるしだ」

もっと教えて！

第3課　虹の約束　ノアの箱舟 (創世記6-10章)

神様の約束

旧約聖書には、神様が約束された「契約」が書かれています。

（その2）

【ノア契約（神様がノアに約束されたこと）】

「わたしがあなたがたと立てるこの契約により、すべて肉なる者は、もはや洪水によって滅ぼされることはなく、また地を滅ぼす洪水は、再び起らないであろう」。（創世記9:11）（口語訳）

　神様がノアと結んだ契約は「平和の契約」です。これは後にイエス・キリストの十字架の犠牲により、神様と人との平和が回復することとなりました。

わたしは雲の中に、わたしの虹を立てる。それが、わたしと地との間の契約のしるしである。
（新改訳2017）

私は雲の中に私の虹を置いた。これが私と地との契約のしるしとなる。
（聖書協会共同訳）

（創世記　9章13節）

　「虹」はヘブライ語で קֶשֶׁת [トェシケ] と表記され、もともとは戦いの象徴である「弓」を意味する言葉です。虹が天空に弓のような形を描いていることに由来しています。「虹」は戦いの象徴でしたが、それが神様と人との「平和のしるし」となりました。

　その後、十字架という残酷な処刑器具が、イエス・キリストによって神様と人との和解の象徴となりました。（コロ1:19-20）いま、私たちはイエス・キリストの十字架を通して、神様との平和と完全な和解を受けることができるのです。（ロマ5:10）（出典は巻末）

祈りましょう

天の父なる神様。あなたの契約を心に覚え、あなたの愛とあわれみを感謝します。
ノアがその時代にあって神様の道を歩んだように、私もこの時代の中で神様の道を歩むことができますように。
愛する主イエス・キリストのお名前によってお祈りします。

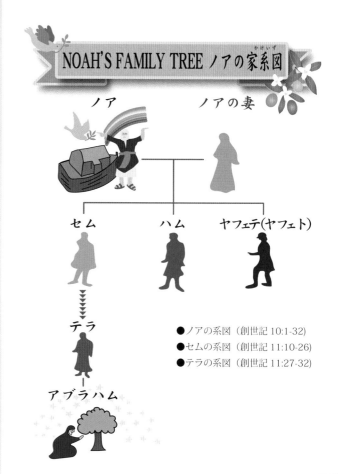

NOAH'S FAMILY TREE ノアの家系図

ノア　　　ノアの妻

セム　　ハム　　ヤフェテ(ヤフェト)

テラ

アブラハム

●ノアの系図（創世記10:1-32）
●セムの系図（創世記11:10-26）
●テラの系図（創世記11:27-32）

大きいね!

神様はノアに箱舟の造り方を次のように言われました。

「あなたはゴフェルの木で箱舟を造りなさい。箱舟には小部屋を設け、内側にも、外側にもタールを塗りなさい。箱舟の長さは三百アンマ、幅は五十アンマ、高さは三十アンマ。箱舟には屋根を造り、上から一アンマにして、それを仕上げなさい。箱舟の戸口は横側につけなさい。また、一階と二階と三階を造りなさい。」(創世記 6:14-16 聖書協会共同訳)

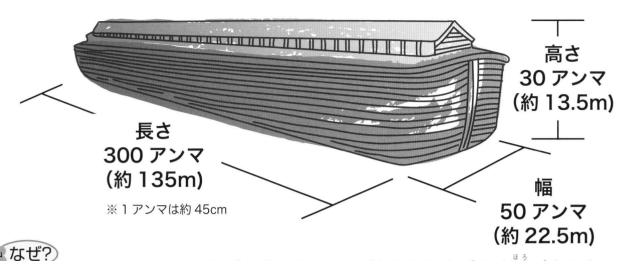

高さ
30 アンマ
(約 13.5m)

長さ
300 アンマ
(約 135m)

※1 アンマは約 45cm

幅
50 アンマ
(約 22.5m)

なぜ?
神様は、なぜご自身が創造した人を、地上からきびしく滅ぼされたの?

神様は、人をご自分に似た存在として創造されました。しかし人は善悪の木の実を食べてしまいました。その瞬間から、人は神様に逆らうようになり神様を悲しませてきたのです。

ノアの時代には罪と神様への反抗が増大し、地に溢れました。

神様は愛である一方で、正しい裁き主でもあります。そのため、この世に裁きを下し、正しい人ノアとその家族を通して、新しい世界を築き直されました。

神様の「裁き」と「あわれみ」は、主イエス・キリストの十字架に見ることができます。十字架でイエス・キリストは、私たちの罪の罰を、私たちの代わりに受けてくださいました。十字架上で広げられたその腕は、私たちを赦し、受け入れてくださる愛の御腕です。

ノアたちが新しい人生を歩み出したように、イエス・キリストによって私たちも新しくスタートすることができるのです。

考えたり、話し合ったり、覚えたりしてみよう!
第 3 課のキーポイント!

□ 1. アダムとエバが食べてはいけない木から食べてしまった時から、すべての人に何が入りこんでしまったの?

□ 2. 神様は、人の考えることや行動のあまりのひどさに人を造ったことを後悔し、何をおこされたの?　□ 3. 一人だけ神様の心にかなうノアに、神様は何をしなさいと言った?　□ 4. 神様は箱舟にノアの家族たちの他に何をのせなさいと言った?　□ 5. 大雨は何日間降り続いた?また、水は何日間増え続けた?　□ 6. 雨がやみ大水が減り始めた時、ノアたちをのせた箱舟は何という山に着いた?　□ 7. 箱舟が山に着き、ノアが 7 日後にもういちど鳩を放ったとき鳩は何をくわえて戻ってきた?　□ 8. 水が引いて箱舟から出た時にノアは神様のために何をした?□ 9. 洪水の後、神様はどんな約束をしてくださった?また、そのしるしは何?

※答えは巻末の 148 ページにあります。

第4課　混乱
バベルの塔（創世記11章）

そのころ、人間は、みな同じことばで話していました。
地球上には一種類のことばしかなかったのです。
　あるとき、人間たちは相談をして天にとどく高い塔を建てることにしました。
有名になろうとしたのです。
　でも、それは神様の喜ばれることではありませんでした。
ですから神様は人間のことばを混乱させ、たがいに通じないようにしました。
人間は地球上に広く散らされました。
その町の名はバベル（混乱）と呼ばれるようになりました。

もっと教えて！

さあ、私たちは降って行って、そこで彼らの言語を混乱させ、互いの言語が理解できないようにしよう。

（聖書協会共同訳）

さあ、降りて行って、そこで彼らのことばを混乱させ、互いの話しことばが通じないようにしよう。

（新改訳 2017）

（創世記　11 章 7 節）

　アダムとエバが神様の言いつけを破り、知識の木の実を食べた後、人は神様から離れ、罪を犯すようになりました。（創 6:5）（創 6:6）その結果、神様への反逆、人間同士の争い、分裂、混乱が続くようになりました。これらの問題は今日も続いています。
　聖書の中心テーマは「神様を愛し、互いに愛し合う」（申 6:5）（レビ 19:18）（マタイ 22:37-39）ことです。その形は縦の線と横の線、（ヨハ 13:34）（ヨハ 15:12）（ロマ 13:10）（1 ヨハ 4:7-8）つまり十字架により完成して行きます。聖書のあらゆる箇所から主イエスの十字架の大切さを見出すことができますように。

祈りましょう

天の父なる神様。ニムロデ（ニムロド）と人類が神地上で最初の勇士（創 10:8）様に逆らってバベルの塔を建てたように、私の中にも神様に逆らう高ぶりの性質があります。今日も私にへりくだりと柔和な心を与えてください。愛する主イエス・キリストのお名前によってお祈りします。

考えたり、話し合ったり、覚えたりしてみよう！

第 4 課のキーポイント！

□ 1. 初めは地球上には何種類のことばがあった？

□ 2. 人間たちは相談して何を建てた？

□ 3.「2」の出来事を見て、神様は人間に何をした？

□ 4.「混乱」と言う意味の町は何という名？

※答えは巻末の 148 ページにあります。

第5課　正しい人ヨブ
祝福する神（ヨブ記）

　　ウツというところにヨブという人が住んでいました。ヨブは神様を信じる人で、いっさい悪いことをせず、いつも正しく生きていました。7人の息子と3人の娘をもち、家畜は1万頭を超え、雇い人もたくさんいる大金持ちでした。家族の仲も良く、町の人々からも信頼されていました。

　　ある日、神様のところに天使たちとサタンがやってきました。神様はヨブのことを話しました。「わたしの僕ヨブを知っているか。彼のように心がまっすぐで、悪いことをしない者は地上にひとりもいない」

　　するとサタンが言いました。

「それは、あなたがヨブにたくさんのものをあたえ、守ってあげているからでしょう。財産を取りあげてみてください。あなたのことを呪うにきまっています」

　　神様は「ではヨブのすべての持ち物を、おまえのすきにしてよい。でもヨブの体には何もするな」と言いました。

　　その後、ひとりの使いがヨブのところにやってきて言いました。

「シェバ人が牛とロバを盗んでいきました。世話をしていた使用人たちは殺されました」

　　話し終わらないうちに、もうひとりがやってきて……

「神の火が天からおりてきて、羊と使用人たちを焼きつくしました」

　　話し終わらないうちに、もうひとりがやってきて……

「カルデヤ人が、らくだを盗み、使用人たちを殺しました」

　　話し終わらないうちに、もうひとりがやってきて……

「ご長男の家で息子さんたちと娘さんたちが食事をしていると、大風で家がこわれ、みなさん下敷きになり亡くなられました」

　　ヨブは立ち上がり自分の上着を引き裂き、頭をそり、地面にひれ伏して言いました。

「私は裸で、何も持たずにこの世に生まれてきた。

死ぬときも裸で、何も持たずにこの世を去るのだ。

主が与え、主がお取りになる。

主のお名前を、私はいつだってほめたたえる」

　　ヨブは、大切なものを失っても罪を犯すことなく、神様に対して不平を言いませんでした。

サタンは神様にもう一度言いました。
「さすがのヨブも自分が病気になったら、あなたを呪うにちがいありません」
「では、ヨブをおまえの手にわたそう。ただし命を取ってはいけない」
　サタンは、ヨブの足の裏から頭のてっぺんまでを、できもので苦しめました。
ヨブは灰の中にすわって土器のかけらで全身をかきむしりました。
　ヨブの妻は言いました。
「あなたは、こんなになってもまだ神様を信じるっていうの？　神様を呪って死んだ
ほうが良いわよ」
「おまえの言葉は、まるで神様を知らない女が言うようなことだ。私たちは神様から
良いものをいただくのだから、悪いものも受けるべきだよ」

　ヨブは神様に罪を犯すようなことは言いませんでした。

　ヨブのことを聞いた３人の友、エリファズ、ビルダデ（ビルダド）、ツォファルが、
ヨブをなぐさめようとやってきました。ところがヨブの姿を見て、あまりのひどさ
に何も言えず、７日間だまってヨブといっしょにすわりました。

　８日目になって、ヨブは「ああ、生まれてこなければよかったのに」と自分が生
まれた日を呪いました。すると３人の友人も、かわるがわる話しはじめました。
「ヨブ、良いことをすれば良いことがあるし、悪いことをすれば悪いことがおきる。
だからこんなひどいことがおきたのは、きみが罪を犯したからだ。神様に悔い改め
るべきだ」
　けれどヨブは「神様に悪いことは何ひとつしていない」と、きっぱりこたえました。

　でも、ヨブにはわかりませんでした。なぜこのようなことが起きたのか、もしか
したら友人の言うように、自分が罪を犯たからなのか、もしそうなら、どんな罪な
のか、神様と自分は親しいと思っていたヨブも自信がなくなってきました。ヨブは
神様の心が知りたくて、神様ご自身に教えてほしいとお願いしました。

　神様からのこたえはありません。友人たちは、ヨブが自分の罪を認めようとしな
いのでヨブを責めつづけました。でもヨブは、神様と自分の間に立って弁護してく
れる方が、きっと天にいると信じたのです。

　すると、それまで４人の様子を見ていた若者エリフが怒りだしました。それはヨ
ブが神様よりも自分を正しいかのように話していることと、３人の友人が、ヨブに
は罪があるといいながらも、そのヨブにはっきりと言い返せなかったからでした。

そして、ついに神様が嵐の中から語りはじめました！

ヨブが聞きたかったこたえを？

いいえ、逆にヨブに質問したのです。

「わたしがこの地を造り始めたとき、ヨブよ、あなたはどこにいたのか。だれがその広さを決めたのか、海はどこまでにするか、あなたは知っていたか。雪の倉に入ったことはあるか。野やぎが、どのようにして子を産むかを知っているか。あなたが馬に力を与え、たてがみをつけたのか……全能者と言い争う者よ、神を責める者よ、さあこたえてみよ」

　ヨブは主にこたえました。

「ああ、私は小さな者です。あなたにこたえることなどできません。この口に手を当て黙ります」

　神様は続けて言いました。

「あなたは自分を正しい者とするために、わたしを罪ある者とするのか。あなたには神のような力があるのか。高ぶる者を低くさせ、おさえつけ、悪人を踏みつけ、彼らをよみに閉じ込めてみよ。そうすれば、わたしもあなたをほめて言おう。あなたは自分を救うことができると」

　ヨブはこたえて言いました。

「あなたは、どんなこともおできになり、どんなご計画もそのとおりになさると私は知りました。ああ、私は何もわかっていませんでした。あなたのなさった不思議も知りませんでした。あなたのことを聞いてはいましたが、今ははっきりと、あなたのことがわかります。私は灰の中で悔い改めます」

　神様は３人の友人に言いました。「わたしはあなたたちに怒っている。わたしの僕ヨブのように、わたしについて正しいことを語らなかったからだ。わたしの僕ヨブが、あなたたちのために祈ってくれるだろう。わたしはヨブの祈りを聞き入れるので、あなたたちを罰することはしない」

　ヨブが友人のために祈ったとき、ヨブの病はいやされ、持ち物は以前の２倍与えられました。つまり、家畜は２万頭を超え、７人の息子と３人の美しい娘が生まれました。ヨブは娘たちにも息子たちと同じように財産を分け与え、さらに140年生き、子孫を４代先までも見たのです。

　そして、ヨブは満ち足りた人生を終えました。

もっと教えて！

第5課　正しい人ヨブ　祝福する神（ヨブ記）

私は耳であなたのことを聞いていました。しかし今、私の目はあなたを見ました。

（聖書協会共同訳）

私はあなたのことを耳で聞いていました。しかし今、私の目があなたを見ました。

（新改訳2017）

（ヨブ記　42章5節）

「私はあなたのことを耳で聞いていました」という言葉は、ヨブが他人から神様について学んだ知識を示しています。一方「今、私の目があなたを見ました」は、ヨブが神様の存在を直接経験し、その全能を理解したということです。

不条理で耐え難い試練の真っ只中で、神様はヨブと一対一で出会ってくださいました。

聖書が言う「神を知る」とは神様を知識として知る以上に、人格的に出会い、神様の素晴らしい愛を受け取ることを意味しています。

今も聖書を通して私たちは神様と一対一で出会い、神様の素晴らしい愛を受け取ることができるのです。

ヨブの苦しみ

因果応報とは、過去の善悪の行為が原因となり、その結果として善悪の報いが返ってくるという思想です。つまり幸せな人は、良い行いをしてきたから幸せなのであり、不幸な人は、悪い行いをしてきたために不幸なのだ、という考え方です。ヨブの友人たちはこの考え方に従って、ヨブが人に隠れて何か極めて悪い行いをし続けたために、このようなひどい不幸に見舞われたのではないか、と疑いました。しかし、ヨブには思い当たることが一つもないのです。実際、神様はヨブに罰を与えたわけでも、信仰を強めるために試練を与えたのでもありません。ヨブは理由もわからぬ苦しみに耐え、それでもなお神様を求め続けました。

ある時、イエス様の弟子が、生まれつき目が見えない人を見て「この人の苦しみの原因は、この人自身の罪のためですか、親の罪のためですか」と尋ねました。この質問に対してイエス様は「本人が罪を犯したからでも、両親が罪を犯したからでもない。神の業がこの人に現れるためである」と宣言し、この人の目を癒やされました。そして、イエス様の宣言通り、この人の上になされた御業が、今日も聖書を通して世界中に広められています。この目が見えない人の苦しみは、因果応報によって説明される問題を超えた、神様のご計画のうちにありました。

（ヨハネ9：1-7）

祈りましょう

天の父なる神様。あなたを知識だけで知るのではなく、実際に生きて働いておられる神様として、もっと深く出会いたいです。聖霊様、導いてください。愛する主イエス・キリストのお名前によってお祈りします。

考えたり、話し合ったり、覚えたりしてみよう！

第5課のキーポイント！

- □ 1. ウツに住んでいたヨブは神様を信じる人で、いっさい悪いことをせず、いつもどのように生きていた？
- □ 2. 神様がヨブのことを「心がまっすぐで、悪いことをしない者は地上にひとりもいない」と言った時、サタンは神様に何といった？
- □ 3.「2」のサタンの申し出を聞いて、神様はサタンに何といった？
- □ 4. ヨブは大切な財産や子どもたちを失った時、どうした？
- □ 5. ヨブの全身にできものができた時、ヨブの妻はヨブに何と言った？また、ヨブは何とこたえた？
- □ 6. ヨブの3人の友が「きみが罪を犯したからだ。神様に悔い改めるべきだ」と言った時、ヨブは何とこたえた？
- □ 7. 神様が嵐の中から語ったことばに、ヨブはなんとこたえた？
- □ 8. ヨブが友人のために祈ったとき、神様はヨブにどんなことをされた？

※答えは巻末の148ページにあります。

第6課　信仰の人アブラハム
アブラハムの義・イサクの犠牲
(創世記 12-26 章)

　神様はある日、ノアの子孫のひとりアブラム（のちのアブラハム）に言いました。「生まれ育ったこのウルを出て、わたしが示す地へ行きなさい。そうすれば、あなたを大きな国民とし、あなたを祝福しよう。」

それはアブラムが 75 歳のときでした。アブラムは神様の言うとおり、どこへ行くのかわからないまま出発しました。

　神様はアブラムに、地のちりのようにたくさんの子孫をくださると約束してくださいましたが、いつまでたっても妻のサライ（のちのサラ）には子どもがうまれません。アブラムは子どもがいないまま自分は死んでゆくのだろうと思うようになりました。

　ある夜、神様はアブラムを外に連れ出して言いました。「さあ、天を見上げてごらん。そして星を数えてみなさい。」夜空は星でうめつくされ、とてもとても数えられません。神様は「あなたの子孫はこのようになるのだ」と言いました。

アブラムは神様を信じました。神様はアブラムがご自分を信じたことをたいへん喜ばれました。

　そしてアブラムが 99 歳になったとき神様が言いました。
「わたしは全能の神、できないことは一つもない。あなたの子孫を大いにふやし、あなたは多くの国民の父——アブラハム——となる。あなたの名はもうアブラムではなくアブラハムである。わたしはあなたと、そしてあなたの子孫に約束する。カナンはあなたと子孫のものだ。サラは男の子を生む。その子の名前はイサクとしなさい。」

神様のいうとおり、ついにアブラハムに男の子が生まれ、
その子はイサクと名付けられました。
待ちに待った子どもが生まれたのです！
ある日、神様はアブラハムに言われました。
「あなたの愛するイサクを連れて
モリヤの地に行き、
山の上でイサクを全焼のささげものとして、
わたしにささげなさい。」
なんということでしょう。

けれど、アブラハムは、
翌朝はやく神様に言われたとおり
イサクを連れて出発しました。
イサクはアブラハムに聞きました。
「お父さん、ささげものにする羊は、
どこですか？」
アブラハムは「神様が用意してくださるよ」とこたえ、
その場所につくとまず祭壇をつくりました。
そして息子イサクを縛ってそこにのせたのです。
刀をふりおろそうとしたそのとき、天から声がしました。

「アブラハム。その子を殺してはならない。
あなたがわたしを信じてくれていることがよくわかった。
あなたはわたしのために
自分の最愛の息子をも
ささげたのだから。」
神様が一匹の羊を用意してくださって、
アブラハムはその羊を
ささげものとしました。

やがてイサクは結婚しました。
妻の名前はリベカです。
そしてリベカは双子を生み、
兄はエサウ、弟はヤコブと
名付けられました。

もっと教えて！

第6課　信仰の人アブラハム
アブラハムの義・イサクの犠牲　（創世記12-26章）

「天を見上げて、星を数えることができるなら、数えてみなさい。」そして言われた。「あなたの子孫はこのようになる。」アブラムは主を信じた。主はそれを彼の義と認められた。

（聖書協会共同訳）

「さあ、天を見上げなさい。星を数えられるなら数えなさい。」さらに言われた。「あなたの子孫は、このようになる。」アブラムは、このようになる。」アブラムは主を信じた。それで、それが彼の義と認められた。

（新改訳2017）

（創世記　15章5-6節）

アブラムは、75歳の時にハランを出発し、カナンへと向かいました。カナンの地に入ったときには、アブラムも、10歳年下の妻サライもかなりな高齢だったことになります。しかも、彼らにはまだこどもがいませんでした。

それでもアブラムは、神様からの約束、彼の子孫が「空の星」のように増えるという約束を（創15:5-6）信じました。アブラムの神様への絶対的な信頼、「信仰」は、神様の目に正しい「義」と認められ、アブラムは大きな祝福を受けました。

彼はイスラエル民族の始祖となり、また信仰の父として尊敬される存在となりました。（ロマ4:9）（ガラ3:6）

（出典は巻末）

祈りましょう

天の父なる神様。アブラハムへの約束は今、私に対する約束とされていることを感謝します。私も人生のあらゆる場面で神様を信じ、神様に信頼して生きることができるように助けてください。愛する主イエス・キリストのお名前によってお祈りします。

神様の約束（その3）

旧約聖書には、神様が約束された「契約」が書かれています。

【アブラハム契約（神様がアブラハムに約束されたこと）】

「主はアブラムと契約を結んで言われた、『わたしはこの地をあなたの子孫に与える。』」（創世記15章18節）(口語訳)

神様はアブラハムに対して、彼の子孫を大いなる国民にし、その子孫を通してすべての国々が祝福を受けることを約束されました。（創12:1-3）さらに、神様はアブラハムの子孫が異国の地、エジプトで寄留者となり、4世代後にその地を脱出すること、そしてその後、カナンの地が彼らに与えられることも約束されました。（創15:13-21）これら一連の約束は、「アブラハム契約」と呼ばれています。この契約は、神様がイスラエル民族を特別な民として選び出し、救い出すという約束を含んでいます。

考えたり、話し合ったり、覚えたりしてみよう！
第6課のキーポイント！

□ 1. 75歳のアブラムは、神様の言うとおり、どこへ行くのかわからないまま出発した？出発しなかった？

□ 2. 「1」の時に神様はアブラムにどんな約束をした？アブラムはそれを信じた？□ 3. アブラハムが99歳になったとき神様は何と言われた？　□ 4. 神様がアブラハムに「あなたの愛するイサクを連れてモリヤの山の上でイサクを全焼のささげものとして、神様にささげるように」と言われたとき、アブラハムはどうした？

□ 5. 「4」の出来事を行なうときにイサクは父アブラハムに何と聞いた？また、アブラハムは何とこたえた？

□ 6. アブラハムがまさに「4」の神様の言われたことを行おうとした時、神様は何と言われて、何を用意してくれた？□ 7. 「信仰の父」とは誰のこと？どうしてそのように呼ばれるの？□ 8. イサクは何という名の人と結婚した？□ 9. イサクの息子の双子の兄と弟は、それぞれ何という名？

※答えは巻末の148ページにあります。

ABRAHAM'S FAMILY TREE アブラハムの家系図

テラ

「テラはその子アブラムと、ハランの子である孫ロトと、子アブラムの妻である嫁サライとを連れて、カナンの地へ行こうとカルデヤのウルを出たが、ハランに着いてそこに住んだ。」
(創世記 11:31 口語訳)

ハラン

ハガル サラの女奴隷
(創世記 16:1-16)

アブラハム

サラ

イシュマエル
アブラハムが八十六歳の時誕生
(創世記 16:16)

ロト　イスカ　ミルカ　ナホル

ラバン　リベカ

世界で最も美しい、イサクとリベカの結婚
(創世記 24:1-67)

イサク
アブラハムが百歳の時誕生
(創世記 21:5)

エサウ　ヤコブ

【アブラハムのとりなし、ソドムとゴモラ】

アブラハムは、罪に満ちたソドムとゴモラの町が滅ぼされるという啓示を受けました。するとアブラハムは神様に対して、「あの町には正しい人が 50 人いるかもしれません。それでも滅ぼされますか。正しい人は 45 人、40 人、30 人、20 人、あるいは 10 人しかいないかもしれません。それでも滅ぼされますか。」と問いかけました。すると神様は、「その 10 人のために、わたしは町を滅ぼさない。」と答えられました。

その夕方、ソドムに二人の御使いが訪れ、アブラハムの甥であるロトの家に立ち寄りました。ロトは御使いを歓迎し、食事を提供しました。ところが町の男たちがやってきて家の周りを取り囲み、「お前のところにやってきた連中を出せ」と騒ぎ立て、ロトに激しく迫り、戸を破ろうとしました。御使いたちは手を伸ばしてロトを家の中に引き入れ、戸を閉め、男たちの目をくらませました。そして「主がこの町を滅ぼすと決めました。だから、身内のものを皆集めて山へ逃げなさい。振り返ってはなりません。」と告げました。

ロトが妻と二人の娘を連れて逃げ出したとき、神様は天から硫黄の火を降らせてソドムとゴモラを全滅させました。神様はアブラハムを覚えて、その滅びの中からロトを救い出しました。しかし、ロトの妻は振り向いたため、塩の柱に変わってしまいました。(創世記 18 章 16 節 -19 章 29 節)

義とは何？

旧約聖書で「義」と訳されている言葉は、ヘブライ語では צְדָקָה [ーカダエツ] [名] または צַדִּיק [クィデドァツ] [形] と表記されています。旧約聖書の中で、צְדָקָה は 157 回、 צַדִּיק は 206 回使用されています。これらの言葉は、一般的に正義という言葉で理解される、社会的倫理的正義の意味もありますが、聖書ではそれ以上の意味として、神様のご性質を
(申 32:4)(詩 145:17)(イザ 45:21)(1 ヨハ 1:9)
「義」と表現し、神様の前で正しいことが「義」であるとされます。
(詩 14:3)(ロマ 3:10)
完全な義でおられる神様の前では、人は誰しも「義」ではありえません。この時点では、この「義」を詳細に規定する律法はまだ与えられていませんでした。それは後のモーセを待つ必要がありました。それでも神様はアブラハムを「義」と認めました。その理由を聖書は次のように簡潔に述べています。
(創 15:6)
「アブラムは主を信じた。主はそれを彼の義と認められた。」 アブラハムは神様の言葉をそのまま受け入れ、信じました。それを神様はアブラハムの義と認めました。
(ガラ 3:6)
私たちが義とされるのは、ただ、イエス・キリストの十字架の贖いの業を通して、神の恵みにより、価なしに義とされるのです。 イエス・キリストを信じる信仰だけが、私たちを「義」へと導くことができるのです。
(ガラ 2:16)(ロマ 3:23)
(出典は巻末)

第7課　つかみ取るヤコブ

ヤコブから神の約束の民イスラエルへ
(創世記 25-35 章)

　イサクは兄息子エサウを、リベカは弟息子ヤコブを愛しました。
イサクが年をとって目がよく見えなくなったころ、
イサクはエサウを呼び、言いました。
「獲物をとってきて私の好きな料理を作って食べさせてほしい。
死ぬ前にお前を祝福したいから。」
この祝福というのは長男がもらうものだからです。

　エサウが出かけると、リベカはヤコブを呼び「エサウがもどってくる前に、お父さんの好きな料理をもっていき、あなたが祝福してもらいなさい」と言いました。

　リベカはヤコブにエサウの服を着せ、ヤコブにエサウのふりをさせました。
目がよく見えないイサクは、すっかりだまされ、
料理を食べて弟のヤコブを祝福してしまいました。
それを知ったエサウは大変おこってヤコブを殺そうと考えたのです。
　ヤコブが殺されることを恐れたリベカは、
自分の兄であるラバンの家にヤコブを逃がしました。

　ヤコブは無事、母リベカの兄であるおじラバンの元に着きました。
ラバンには娘が二人いました。
姉はレア、妹はラケルです。
　ヤコブはラケルを愛しました。
ですからラケルと結婚したくてラバンの元で7年働きました。
7年がたったとき、ラケルと結婚できると喜んだヤコブでしたが、
結婚させられたのはなんと姉のレア。
ヤコブはラバンにだまされたのです。
どうしてもラケルと結婚したかったヤコブはもう7年働くことになりました。

　ヤコブ はラケルとも結婚し、ラケルとの間にヨセフとベニヤミンが生まれました。
ヤコブの息子は全部で 12 人になりました。

あるとき神様はヤコブに言いました。「あなたが生まれた国に帰りなさい。わたしはあなたとともにいる。」

　ヤコブは家族をつれて出発しました。けれど旅のとちゅうで兄エサウと会うことになったのです。ヤコブはたいへん恐れました。

20年前、エサウに殺されそうになって家を逃げ出したのですから。

　ヤボクの川まできたとき、家族全員をわたらせヤコブ一人が残りました。するとある人があらわれ、夜が明けるまでヤコブと格闘しました。　ヤコブは、その人にももの関節を打たれ、腰の筋をいためてしまいました。

　その人が行こうとすると、ヤコブは「私を祝福してくださらなければ、行かせません」としがみつきました。

　すると、その人は「あなたの名はもうヤコブではない。イスラエルだ。あなたが神と人と戦って勝ったからだ」と言いました。ヤコブはその場所をペヌエルとよびました。「私は顔と顔を合わせて神様を見たのに命が救われた」という意味です。そうです。ヤコブが戦ったのは神様だったのです。

　ついにエサウと再会です。ヤコブはもう恐れません。家族の先頭に立って進みます。

　そしてエサウとヤコブは仲直りしました。

第7課 つかみ取るヤコブ
ヤコブから神の約束の民イスラエルへ（創世記25-35章）

> あなたの名はもはやヤコブではなく、これからはイスラエルと呼ばれる。あなたは神と闘い、人々と闘って勝ったからだ。
>
> （聖書協会共同訳）
>
> （創世記 32章28節）

> あなたの名は、もうヤコブとは呼ばれない。イスラエルだ。あなたが神と、また人と戦って、勝ったからだ。
>
> （新改訳2017）
>
> （創世記 32章29節）

イスラエルとは「神と闘う者」という意味ですが、ここで「神は自分と闘う者を祝福するの？」という疑問が生まれます。ある聖書学者はこの箇所を「神と共に闘い自分の肉の性質に勝った者」と解釈しています。ヤコブとはその名前の意味が「だます者、奪う者」（創25-26）であり、それはまさに私達人間の罪の性質そのものです。ヤコブは腰（自己中心）が打たれたことにより、神の約束の民イスラエルとなりました。

これはイエス・キリストの十字架により赦され、罪の根源が砕かれ、神の約束の民とされた私たちの姿なのです。

祈りましょう

天の父なる神様。
私の中にある自己中心、だます心を砕いてください。
そして、天国の王子、王女となることができますように導いてください。
愛する主イエス・キリストのお名前によってお祈りします。

ヤコブの夢

【石の枕（創世記 28:10-22（口語訳））】

さてヤコブはベエルシバを立って、ハランへ向かったが、一つの所に着いた時、日が暮れたので、そこに一夜を過ごし、その所の石を取ってまくらとし、そこに伏して寝た。時に彼は夢をみた。一つのはしごが地の上に立っていて、その頂は天に達し、神の使たちがそれを上り下りしているのを見た。 そして主は彼のそばに立って言われた、「わたしはあなたの父アブラハムの神、イサクの神、主である。あなたが伏している地を、あなたと子孫とに与えよう。 あなたの子孫は地のちりのように多くなって、西、東、北、南にひろがり、地の諸族はあなたと子孫とによって祝福をうけるであろう。わたしはあなたと共にいて、あなたがどこへ行くにもあなたを守り、あなたをこの地に連れ帰るであろう。わたしは決してあなたを捨てず、あなたに語った事を行うであろう。」ヤコブは眠りからさめて言った、「まことに主がこの所におられるのに、わたしは知らなかった。」そして彼は恐れて言った、「これはなんという恐るべき所だろう。これは神の家である。これは天の門だ。」ヤコブは朝はやく起きて、まくらとしていた石を取り、それを立てて柱とし、その頂に油を注いで、その所の名をベテルと名づけた。その町の名は初めはルズといった。ヤコブは誓いを立てて言った、「神がわたしと共にいまし、わたしの行くこの道でわたしを守り、食べるパンと着る着物を賜い、安らかに父の家に帰らせてくださるなら、主をわたしの神といたしましょう。 またわたしが柱に立てたこの石を神の家といたしましょう。そしてあなたがくださるすべての物の十分の一を、わたしは必ずあなたにささげます。」

カナン地図

イスラエル民族の祖であるアブラハムは、神の導きに従い、メソポタミアのウルからカナンの地へとやって来ました。彼の息子イサクはカナンで生活を営み、その後、イサクの息子ヤコブがエジプトへと移住しました。これら3人はイスラエルの重要な父祖とされ、敬われています。彼らの足跡を地図でたどってみましょう。(出典は巻末)

父祖たちが住んだカナン 古代の地図 19~16B.C.

アブラハム、その子イサク、孫ヤコブの三代の父祖たちが住んだカナン地方は、今ではパレスチナ地方と呼ばれています。この地方の中央部を父祖たちは移動しながら住みました。

【シケム】
アブラハムが最初に到着した所
「お前にこのあたりを与える」

【ベテルとアイ】
アブラハムが一時住んだ所
ヤコブが石を枕に夢見た所

【エルサレム】
後に中心地になる

【ヘブロン】
アブラハムとイサクが住んだ所
イサクはこの集落のマムレという所で死んだ

【ベエル・シェバ】
ヤコブはここを出発してはるばるユーフラテス川上流のパダン・アラムに向かった

【ハラン】
アブラム(アブラハム)が住んでいた所 ここからカナン地方に南下した

【ペヌエル】
ヤコブが「神の人」と格闘してイスラエルという名をもらった所

【ベツレヘム(エフラタ)】
この集落の中の「マクペラの洞穴」が父祖たち全員の墓地

【ウル】
アブラハムの父が住んでいた所 アブラム(アブラハム)が生まれた所

【エジプト】
アブラハムは飢饉を逃れ一時エジプトに住んだ

この辺り全体をカナンという

この辺り全体をネゲブ(乾燥地)という
アブラハムが一時住んだ場所

※現在の国名と境界線は灰色で示しました

0   200km.

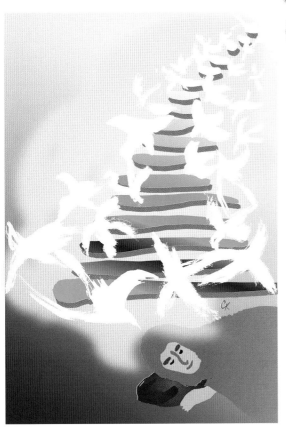

考えたり、話し合ったり、覚えたりしてみよう！

第7課のキーポイント！

□ 1. イサクは双子の息子のどちらを愛した？
リベカは双子の息子のどちらを愛した？

□ 2. イサクが年をとって目がよく見えなくなったころ、エサウを呼び出し、なんて言った？

□ 3. 「2」の話をリベカが聞いていて、ヤコブに何をさせた？

□ 4. 「3」のことを知って、兄エサウはヤコブをどうしようとした？

□ 5. リベカはヤコブを誰の所に逃がした？

□ 6. ヤコブは「5」のところに行って、結婚をしたいと思い愛した人は誰？

□ 7. ヤコブは神様に「生まれた国に帰るように」と言われた旅の途中のヤボク川で誰と何をした？

□ 8. 「7」のことにより、ヤコブは誰に何を求め、「それをいただくまでは行かせない」としがみついた？

□ 9. 「8」のことにより、ヤコブは何と言う名前に変わった？また、その名はどういう意味？

□ 10. ヤコブは兄エサウと仲直りできた？

※答えは巻末の148ページにあります。

第8課　神様がヨセフと共におられる

ヤコブ一族エジプト移住

(創世記 37-50 章)

　ヤコブには 12 人の息子が生まれましたが、11 番目のヨセフを特別に愛しました。そのため、兄たちはヨセフをねたんでいました。

　ある日、ヨセフは自分の見た 2 つの夢を兄たちに話しました。ひとつは、畑の中で自分の束が立ち上がり、兄たちの束がまわりにきてひれ伏したというもの。もうひとつは、太陽と月と 11 の星がヨセフにひれ伏したというものです。兄たちは自分たちがヨセフにひれ伏すという夢に腹をたて、ますますヨセフをねたむようになりました。

　ある日、家から遠く離れたところで兄たちが羊の世話をしていると、ヨセフがやってくるのが見えました。兄たちはヨセフを殺そうと相談しました。するとそこに商人が通りかかったので、殺すのはやめて銀 20 枚でヨセフを売りました。

　こうしてヨセフはエジプトへ連れて行かれたのです。

　それから兄たちは雄山羊を殺し、ヨセフの上着をその血に浸しました。血のついたヨセフの上着を見たヤコブ は「ヨセフは獣に噛み殺されてしまった」と、何日も泣き続けました。

　エジプトに売られてしまったヨセフ。でも神様はヨセフとずっと一緒にいてくださいました。だからどんなに苦しいことがあっても、ヨセフはやけになることなく、いっしょうけんめい働き、主人に信頼されました。神様がヨセフを成功させてくださったからです。

　あるとき、ファラオ（エジプトの王様）の見た夢を解き明かしたヨセフは、なんとエジプトの総理大臣にえらばれました。

　神様がヨセフに、飢饉がくることを教えてくださったので、ヨセフは 7 年の豊作のあいだに食糧をどんどんたくわえていきました。そして、その後 7 年の飢饉が全地にひろがったのです。人々はヨセフのもとに食糧を買いにやってきました。その中にはヨセフをエジプトに売った兄たちもいました。

　ヨセフは一目見て兄たちだとわかりましたが、兄たちはヨセフの顔を見てもまったくわかりません。弟がエジプトで総理大臣になっているなど、どうして想像できるでしょう。

　ヨセフは以前に見た夢を思い出し、兄たちにむかって「おまえたちはスパイだ」と言いはなちました。

兄たちは自分たちが怪しいものではなく、12人兄弟であること、末の弟は父と一緒にいること、もうひとり——ヨセフのこと——は、いなくなったと説明しました。
　ヨセフは、末の弟を連れてくるまでひとりシメオンをエジプトに残し、9人は帰るように命じました。そして召使には、9人の袋に穀物をいっぱい入れさせ、代金として支払った銀も入れさせました。
　彼らが家に帰って袋をあけると、一人ひとりに銀が戻されているではありませんか。ヤコブは息子たちからエジプトでの様子を聞きましたが、ベニヤミンはぜったいエジプトには行かせないと言います。ヨセフのようにいなくなってしまうことを恐れたのです。

　飢饉は続き、エジプトから買ってきた食糧は底をつきました。ふたたびエジプトに買いに行きたいのですが、ベニヤミンを連れて行かなければ売ってもらえないし、シメオンをつれて帰ることもきません。
ユダはヤコブをいっしょうけんめい説得し、
ついにベニヤミンも行くことになりました。

　ヨセフは兄弟を家に招き食事をふるまいました。
ベニヤミンの姿を見るとなつかしくてたまらず、
別の部屋にいき一人で泣きました。

　兄弟たちが食糧を買って帰るとき、ヨセフは
また銀を戻させ、それだけでなくベニヤミン
の袋には銀の盃を入れさせました。
使いの者に彼らの後を追わせ「盃が見つ
かったものは奴隷にする」と言わせました。
兄たちは、まさか盃が出てくるなど思いも
しません。
　でも、盃はありました。ベニヤミンの袋に——

　ヨセフはベニヤミンを奴隷にすると言います。
そこでユダが進み出て、自分が奴隷になるので
ベニヤミンを家に帰らせてほしいとお願いしました。
「ベニヤミンがいなければ父は死んでしまいます。」と必死に頼みつづけたのです。
　ユダの心からの訴えにヨセフは、もうがまんできずに言いました。「私は、ヨセフです。私をエジプトに連れてきたのは神様です。一族のいのちを救うために先に私を送ってくださったのです。」
兄弟たちはどれほど驚いたことでしょう。

　ヤコブは死んだとばかり思っていたヨセフと再び会うことができました。そして一族はエジプトに住むことになったのです。

もっと教えて！

第8課　神様がヨセフと共におられる
ヤコブ一族エジプト移住（創世記37-50章）

私はあなたがたがエジプトへ売った弟のヨセフです。しかし今は、私をここへ売ったことを悔やんだり、責め合ったりする必要はありません。命を救うために、神が私をあなたがたより先にお遣わしになったのです。
私は、あなたがたがエジプトに売った弟のヨセフです。私をここに売ったことで、今、心を痛めたり自分を責めたりしないでください。神はあなたがたより先に私を遣わし、いのちを救うようにしてくださいました。
（新改訳2017）（聖書協会共同訳）

（創世記　45章4-5節）

ヨセフは兄たちの嫉妬によりエジプトに奴隷として売られましたが、神様がヨセフを守り、導き続けました。後にヨセフはエジプトという強大な国で最高位の大臣となり、父と兄弟たち（イスラエル民族）を救うこととなります。

これはまさにイエス・キリストの姿であり、主イエスは兄弟のように慕っていた弟子に銀貨30枚で売られ（マタ27:3-10）、ユダヤ人たちの叫びの中で十字架にかけられ、死に売り渡されました。彼らが拒絶したイエスが、後にユダヤ人を含む全人類を救うメシア（救世主）として、この世に明らかに示されるようになるのです。

祈りましょう

天の父なる神様。
ヨセフが自分を傷つけた兄弟を赦したように、
私も自分を傷つけた人を赦すことができますように。
愛する主イエス・キリストのお名前によって
お祈りします。

夢の解き明かし

ヨセフは夢を解き明かす不思議な能力を持っていました。
（創世記40:1-41:36）

【獄屋に入れられたエジプト王の給仕役が見た夢】

給仕役の長はその夢をヨセフに話して言った、「わたしが見た夢で、わたしの前に一本のぶどうの木がありました。そのぶどうの木に三つの枝があって、芽を出し、花が咲き、ぶどうのふさが熟しました。時にわたしの手に、パロの杯があって、わたしはそのぶどうを取り、それをパロの杯にしぼり、その杯をパロの手にささげました。」ヨセフは言った、「その解き明かしはこうです。三つの枝は三日です。今から三日のうちにパロはあなたの頭を上げて、あなたを元の役目に返すでしょう。あなたはさきに給仕役だった時にされたように、パロの手に杯をささげられるでしょう。（創世記40:9-13 口語訳）

【獄屋に入れられたエジプト王の料理長が見た夢】

料理役の長はその解き明かしの良かったのを見て、ヨセフに言った、「わたしも夢を見たが、白いパンのかごが三つ、わたしの頭の上にあった。一番上のかごには料理役がパロのために作ったさまざまの食物があったが、鳥がわたしの頭の上のかごからそれを食べていた。」ヨセフは答えて言った、「その解き明かしはこうです。三つのかごは三日です。今から三日のうちにパロはあなたの頭を上げ離して、あなたを木に掛けるでしょう。そして鳥があなたの肉を食い取るでしょう。」
（創世記40:16-19 口語訳）

【エジプトの王パロが見た夢】

（1）「ナイル川のほとりに立っていると、突然、つややかな、よく肥えた七頭の雌牛が川から上がって来て、葦辺で草を食べ始めた。すると、その後から、今度は醜い、やせ細った七頭の雌牛が川から上がって来て、岸辺にいる雌牛のそばに立った。そして、醜い、やせ細った雌牛が、つややかな、よく肥えた七頭の雌牛を食い尽くした。」（創世記41:1-4）
（2）「今度は、太って、よく実った七つの穂が、一本の茎から出てきた。すると、その後から、実が入っていない、東風で干からびた七つの穂が生えてきて、実の入っていない穂が、太って、実の入った七つの穂をのみ込んでしまった。」（創世記41:5-7）

ヨセフはファラオが見た夢を次のように解き明かしました。「七頭のよく育った雌牛は七年のことです。七つのよく実った穂も七年のことです。どちらの夢も同じ意味でございます。その後から上がって来た七頭のやせた、醜い雌牛も七年のことです。また、やせて、東風で干からびた七つの穂も同じで、これらは七年の飢饉のことです。今から七年間、エジプトの国全体に大豊作が訪れます。しかし、その後に七年間、飢饉が続き、エジプトの国に豊作があったことなど、すっかり忘れられてしまうでしょう。飢饉が国を滅ぼしてしまうのです。この国に豊作があったことは、その後に続く飢饉のために全く忘れられてしまうでしょう。飢饉はそれほどひどいのです。」（創世記41:26-27, 29-31）

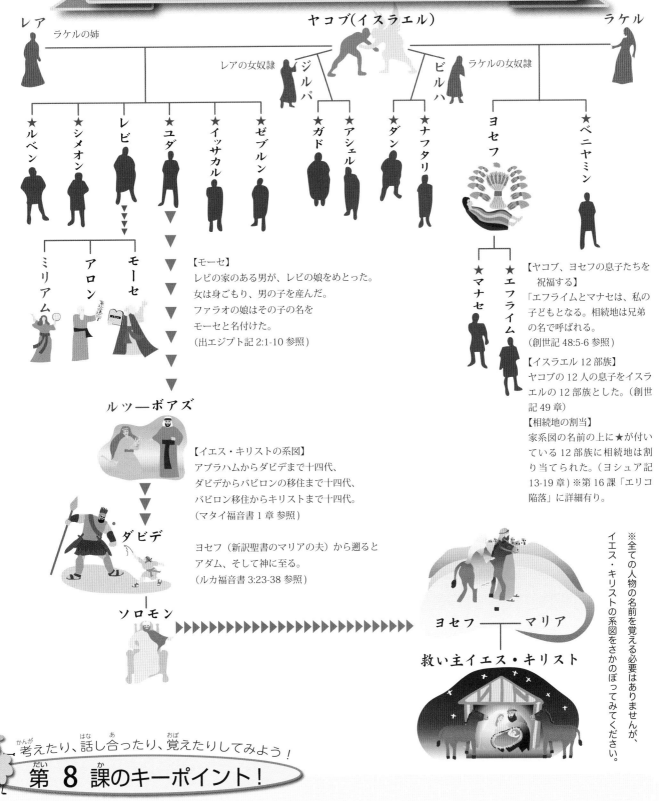

JACOB・ISRAEL'S FAMILY TREE ヤコブ(イスラエル)家系図

レア
ラケルの姉

ヤコブ(イスラエル)

ラケル

レアの女奴隷 ジルパ
ビルハ ラケルの女奴隷

★ルベン　★シメオン　レビ　★ユダ　★イッサカル　★ゼブルン　★ガド　★アシェル　★ダン　★ナフタリ　ヨセフ　★ベニヤミン

ミリアム　アロン　モーセ

【モーセ】
レビの家のある男が、レビの娘をめとった。
女は身ごもり、男の子を産んだ。
ファラオの娘はその子の名を
モーセと名付けた。
(出エジプト記 2:1-10 参照)

ルツ―ボアズ

【イエス・キリストの系図】
アブラハムからダビデまで十四代、
ダビデからバビロンの移住まで十四代、
バビロン移住からキリストまで十四代。
(マタイ福音書 1 章 参照)

ヨセフ(新訳聖書のマリアの夫)から遡ると
アダム、そして神に至る。
(ルカ福音書 3:23-38 参照)

ダビデ

ソロモン ▶▶▶▶▶▶▶▶▶▶▶▶▶▶▶▶▶▶

★マナセ　★エフライム

【ヤコブ、ヨセフの息子たちを
祝福する】
「エフライムとマナセは、私の
子どもとなる。相続地は兄弟
の名で呼ばれる。
(創世記 48:5-6 参照)

【イスラエル 12 部族】
ヤコブの 12 人の息子をイスラ
エルの 12 部族とした。(創世
記 49 章)

【相続地の割当】
家系図の名前の上に★が付い
ている 12 部族に相続地は割
り当てられた。(ヨシュア記
13-19 章)※第 16 課「エリコ
陥落」に詳細有り。

ヨセフ―マリア

救い主イエス・キリスト

※全ての人物の名前を覚える必要はありませんが、
イエス・キリストの系図をさかのぼってみてください。

考えたり、話し合ったり、覚えたりしてみよう！

第 8 課のキーポイント！

□ 1. ヤコブには何人の息子が生まれ、何番目の何と言う名の息子を特に愛した？　□ 2. ヨセフは兄たちに「兄たちが
ひれ伏す夢」を見たことを告げたので、兄たちはヨセフをどう思って何をした？　□ 3. 兄たちが父ヤコブに血のついた
ヨセフの上着を見せた時、ヤコブはどうなった？　□ 4. エジプトでヨセフは神様が共にいてくださってファラオの夢
を解き明かし、どんな地位になった？　□ 5. 神様がヨセフに飢饉がくることを教えてくださったので、ヨセフはどん
な準備をした？　□ 6. 7 年の飢饉が全地にひろがった時、ヨセフをエジプトに売った兄たちもヨセフのもとに食糧を買
いにやってきたが、兄たちはヨセフを弟だとわかった？　□ 7. ヨセフは愛する弟のベニヤミンに会いたくて、兄たちに
どんな細工をした？　□ 8. 兄ユダの心からの訴えに、ヨセフはがまんできずに自分がヨセフであることを明かした？□
9.「8」の結果、驚いた兄弟にヨセフは何と言った？□ 10. ヤコブは一族でエジプトに移住しヨセフと会えた？

※答えは巻末の 148 ページにあります。

39　第 8 課　神様がヨセフと共におられる

第9課 モーセの使命
わざわいからの救い（出エジプト記1-11章）

　ファラオに歓迎されエジプトで暮らすようになったヤコブ一家は、多くの子どもを生み、イスラエルの民の数はどんどんふえていきました。

　やがてヨセフのことを知っているファラオは死に、新しいファラオになりました。こんどのファラオはイスラエルの民の仕事をきびしくし、痛めつけ苦しめました。イスラエルの民のふえ方にただならぬものを感じておそろしくなったのです。

　ところが、苦しめれば苦しめるほど、へるどころかイスラエルの民はふえていきました。ファラオはイスラエルの民に男の子が生まれたらナイル川に投げ込むよう命令しました。このままいけば、とんでもないことになると考えたからです。

　そんな中で生まれたのがモーセです。彼もナイル川に投げ込まれるはずでしたが、3か月のあいだ両親は必死にモーセをかくしました。これ以上はかくせないという時がきて、両親はモーセをかごに入れナイル川の葦の茂みの中に置きました。すると王女（ファラオの娘）が水浴びにやってきて、かごを見つけました。泣いている赤ちゃんを憐れに思った王女は自分の息子としてモーセを育てることにしました。

　モーセは青年になりました。ある日、同胞イスラエル人がエジプト人に乱暴されているのを見て、モーセはたまらなくなり、そのエジプト人を殺してしまいました。そのことがファラオに知られ、今度は自分が殺されそうになったのでモーセはミデアンの地に逃げました。そこで結婚して羊飼いになりました。

　一方、エジプトではイスラエルの民がますます苦しめられていました。ある日、モーセが羊の群れを連れて神の山ホレブに行くと、柴が燃えているのが見えました。燃えているのになぜか燃え尽きません。不思議に思って近づくと「モーセ。モーセ」と呼ぶ声がするではありませんか。

苦しみの中にいるイスラエルの民をエジプトからカナンの地へ救いだすために、神様がモーセを呼ばれたのです。神様はモーセに言いました。「わたしは必ずあなたとともにいる。わたしは『ある』という者だ。アブラハムの神、イサクの神、ヤコブの神である」

　モーセと兄のアロンは「神様がイスラエルの民をエジプトから出すよう言っておられる」とファラオにつたえました。ファラオは言うとおりにしたのでしょうか？いいえ、まったく耳をかさずに、イスラエルの民の仕事をさらにふやし、もっと苦しめたのです。

　神様に命じられて、アロンがファラオの前で杖を投げると、なんと杖が蛇になりました。ファラオも負けまいとエジプトの魔術師に杖を投げさせました。魔術師の杖も蛇になりました。でもアロンの杖が彼らの杖をのみこんでしまいました。

【10の災い】
　1．つぎの朝、神様に言われたとおり杖でナイル川を打つと、
ナイル川は血にかわりました。魚は死に、川は臭くなり、
エジプト中のあらゆる水が血に変わり
エジプト人は水を飲めなくなりました。
それでもファラオはモーセたちの言うことを
聞き入れませんでした。

　2．つぎに杖をのばすと、エジプト中が
カエルだらけになりました。
家の中、ベッドの上、台所の鍋の中にも。
ファラオは言いました。
「カエルがいなくなるように神に祈れ。
そうしたらイスラエルの民をエジプトか
ら出してやろう。」
カエルは死にました。でもファラオは約束をまもりませんでした。

　3．神様は、杖で地を打つように命じました。すると地のちりがブヨになり、エジプト中の人や家畜につきました。それでもファラオの心は変わりません。

４．今度はアブです。たくさんのアブの大群がエジプトの地を荒らしました。でもイスラエルの民の住むゴシェンの地にはアブはよりつきません。ファラオはイスラエルの民に「出て行ってもよい」と言いました。ところが、アブがいなくなると、また行かせないと言うのでした。

５．神様はエジプト人の家畜に重い伝染病をはやらせました。でもイスラエルの民の家畜は一頭も死にません。それでもファラオはがんこなままです。

６．モーセとアロンがかまどのすすを天に向けてまきちらすと、それが人と家畜につき、うみのでる腫物になりました。神様がファラオの心をかたくなにしたので、ファラオはイスラエルの民を出ていかせませんでした。

７．こんどは雷によって火が地面を走り、はげしい雹がふりました。人も家畜も草も木も、雹にうたれました。でもゴシェンには雹はふりませんでした。
ファラオは「わたしが悪かった。雷と雹はもうたくさんだ。おまえたちを行かせる」と言いました。モーセが神様に祈ると雷も雹もやみました。するとファラオはまた心をかたくなにしたのです。

８．いなごの大群がやってきて、空は暗くなりました。その数は地面が見えないほどで、木の実はすべて食べられ、葉っぱの一枚ものこりませんでした。
「お前たちを行かせるから」とファラオにたのまれモーセが神様に祈ると、いなごは一匹もいなくなりました。するとまたファラオは心をかたくなにしました。

９．モーセが天に手をのばすとエジプトは真っ暗になりました。まっくらやみは３日間つづきました。人の顔もわからず、うごくこともできません。でもイスラエルの住むところには光がありました。神様がファラオの心をかたくなにされたので、ファラオはイスラエルの民を行かせませんでした。

10．さいごの災いは、エジプト人の家族にうまれた最初の子どもが死ぬというものです。人間だけではなく家畜も。今回はイスラエルの民も、やらなければならないことがあります。
それは———？

もっと教えて！

第9課　モーセの使命　わざわいからの救い（出エジプト記1-11章）

神はモーセに言われた。
「私はいる、
という者である。」
（聖書協会共同訳）

神はモーセに仰せられた。
「わたしは『わたしはある』
という者である。」
（新改訳2017）

（出エジプト記　3章14節）

　モーセが神様に名前を尋ねた時、神様からの答えは「私はいる（ある）」でした。英語では「I am・・・」です。この後ろの部分には全ての言葉が入ります。神様は癒し主、羊飼い、救い主、贖い主、供給者、助け主、慰め主、愛・・・。

　神様は私たちの必要の全てを満たすことができるお方なのです。いっさいのものを満たす事ができるお方に信頼して生きるのは本当に素晴らしいことです。

祈りましょう

　天の父なる神様。あなたは全ての内におられるお方、あなたは私の癒し主、羊飼い、救い主、贖い主、助け主、慰め主、全ての供給者、命と恵みに満ち溢れたお方です。神様の中にある全ての祝福を信じて受け取ります。愛する主イエス・キリストのお名前によってお祈りします。

モーセ

　モーセは旧約聖書に登場する多くの偉大な人物たちの中で、信仰の父アブラハムや理想の王ダビデと並ぶ重要な人物です。彼はイスラエル民族をエジプトから解放し、約束の地へ導きました。また、神様から「十戒」として知られる10の約束を受け取ったことでも知られています。さらに、モーセは旧約聖書の最初の5つの書物である創世記、出エジプト記、レビ記、民数記、申命記の著者であると伝統的に考えられており、これらは律法の書、あるいは「モーセ五書」と呼ばれています。

（出典は巻末）

律法書

創世記　出エジプト記　レビ記　民数記　申命記

ファラオって誰？

　「ファラオ」は古代エジプトの王を指す称号で、エジプト語で「大きな家」を意味する「ペル・アア」に由来します。古代エジプト社会において、ファラオは政治的・宗教的な権威を持ち、当時の人々からは「神が人の形をとって現れた者」と見なされていました。宗教的な役割として、ファラオは儀式を主催し、神々を祭る神殿を建築しました。また、ファラオは世界を創造し、宇宙の秩序（マアト）を定め、それを維持することでエジプトの繁栄を保証する神ラーの化身とされていました。ファラオは生きている間は神の化身として、神々と人々との間を仲介し、死後は神々の一員に加わり永遠の生命を得ると信じられていました。出エジプト記に登場するファラオは、まことの神様を認めず、イスラエル人を奴隷として支配し、彼らに苦難を強いた傲慢な王として描かれています。

（出典は巻末）

考えたり、話し合ったり、覚えたりしてみよう！

第9課のキーポイント！

□1. イスラエルの民の数がどんどんふえていくことが恐ろしくなったファラオは、イスラエルの民にどんな命令をした？

□2. イスラエルの民の両親が、赤ちゃんのモーセをかごに入れナイル川に置いた時に、かごを見つけたのは誰？

□3. 青年になったモーセは、同胞イスラエルの民を助けるためエジプト人を殺してしまい、ファラオに追われてどこに逃げた？　□4.「3」の逃げた地でモーセは何をして暮らしていた？　□5. モーセが神の山ホレブに行った時、何が燃えていて、モーセは何というお方から呼ばれ、どんな使命を与えられた？。□6. モーセとアロンは、何を伝えるためにファラオの所に行った？　□7. エジプトに起こった10の災はどんなこと？

※答えは巻末の149ページにあります。

第10課　神様が過ぎ越される
10番目の奇跡（出エジプト記11-13章）

　10番目の災いは、家で最初に生まれた子どもが死ぬというもの。人間ばかりか飼っている家畜の最初の子どももです。

モーセは神様に言われたことをイスラエルの民につげました。

「家族ごとに雄の小羊を一匹用意し、その羊を殺しなさい。ヒソプ※をその羊の血にひたして家の門柱と、かもいにぬりなさい。その夜、その肉を焼いて、酵母を入れないパンと苦菜といっしょに急いで食べなさい。わたしは羊の血がぬられた家は通りすぎるが、血がぬられていない家の最初の子どもは死ぬ。」

　その夜、エジプト中で悲しみの叫び声がひびきわたりました。けれど、イスラエルの民は、この災いから守られました。

神様が門柱とかもいの血を見て過ぎ越されたからです。

　ファラオはついに言いました。「エジプトから出ていけ！」

イスラエルの民は神様に命じられたとおり、
エジプト人に金銀の飾りや服を求めました。
イスラエルの民は多くのものをもらって、
ついにエジプトをあとにしました。
その数は男の人だけで60万人
（全部で200万人くらい）です。
イスラエルの民は430年間エジプトでくらしました。

［ヒソプ］
　砂漠の植物は全身を細かい産毛がおおいつくしていて、朝露を集めて根に注いで、命をつないでいます。この産毛が筆のような役目になり、羊の血にひたして家の門柱やかもいにぬるのにちょうど良かったのかもしれません。

※聖書にでてくるヒソプがどの植物かは諸説あり。

もっと教えて！

三大祭り

過越の祭り
七週の祭り
仮庵の祭り

イスラエルには、過越の祭り、七週の祭り、仮庵の祭りという重要な三つの祭があります。これらは、旧約聖書のレビ記23章に詳しく書かれており、出エジプトの出来事に関連しています。これらの祭りは、陰暦であるユダヤ暦に基づいて行われるため、毎年の開催日は私たちが普段用いている暦とは異なります。

1. 過越の祭り פֶּסַח [ㇵサペ] 奴隷状態にあったユダヤ人たちがモーセに導かれてエジプトから脱出したことを記念するお祭りです。春に8日間（イスラエルの暦では7日間）行われます。

2. 七週の祭り שָׁבֻעָת [ㇳオヴァシ] シナイ山で預言者モーセが神から十戒を授かったことを記念するお祭りです。イスラエル民族がエジプト脱出(過越)のできごとから50日目にシナイ山でモーセを通して神のことば(十戒)を受け入れたことを記念して、五旬節または七週の祭りと呼ばれます。

3. 仮庵の祭り סֻכּוֹת [ㇳコス] エジプト脱出後に荒野をさまよった先祖が、砂漠の暑さから逃れるために建てた仮設小屋（スッカー：仮庵）を記念するお祭りです。ユダヤ暦ティシュレ月(9～10月)の15日から1週間、人々は屋根を草木でふいた仮小屋を庭やベランダに建て、秋の収穫物を天井から吊るし、神様の恵みに感謝します。そして、遠い昔にエジプトを脱出し、カナンの地に入るまでの40年間、荒野をさまよった先祖の苦労を思いながら、この仮小屋の中で過ごし、食事を取ります。(出典は巻末)

あなたがたがいる家の血は、あなたがたのしるしとなる。私はその血を見て、あなたがたのいる所を過ぎ越す。

（聖書協会共同訳）

その血は、あなたがたのいる家の上で、あなたがたのためにしるしとなる。わたしはその血を見て、あなたがたのところを過ぎ越す。

（新改訳2017）

（出エジプト記　12章13節）

この出来事を聖書では「過越の祭り」と呼び、主の民は、永遠にこれを覚えて記念とするよう、神様が命じました。

この旧約聖書の出来事は後に来るイエス・キリストの十字架の救いを意味しています。主イエスは過越の期間中に十字架にかけられ、そこで罪の無い神の子羊イエスの血が流されました。

この主イエスの血は私たちの全ての罪を洗い、悪からきよめ、災いから守る力があります。

主イエスの十字架で流された血によって私たちは滅びを過越、永遠の命の中へと入れられるのです。

祈りましょう

天の父なる神様。
今日も私と私の家族をお守りください。私が出会うすべての人を祝福し、私のなすこと、語る言葉をキリストの十字架の血できよめてください。
愛する主イエス・キリストのお名前によってお祈りします。

考えたり、話し合ったり、覚えたりしてみよう！

第10課のキーポイント！

□ 1. 最初のこどもが死ぬという10番目の災からイスラエルの民が守られるように、神様はモーセにどんなことをしなさいと言われた？

□ 2.「神様は、門柱とかもいの血を見てどのようにされた？　□ 3. 10番目の災の後、ファラオは何と言った？　□ 4. エジプトから出て行く時にイスラエルの民は神様の命じたとおり、エジプト人に何を求めた？　□ 5. エジプトから出ていったイスラエルの数は男の人だけで何万人いた？　□ 6. イスラエルの民がエジプトでくらしたのは何年間？

※答えは巻末の149ページにあります。

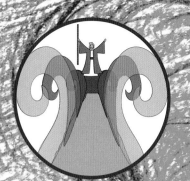

第11課　海が二つに割れる

　イスラエルの民がようやくエジプトを出たあと、ふたたびファラオの心は
かたくなになりました。イスラエルの民を連れ戻そうと追いかけたのです。
ファラオの軍勢は、イスラエルの民を追いつめました。
イスラエルの民は怖くてたまらずモーセに文句を言いました。
「なんで私たちをエジプトから連れだしたのか」
「こんな荒れはてた地で死ぬよりエジプト人に仕えるほうがましだ。」
モーセはこたえました。「怖がってはいけない。
神様がどのように救ってくださるのか、しっかりと立って
この目で見ようではないか。
あのエジプト人たちを私たちは二度と見ることはないのだ。
神様があなたたちのために戦ってくださるのだから、
しずかにだまっていなさい。」

　神様に言われたとおり、モーセは杖をあげて
手を海に向かってのばしました。
すると海がわかれ、
海の中にかわいた土があらわれました。
イスラエルの民はそこを進みます。
全員がわたりきってしまうと、
水はもとに戻り、
エジプト人は、
ひとり残らず海に
のみこまれてしまいました。

神様は、昼は雲の柱、夜は火の柱でイスラエルの民を導き、
ずっと離れずに守ってくださいました。
でも、シンの荒野まで来たとき、民はモーセに文句を言いはじめたのです。
「エジプトでは肉もパンもあきるほど食べていた。
ああ、あのとき死んでいたらよかった。
おまえは、こんな荒れはてた場所で、
おれたちを飢え死にさせようとしている」
それを聞いた神様が夕方には肉（うずら）を、
朝にはパン（マナ）を与えてくださいました。
人々が「飲み水がない」と不平を言えば、
神様はモーセに杖で岩を打つように言い、
そのとおりにすると岩から水が出ました。

さて、アマレク人がやってきて、
イスラエルの民と戦になりました。
モーセはヨシュアに男たちを集めるよう命じ、
自分は神様の杖を持ってアロンとフルと
丘のてっぺんに立ちました。
モーセが手を上げるとイスラエルが強くなり、
下げるとアマレクが強くなりました。
モーセが疲れてしまったので、
アロンとフルはモーセを石にすわらせ、
両側からモーセの手をささえました。
おかげでモーセの手は
日が沈むまで下がることはなく、
ヨシュアと民たちは
アマレクに勝利しました。

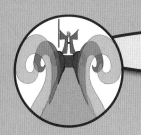

もっと教えて！

第11課　海が二つに割れる　エジプト脱出 (出エジプト記13-18章)

主があなたがたのために戦われる。あなたがたは静かにしていなさい。
（聖書協会共同訳）

主があなたがたのために戦われるのだ。あなたがたは、ただ黙っていなさい。
（新改訳2017）

（出エジプト記　14章14節）

　聖書の幾つもの箇所の中で、神様は私たちに「黙りなさい。静まりなさい。」と語っておられます。忙しい現代の中で私たちは朝から晩まであらゆる情報に取り囲まれ静まる暇がありません。また将来の不安や様々な恐れ、心配で心がいっぱいになる時があります。そんな時、この御言葉を思い出し、深呼吸して心を鎮め、心配する代わりに神様に信頼しましょう。自分の魂にこう言うのです。
　「あなたがたは恐れてはならない。かたく立って、主がきょう、あなたがたのためになされる救を見なさい。」(出エジプト記 14:13)（口語訳）

祈りましょう

天の父なる神様。私の恐れも悩みも心配も全てをあなたにお任せします。
心を静めて神様の解決と助けを待ち望みます。
あなたに信頼する者は絶対に失望させられないことを感謝します。
愛する主イエス・キリストのお名前によってお祈りします。

荒野の生活

【水】

　民はモーセにつぶやいて言った、「わたしたちは何を飲むのですか。」モーセは主に叫んだ。主は彼に一本の木を示されたので、それを水に投げ入れると、水は甘くなった。
（出エジプト記15:24-25 口語訳）

　「見よ、わたしはホレブの岩の上であなたの前に立つであろう。あなたは岩を打ちなさい。水がそれから出て、民はそれを飲むことができる。」
（出エジプト記17:6 口語訳）

【食事（マナ・うずら）】

　シンの荒野でイスラエルの人々は、モーセとアロンにつぶやいた。「われわれはエジプトの地で、肉のなべのかたわらに座し、飽きるほどパンを食べていた時に、主の手にかかって死んでいたら良かった。あなたがたは、われわれをこの荒野に導き出して、全会衆を餓死させようとしている。」
そのとき主はモーセに言われた、「見よ、わたしはあなたがたのために、天からパンを降らせよう。民は出て日々の分を日ごとに集めなければならない。
　こうして彼らがわたしの律法に従うかどうかを試み夕べになると、うずらが飛んできて宿営をおおった。また、朝になると、宿営の周囲に露が降りた。モーセは彼らに言った、「これは主があなたがたの食物として賜わるパンである。
　イスラエルの人々はカナンの地の境に至るまでマナを食べた。
（出エジプト記16:1-36 口語訳参照）

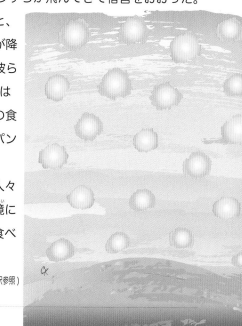

荒野の旅

イスラエルの民は、エジプトを出ました。けれど、それは荒野の旅の始まりでした。彼らの旅を導いたのは雲の柱と火の柱…神様でした。主が出発するよう命じた時に出発し、とど(民 9:22)(民 9:23)まるよう命じられた時にはとどまりました。当時のエジプトの首都ラメセス（現在のスコト）からアブラハムゆかりの地であるヘブロンまでは、海沿いに歩いて約 350km です。この距離は、新幹線で東京から仙台、または東京から名古屋までを移動する距離とほぼ同じです。1 日に 20km 歩(申 1:2)けば、3 週間もかからずに到着できる距離ですが、イスラエルの民は不信仰のために 40 年間も荒野(民 14:33-34)をさまようことになりました。

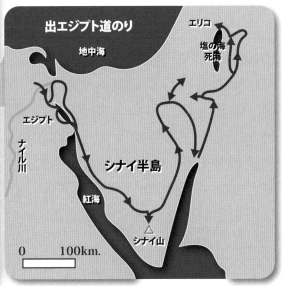

出エジプト道のり

0 300km.

0 100km.

葦の海の奇跡って何？

旧約聖書の「出エジプト記」に記された「葦の海の奇跡」は、神がモーセを通じて海を分け、イスラエルの民を救った奇跡です。モーセは、エジプトから脱出するイスラエルの民を率いて、葦の海（紅海とする訳例：口語訳「出エジプト記 13 章 18 節」もあります）のほとりまでやって来ました。しかし、エジプト軍がイスラエルの民を追いかけてきました。モーセが神の命令で杖を海に差し伸べると、海が二つに割れて道ができました。イスラエルの民はその道を通って逃げのびることができましたが、エジプト軍は海に飲み込まれました。この奇跡により、イスラエルの民はエジプトから解放されました。

この出来事は、文学や芸術でも取り上げられ、多くの作品でテーマや象徴として表現されています。また、欧米の文化の一部として、人々の心に響く普遍的なテーマとなっています。

（出典は巻末）

考えたり、話し合ったり、覚えたりしてみよう！
第 11 課のキーポイント！

□ 1. イスラエルの民がエジプトを出たあと、ファラオがイスラエルの民を連れ戻そうと追いかけて来た時、イスラエルの民はモーセに何と言って文句を言った？　□ 2.「1」のイスラエルの民の文句に対して、モーセはどのように答えた？　□ 3. モーセが神様の言われたとおり杖をあげて手を海に向かってのばすと、海はどうなった？　□ 4. イスラエルの民はかわいた海を進み、全員がわたりきってしまうと、海はどうなった？　また、追いかけて来たエジプト人はどうなった？　□ 5. 荒野で神様はイスラエルの民を昼と夜にそれぞれどうやって導いてくださった？

□ 6. 荒野での食べ物や水はどうしていた？□ 7. アマレク人との戦いで、モーセが何をするとイスラエルの民が強くなった？またモーセが疲れた時、アロンとフルは何をして手伝った？

※答えは巻末の 149 ページにあります。

第12課　神様の教え

十戒・律法 (出エジプト記・レビ記・民数記)

　エジプトを出たイスラエルの民はシナイの荒野で宿営しました。神様がモーセに言いました。「あなたがたは、わたしがエジプト人にしたことを見た。また、どのようにあなたがたを、わたしのもとに連れてきたかを見た。あなたがたが、わたしのことばに従い、わたしの契約をまもるなら、あなたがたはわたしの宝となる。」

　山の上に厚い雲があらわれると、稲妻がはしって雷が大きく鳴り響いたので、人々はこわくなりました。そして煙がすっぽりと山をおおいました。神様が火をまとい、おりてこられたのです。山全体がはげしくふるえ角笛がひびきわたると、神様がモーセを呼んだのでモーセは登っていきました。

　神様がモーセに語りはじめました。
「わたしは、あなたをエジプトの地、奴隷の家から
連れ出したあなたの神、主である。」

1. あなたの神はわたしの
　ほかには、いない。
　どんなものも、あなたの神に
　してほしくないのだ。
2. だから、あなたは偶像を造っては
　ならない。天にあるもの、地に
　あるもの、水の中にあるものなど、
　どんなものにも似た像を造っては
　ならない。それを拝んだり、それに
　仕えてはいけない。
3. あなたの神、主の名前をむやみやたらに
　唱えてはならない。
4. 安息日を忘れることなく、きよく過ごしなさい。
　あなたの神は6日の間に天と地とすべての
　ものを造り、7日目に休んだ。安息日を
　祝福して特別な日としたのだから。

5. あなたの父と母を尊敬
　しなさい。
　あなたの神が、あなたに
　くださる土地であなたが
　長生きするためだ。
6. 殺してはならない。
7. 姦淫してはならない。
8. 盗んではならない。
9. あなたのまわりにいる人に
　ついて嘘を言ってはならない。
10. その人のものを何ひとつ
　ほしがってはならない。

姦淫とは、結婚している（将来結婚する）相手を裏切ること。また、偶像を造り、拝み、仕えること。

神様は語り終えると石の板を二枚、モーセにくださいました。そこには神様の指で、これらのことばが書かれていました。

ところが、モーセが山にいるあいだに、イスラエルの民はアロンのところに集まって「私たちの先を進んでくれる神々を造ってください。私たちをエジプトから連れ出したモーセは、どうなっているのやら、わからないから」と言いました。

アロンは、みんなに金の耳飾りを持ってくるように命じ、集まった金を溶かして『金の子牛』を造りました。

「イスラエルの民よ、これがあなたがたをエジプトから連れ出したあなたがたの神々だ！」

祭壇も造り、みんなでささげものをして食べたり飲んだり、お祭りをしました。

モーセが石の板をもって山を下っていくと、人々が金の子牛のまわりで踊っているではありませんか。モーセは怒って、持っていた石の板を投げ捨てたので、板はバラバラになってしまいました。

そして金の子牛を火で焼いて粉々にしました。

その日、子牛のまわりで踊っていた 3000 人が死んでしまいました。

神様は人間が偶像を礼拝することをとても悲しまれるのです。

神様はもう一度、石の板を二枚もって山に登るようモーセに命じました。

雲の中に神様がおられ、モーセとともに立って言われました。「あなたの主は、あわれみ深く、恵みゆたかで、すぐには怒らない。愛にあふれ、うそやいつわりのない神だ。わが子を大切に思うその慈しみにかぎりはないが、罰するべきものは罰せずにはおけないのだ。」

モーセはひざまずいて神様に言いました。「主よ。どうかお願いです。これからも私たちといっしょに進んで行ってください。私たちは本当にかたくなな者ですが、私たちの悪と罪をゆるし、私たちをあなたのものとしてください。」

もっと教えて！

第12課　神様の教え

十戒・律法（出エジプト記・レビ記・民数記）

あなたには、私をおいてほかに神々があってはならない。

（聖書協会共同訳）

あなたには、わたし以外に、ほかの神があってはならない

（新改訳2017）

（出エジプト記　20章3節）

日本語に翻訳された十戒は「〜してはならない」という命令形で書かれています。神様からの厳しい命令のように読めますが、原語のヘブライ語では十戒のほとんどの箇所が断言法という文型で記されています。その意味合いを汲んで翻訳すると「〜をするはずがない。」となります。

つまり、十戒は、「神様をあなたの主と認めるなら、あなたは、神様を愛するはずである、隣人を愛するはずである、・・・人を殺すはずがない・・・」となります。

これは、命令というより、むしろ神様からの、ご自身の選んだ民に対する信頼をこめた愛の語りかけです。魂の主座に神様をお迎えしているなら、もはや罪を犯せなくなる」という、実に拘束力のある神様の愛の言葉が十戒なのです。

（出典は巻末）

祈りましょう

天の父なる神様。イエス様の十字架の救いによって今、あなたが私の神です。
あなたを愛し、あなたとの愛の関係の中を生きることができるように導いてください。
愛する主イエス・キリストのお名前によってお祈りします。

神様の約束（その4）

旧約聖書には、神様が約束された「契約」が書かれています。

【モーセ契約（神様がモーセに約束されたこと）】

モーセが神と結んだ契約は十戒に要約されています。その内容は神を愛することと、互いに愛し合うことです。

この契約はイエス・キリストによって一つにまとめられ、この新約聖書の時代に新しい戒めとして与えられています。

「わたしがあなたがたを愛したように（神との愛）、あなたがたも互いに愛し合うこと（人間同士の愛）、これがわたしの戒めです。」（ヨハネの福音書　15章12節）

考えたり、話し合ったり、覚えたりしてみよう！

第12課のキーポイント！

□ 1. エジプトを出たイスラエルの民がシナイの荒野で宿営をしていた時、山に神がおりてこられてモーセを呼んで語られた「10の神様の教え」は何と呼ばれている？

□ 2. 「10の神様の教え」のうち、どの教えでも良いので一つを言える？

□ 3. 「10の神様の教え」を神様はご自身の指で何に書かれた？

□ 4. モーセが山にいるあいだに、イスラエルの民はアロンのところに集まって何をしてた？

□ 5. モーセが山を下り「4」の様子を見た時、モーセはどうした？

□ 6. モーセをもう一度山に呼んでくださった神様は、モーセに何を語った？

※答えは巻末の149ページにあります。

 アロンの杖

「アロンの祭司の職務：
アーモンドの実を結んでいたアロンの杖」

　イスラエルの民は、モーセとその兄アロンへの不平を言っていました。神様はモーセに、イスラエルの各部族の指導者から杖を一本ずつ集め、それぞれの名前を記し、レビ族の杖にはアロンの名前を記すよう命じられました。これらの杖は、臨在の幕屋の中の掟の箱の前に置かれました。神様は、御自身が選んだ者の杖は芽を出すと言われました。翌日、アロンの杖が芽を吹き、花を咲かせ、アーモンドの実を結んでいました。これらの杖は、アロンの杖を含めて全てイスラエルの人々のもとに持ち出され、各自が自分の杖を取りました。神様はアロンの杖を幕屋に戻し、反逆者への警告とするようモーセに命じました。これにより、人々の不平が止みました（民数記17章16-26節）。

 青銅の蛇

「見上げて、生きのびる：青銅の蛇」

　イスラエルの民はホル山を出発し、葦の海の道を進みました。しかし、旅の途中で彼らは耐えられなくなり、神様とモーセに逆らって言いました。「なぜ私たちをエジプトからここまで連れてきたのですか？ 荒野で死なせるためですか？ 食べ物も水もなく、こんな粗末な食べ物では力が尽きてしまいます。」

　すると神様は彼らに炎の蛇を送り、多くの人々が蛇に噛まれて死んでしまいました。人々はモーセのもとに来て言いました。「私たちは神様とあなたを非難し、罪を犯しました。どうか神様に祈って、蛇を取り除いてください。」モーセが祈ると、神様はモーセに言いました。「青銅で蛇を造り、それを旗竿の先に掲げなさい。蛇に噛まれた者がそれを見上げれば、命が救われるであろう。」モーセは青銅で蛇を作り、旗竿の先に掲げました。そして、蛇に噛まれた人々がその蛇を見上げると、命が救われました（民数記21章4-9節）。

後にイエス様が御自身を指して、この聖書箇所を引用されています。「そして、モーセが荒れ野で蛇を上げたように、人の子も上げられねばならない。それは、信じる者が皆、人の子によって永遠の命を得るためである（ヨハネによる福音書3章14-15節 新共同訳聖書）。」

 律法とは？

　「律法」はヘブライ語「トーラー」の和訳で、基本的な意味は「方向付け」または「指導」であり、宗教法規、道徳規範、社会倫理、政治倫理などが含まれます。具体的な内容については、モーセの十戒、モーセ五書、旧約聖書全体、さらには600以上の諸規定により構成される口伝律法も含むなど、様々な見解があります。

　私たちには、律法を完全に守り通すことはできません。私たちは、罪の下にあり、神様の御前（ロマ 3:23）にあっては誰一人完全ではないからです。神様の律法は、わずか一つでも違反すれば、全体に対（ロマ 3:10）（ロマ 3:12）して罪を犯すことになります。したがって、律法を守り抜くことで救いに預かることは、誰一人（ヤコ 2:10）（ガラ 2:16）（ガラ 3:10）（ガラ 3:11）（ガラ 3:12）（出典は巻末）としてできません。

　律法は、私たちに罪をはっきりと指し示し、キリストの救いに至らせるための養育係として（ガラ 3:24）与えられました。それゆえ、私たちには希望があります。私たちには、神様の恵みにより、イエス・キリストを通して罪から解放されて救われる道が提供されているのです。「口でイエスは（ロマ 3:24）（ヨハ 3:16）主であると告白し、心で神がイエスを死者の中から復活させられたと信じるなら、あなたは救われるからです。」（ローマ書10章9節）

第 13 課　幕屋

（出エジプト記・レビ記・民数記）

　神様はモーセにつぎのことを命じました。
「わたしのために聖所を作るよう民に言いなさい。彼らのうちにわたしが住むためだ」そして神様は聖所の作り方をくわしく教えてくださいました。
　幕でおおわれた聖所は「幕屋」と呼ばれました。
聖所の奥には『至聖所』という特別な場所も作られ、そこには契約の箱が置かれました。
　机や、明かりをともす燭台、祭壇など、幕屋に置くものも神様に言われたとおりに作りました。

　幕屋が完成すると雲がおおいました。そして神様の栄光が幕屋の中いっぱいになったので、モーセは入ることができませんでした。

　イスラエルの民は、雲が幕屋の上から離れてのぼったときは旅をつづけ、雲がのぼらないときは旅立つことなく、とどまりました。イスラエルの民が旅をしている間、昼間はいつも神様の雲が幕屋の上にあり、夜はその雲の中に火があって、すべての人たちが見ることができました。

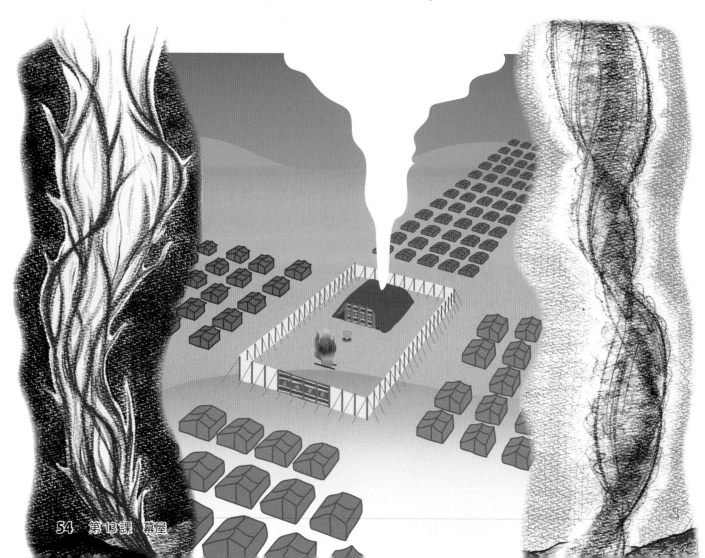

もっと教えて！

幕屋

神様は、モーセに神様との会見の場所となる移動式の聖所を造るように指示されました。これを「会見の天幕」あるいは単に「臨在の幕屋」（出25:8）（出35-38章）といいます。幕屋は、神との対話と礼拝の場所であり、イスラエルの宗教的な歴史において重要な役割を果たした神聖な建物でした。

幕屋は、大きく分けて「聖所」と「至聖所」の2つの部分から構成されていました。「聖所」には、祭壇、洗盤、陳列棚があり、祭司が神に捧げるいけにえや供物が置かれていました。「至聖所」には、契約の箱が置かれていました。契約の箱は、神と人との契約を象徴し、神の指導に従う重要性を示していました。契約の箱の中には、十戒の板やマナ、アロンの杖が保管されていました（申10:1-3）（出16:33-34）（民17:25）（ヘブ9:1-4）。移動の際にはアロンの家系の祭司たちが解体し、レビ族が運搬の任に当たりました（民4:5）（民4:15）（民1:51）。幕屋は、ソロモン王の時代にエルサレム神殿が建設されるまでその役割を果たしました（列上6-8章）。

旅路にある間、昼は主の雲が幕屋の上にあり、夜は雲の中に火があるのを、イスラエルの家は皆、目にしていたからである。
（聖書協会共同訳）

旅路にある間、イスラエルの全家の前には、昼は主の雲が幕屋の上に、夜は雲の中に火があった。
（新改訳2017）

（出エジプト記　40章38節）

イスラエルの民が荒野を旅する間、絶えず神様が共に歩み、導き続けてくださいました。現代の私たちは、彼らが経験したように神様の姿を雲の柱や火の柱として見ることはできません。しかし、「わたしはあなたと共にいる」という神様の約束（創26:24）（創28:15）（創31:3）（イザ41:10）（イザ43:2）（イザ43:5）（ヘブ13:5）と「あなたがたをみなしごにはしておかない。あなたがたのところに戻って来る」というイエス様（ヨハ14:18）の約束があります。イエス様は私たちと共におられ、聖霊様が絶えず私たちの内に住み、導いてくださっています。日々、神様の導きに信頼して歩んで行きましょう。

祈りましょう

天の父なる神様。私がどこに行くにも何をするにもあなたが共にいてください。悩みや問題があって暗い人生の道を歩む時にも私の手を取り、恵みの道へと導き続けてください。愛する主イエス・キリストのお名前によってお祈りします。

考えたり、話し合ったり、覚えたりしてみよう！

第13課のキーポイント！

☐ 1. 神様はモーセに、神様の住まわれるところである何を作るように言った？

☐ 2. 「1」の幕でおおわれた神様の住むところはなん呼ばれる？

☐ 3. 「2」の奥の「至聖所」の特別な場所には何が置かれていた？

☐ 4. 「2」が完成した時、雲がおおい神様の栄光でいっぱいになった所にモーセは入ることができた？

☐ 5. イスラエルの民は「2」に雲が離れてのぼった時にはどうした？また雲がのぼらない時はどうした？

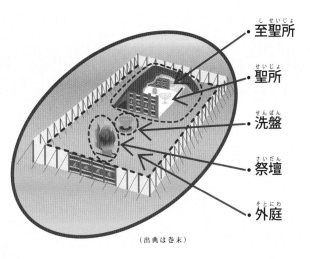

- 至聖所
- 聖所
- 洗盤
- 祭壇
- 外庭

（出典は巻末）

※答えは巻末の149ページにあります。

第14課　12人の偵察隊

カナン偵察(民数記13-14章)

　神様はモーセに「わたしがイスラエルに与えようとしているカナンの地に人を行かせ、調べさせなさい」と言いました。

※偵察とは敵の様子や動きなどをひそかに探ること。

　部族ごとに選ばれた代表は、ぜんぶで12人。その中には、やがてモーセのあとを継ぐことになるヨシュアもいます。モーセはこの偵察隊に次のように命じました。「その地がどんなところか調べてきなさい。住人は強いか弱いか、多いか少ないか。人々は天幕を張って暮らしているのか、それとも城壁のある町なのか。その土地は作物が育てやすい肥えた土地か、それともやせた土地か。木はあるのか、ないのか。その土地になっている果物をいくつか持ち帰ってきなさい。」

それはちょうど、ぶどうのなる頃でした。

　彼らはツィンの荒野から偵察をはじめました。ヘブロンまで行くと、そこにはアナクの子孫たちがいました。

　エシュコルの谷で、ぶどう一房のついた枝を切り取りました。それは二人でかつがないと運べないほど大きいぶどうでした。ざくろといちじくも取りました。

　40日間の偵察を終えて、12人はモーセとアロン、そしてイスラエルの民すべてに報告をしました。みんなは大きなぶどうに、まずびっくりです。こんなに大きなぶどうを見たことがありません。彼らは言いました。「あの土地は、乳と蜜が流れるすばらしい土地です。このぶどうは、そこで取った物です。でも、住人はとても強くて、町は城壁に囲まれています。そればかりかアナクの子孫である巨人がいます。アマレク人、ヘテ人、エブス人、アモリ人、カナン人も住んでいます。」

　それを聞いて、みんながざわざわしはじめました。すると12人のひとりカレブが言いました。「みんな、静かに！　ぜひとも、あの土地を占領しようではないか。私たちにはできる!!」

主は私たちをあの地に導き入れ、あの乳と蜜の流れる地を私たちに与えてくださるでしょう。
（聖書協会共同訳）

私たちをあの地に導き入れ、それを私たちに下さる。あの地は乳と蜜が流れる地だ。
（新改訳2017）

（民数記　14章8節）

カナンの地に遣わされた12人の偵察隊の内、10人はその土地についての悪い知らせを伝え、イスラエルの人々の心をくじきました。

しかし、カレブとヨシュアは同じ土地に対して神様の約束と多くの可能性を見たのでした。

同じものを見ても人にとって捉え方が違うものです。

祈りましょう

天の父なる神様。私の心の目を開いてください。
人生のあらゆる出来事に対して信仰の目で見ることができますように。
愛する主イエス・キリストのお名前によってお祈りします。

けれどもカレブとヨシュア以外の10人は言いました。「何を言っている。あの民と戦うのは無理だ。私たちよりずっと強いのだから。われわれは食い尽くされてしまう。あそこにいるのは巨人だ。自分たちがまるでイナゴのように見えたじゃないか。彼らからもそう見えたにちがいない。」

それを聞いたイスラエルの民は大声で泣きました。「ああ、エジプトで死んだほうが良かった。そうでないなら、この荒野で死にたい。なぜ神様は、私たちをここに連れてきたんだ。」彼らは一晩中泣き続けました。

考えたり、話し合ったり、覚えたりしてみよう！
第14課のキーポイント！

□1. 神様がイスラエルに与えようとしている地は何という名前？　□2. モーセは神様に「1」の地に「人を行かせ調べなさい」と言われて、何人の偵察隊を選んだ？　□3. モーセは偵察隊に何を調べてくるように言った？　また、何を持ち帰るように言った？　□4. 偵察隊は何日間偵察した？　□5. 偵察隊は帰ってきて、先ずどのような報告をイスラエルの人々にした？　□6. 偵察隊のうち、カレブとヨシュア以外の10人は何と言った？　□7.「6」を聞いてイスラエルの人々はどのような反応をして、何と言った？

※答えは巻末の149ページにあります。

第15課　しゃべるロバ
モアブの王バラクと占い師バラム
（民数記 22-24 章）

イスラエルの民は前進してモアブの平原まで来ました。

モアブの王バラクは、イスラエルの民の数の多さや、力が強いことを知って怖くなりました。それでバラムという占い師をやとい、イスラエルを呪ってもらおうと考えたのです。

ところが神様はバラムに言いました。「イスラエルの民を呪ってはならない。彼らは祝福されているのだから。」

神様の命令ではさすがのバラムも呪えません。

でもバラク王はあきらめきれず「イスラエルを呪ってくれ」とバラムにたのみ続けました。

バラムはロバに乗って出発しました。すると、主の使いが剣をもって道に立ちはだかったので、ロバは道をそれて畑に入りました。バラムには主の使いが見えず、ロバをむち打って道にもどそうとしました。でも、やっぱり主の使いが進ませないのです。バラムが、またロバをむち打ったのでロバは、とうとうしゃがみこんでしまいました。バラムは怒りに燃え、こんどは、むちでなく杖で打ちました。するとロバがしゃべりだしました。「どうして私を三度も打つのですか。」バラムが「おまえが私をばかにしたからだ。剣があれば殺してやった」と答えると、ロバは「わたしは、あなたをずっとお乗せしてきたロバです。いままで、あなたにこのようなことをしたことがありましたか」とたずねました。「いや、なかった。」その時、バラムにも剣をもった主の使いが見え、バラムは驚いてひれ伏しました。

主の使いは言いました。「なぜ、ロバを三度も打ったのか。ロバを進ませなかったのはわたしだ。おまえが間違ったことをしようとしたからだ。もしもロバがそのまま進んでいたら、わたしはおまえを殺し、ロバを生かしておいたであろう。おまえは、わたしが語ることだけを語りなさい。」

神様はバラムの口にことばをあたえました。バラムはイスラエルを呪わず祝福しました。バラク王はおどろいて、ほかの場所にバラムを連れて行きました。そこでもバラムの口から出たのは祝福のことばです。バラク王はがっかりして、また別の場所にバラムを連れて行きましたが、やはり呪いのことばではなく祝福のことばだったのです。

ロバ

ロバは愚直な動物ですが、飼いやすく忍耐強いため、古くから荷物運搬、耕作、乗用 として利用され (創49.14)(イザ30.6)
てきました。旧約聖書では、牛や羊、ラクダと並んで (申22.10)(創22.3)(士5.10)
重要な財産として数えられています。ロバは非常に (創12.16)
有用な動物で、馬車が通行できない場所でも移動が可能であり、重い荷物も運ぶことができます。ロバは穏やかな性格を持ち、攻撃されても抵抗せず、餌は何でも食べます。背が低く、目立たない動物です。

一方、馬は姿が美しく、背が高く、プライドがあり、生気に満ちています。そのため、馬は軍事用の乗り物として象徴されます。馬は戦争の時に騎兵用に、あるいは戦車を引くために使われました。これらの特性から、ロバは平和や庶民の象徴、馬は戦争や貴族の象徴とされてきました。

イエス・キリストは、平和と庶民の象徴であるロバに乗ってエルサレムに入城されました。占い師バラ (マタ21:1-11、マコ11:1-11、ルカ19:28-44、ヨハ12:12-15)
ムもロバに乗ってバラク王の元に行きました。その途中で神様はロバを通してバラムに警告を与えられたのです。 (民22:21-35) (出典は巻末)

もっと教えて！

私はただ、神が私の口に授けられる言葉だけを語りましょう。 (聖書協会共同訳)

神が私の口に置かれることば、それを私は告げなければなりません。 (新改訳2017)

（民数記　22章38節）

バラムの箇所は読む私たちに混乱を与えます。異教の占い師であるのに、イスラエルの神様のメッセージを明確に語るからです。その預言は明確なものでしたが、しかし、最終的にバラムはイスラエルを罪の堕落の中に引きずり込みました。

新約聖書の黙示録2章14節で、主イエスはバラムの教えに気をつけるように言われています。それはどれだけ霊的に優れた教えであってもすべては御言葉によって判別される必要があります。ますます惑わしが多いこの時代の中で、真っ直ぐに神様の道を歩む為にも、聖書の御言葉を読み、御言葉を私たちの内に蓄えましょう。

祈りましょう

天の父なる神様。今の時代の中にあって様々な情報に惑わされて脇道に外れてしまうことなく、真っ直ぐに神様の真理の道を歩むことができますように。愛する主イエス・キリストのお名前によってお祈りします。

考えたり、話し合ったり、覚えたりしてみよう！
第15課のキーポイント！

□1. モアブの王バラクは、強いイスラエルが怖くなり、占い師バラムを雇って、どうして欲しいと言った？　□2. バラムがロバに乗って出かけた時に、主の使いが何を持っていて何をした？　□3.「2」のロバにバラムは怒ってむち打った時、ロバは何と言った？　□4. バラムも主の使いが見えた時に、主の使いは何といった？　□5.「4」の後、バラムのことばは呪いのことばではなく、何のことばに変わった？

※答えは巻末の149ページにあります。

第16課　新しいリーダーにヨシュア
ヨルダン川前のモーセの説教
（申命記）

　イスラエルの民をエジプトから連れ出し、神様からの十戒をうけとり、約束の地カナンにむかってずっと民をみちびいてきたモーセ。けれど、カナンを目の前にしながらヨルダン川を越えることはできませんでした。モーセがカナンの地に足をふみいれることを神様が許さなかったのです。

　モーセは、それまでに神様が見せてくださった数々の奇蹟や教えを民に伝えました。シナイの荒野で神様からの教えを頂いたのは39年も前のこと。それを聞いた人々はヨシュアとカレブをのぞいて死んでしまったので、もう一度話す必要があったのです。

　モーセは人生の最後に、これからカナンに入っていく彼らに情熱をもって励ましを与えました。

　「神様は、あなたがたが神様に従うことを強く望んでおられます。あなたがたは神様の大切な民であり、あなたがたは神様の大きな愛に包まれているのです。神様はあなたがたを特別に守り繁栄させてくださいます。神様は、ただおひとりです。ほかにはいません。神様のおどろくような恵みと憐れみに感謝して、あなたがたも神様を愛し、その教えを守りぬくように。」

　モーセはモアブの地で死に、新しいリーダーとしてヨシュアが任命されました。

［ピスガの頂］
「モーセは、モアブの平野からネボ山にあるピスガの頂に登った。それはエリコの向かいにあり、主は彼にすべての地を示された。」

（申命記34:1　聖書協会共同訳）

もっと教えて！

これは、あなたがたにとって空しい言葉ではなく、あなたがたの命だからである。
（聖書協会共同訳）

これは、あなたがたにとって空虚なことばではなく、あなたがたのいのちであるからだ。
（新改訳2017）

（申命記　32章47節）

モーセによるイスラエルの民への最後の勧告がこの言葉でした。いま、モーセは120歳を迎え、神様から召される時が近づいています。（申31:2）（申34:7）約束の地を目の前にして、エジプトを脱出してから40年間の荒野での旅も終わろうとしています。多くの思いがモーセの胸にあふれていました。それらの中で、彼が最も伝えたかったことは、「わたしは主、あなたの神、あなたをエジプトの国、奴隷の家から導き出した神である」から始まる神様の律法でした。神様から民への溢れる愛。これがモーセの最後に強調したことでした。

祈りましょう

天の父なる神様。私の人生の中でもっとも大切な愛を教えていただき感謝します。神様が与えてくださったその愛の教え、「神様を愛し、隣人を自分のように愛する」ことができますように。愛する主イエス・キリストのお名前によってお祈りします。

考えたり、話し合ったり、覚えたりしてみよう！

第16課のキーポイント！

□ 1. 約束の地カナンにむかってずっとイスラエルの民をみちびいてきたモーセは、カナンに入る事はできた？

□ 2. モーセはヨルダン川を前にして、何を民に伝えた？　□ 3. モーセはどうして「2」のことを話す必要があった？

□ 4. モーセがモアブの地で死んだあと、新しいリーダーとして誰が任命された？

なぜ？
なぜモーセは約束の地に入れなかったの？

モーセが約束の地に入れなかった理由は、民数記20章2-12節に詳細が記されています。イスラエルの人々が水を求めてモーセとアロンに逆らったとき、神様はモーセに岩に命じて水を出すように命じました。しかし、モーセは民の不信仰に怒り、岩を杖で二度打ちました。その結果、岩から水は出ましたが、神様はモーセとアロンの不従順を責め、約束の地に入れないと告げました。

しかし、神様は私たちの思いを遥かに超えて大きな計画をお持ちです。モーセではなく次の世代のヨシュア（ヘブル語ではイエス＝イェシュアと同じ名前）によって約束の地に入ることが神様の計画の中にあったように思われます。

モーセの律法では導き入れることが出来ない永遠の命をイエス（イェシュア）が導き入れることが出来るのです。「律法はモーセによって与えられ、恵みとまことはイエス・キリストによって実現したからである。」
（ヨハネの福音書　1:17）

新約聖書による申命記の引用

新約聖書は、申命記を頻繁に引用しています。特に重要な箇所は、マタイ福音書22章36-40節とマルコ福音書12章28-34節です。イエス様は申命記5章と出エジプト記20章の「十戒」を指して「律法で最も重要な掟は、心を尽くし、精神を尽くし、思いを尽くして神である主を愛すること」また、「隣人を自分のように愛することも同様に重要な掟」であることを教えてくださいました。そして、この二つの掟が律法全体と預言者の言葉の基盤となっていることを示されました。

この聖書箇所は、イエス様が荒野で悪魔の試みに会われたときに申命記からの引用をもって応えられました。

【「石をパンに変えてみよ」という試み】
「人はパンだけでは生きず、人は主の口から出るすべてのことばによって生きる」（申命記8:3 口語訳）

【「神の子なら飛び降りてみよ」という試み】
「あなたがたの神、主を試みてはならない。」（申命記6:16 口語訳）

【「ひれ伏して悪魔を拝むなら栄華を与える」という試み】
「あなたの神、主を恐れてこれに仕え、その名をさして誓わなければならない。」（申命記6:13 口語訳）

※新約聖書の「イエス悪魔の試みを受ける」の箇所

（マタイ福音書：4:1-11、マルコ福音書：1:12-13、ルカ福音書 4:1-13）

※答えは巻末の149ページにあります。

第17課　エリコの城壁が角笛と大声でくずれる

エリコ陥落・ヨシュアが12部族の割当

（ヨシュア記）

陥落とは、国などの重要拠点が攻め落とされ、降伏する事。

　モーセの死が近づいてきたとき、モーセは神様に願いました。「私のかわりに民をみちびく人をあたえてください。そうでないと民は羊飼いのいない羊のようになってしまいます」　神様はその願いにこたえ、ヌンの子であるヨシュアを選びました。

　神様はヨシュアに言いました。「さあ今、この民を連れてヨルダン川をわたり、わたしがイスラエルの民に与えようとしている土地へ行きなさい。わたしはモーセとともにいたように、あなたとともにいる。強く雄々しくありなさい。」

　ヨシュアは、川のむこうのエリコという町を偵察するために二人の人をつかわしました。彼らはラハブという遊女の家に泊まりました。ところが、二人がエリコに忍びこんだことが王に知られてしまい、ラハブのところにも王の使いがやってきました。

　ラハブは急いで屋上に二人をかくし、王の使いには「その人たちは、もう行ってしまいました。今なら追いつけるかもしれません」と家にいれませんでした。ラハブは、神様がイスラエルの民をエジプトから助け出し、海をわけたことなどを聞いて、この方こそが本物の神様だと信じ、おそれていたのです。ラハブは「いま私はあなたがたを助けました。ですから私たちの家族を殺さないと約束してください」と言って、二人を窓から綱でつり下ろして逃がしました。ラハブは城壁に住んでいたからです。

　二人は、その窓に真っ赤なひもを結びつけるようラハブに言い、ラハブはそのとおりにしました。

※ラハブは城壁の中に住んでいて、その家は城壁の壁面にあった。（ヨシュア記 2:15 参照）

いよいよ、ヨルダン川を渡る日がきました。春のヨルダン川は雪どけ水で今にもあふれそうです。先頭を行くのは、祭司たちがかつぐ神様の箱です。祭司たちが川に足をふみいれると、水は流れるのをやめて壁のように立ちあがりました。そして、そこだけすっかりかわいてしまいました。神様の箱をかついだ祭司たちは、民がひとり残らずわたり終えるまで川の真ん中に立ちつづけました。祭司たちが川からあがり土をふむと川の水はもとのようにいきおいよく流れはじめました。

民がヨルダン川を渡り終えると神様はヨシュアに命じました。「祭司たちが立っている川の真ん中から、石を12個ひろわせなさい。」選ばれた12人がひとつずつ石を肩にかついできました。その12の石は、民が渡り終えるまで川をせき止めてくださった神様の力強さと、すばらしさを忘れないための記念となりました。

エリコの町は城門をかたく閉ざしていました。イスラエルの民をおそれていたのです。神様は、エリコの町と王をヨシュアに渡すと約束しました。その方法は——？

兵士たちがエリコの町のまわりを歩きます。7人の祭司たちは角笛を吹き鳴らしながら神様の箱の前を進みます。決して声を出してはいけません。そのように1日に一周、同じことを6日間くりかえしました。

7日目には町を7周。祭司たちが角笛を吹き鳴らし、その合図で兵士が大声で鬨の声をあげると、あっというまに町の城壁はくずれ落ちました。

イスラエルの兵士は一気に町の中に攻め入ります。
でも、約束どおりラハブの一家だけは助け出しました。

ヨシュアが老人になったとき、神様は言いました。「あなたは年をとったが、まだ占領すべき町が残っている。それらをイスラエルの民の相続地としなさい。」
ヨシュアは神様のいうとおり次々に町を攻め取り、民に分けあたえたのです。

鬨の声とは、戦いの場などで、士気を高めるためにいっせいに大勢の人が叫ぶ声の事。

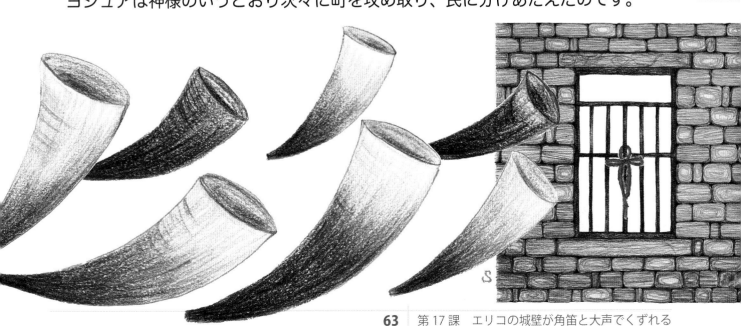

もっと教えて！

第17課　エリコの城壁が角笛と大声でくずれる

エリコ陥落・ヨシュアが12部族の割当（ヨシュア記）

私と私の家は
主に仕える。

（新改訳2017）

私と私の家は
主に仕える。

（聖書協会共同訳）

（ヨシュア記　24章15節）

　神様は、私たちに自由意志をお与えになりました。神様への信仰を持つ自由も、持たない自由もです。しかし、同時に神様はモーセを通して「あなたの前にいのちと死を置く。・・・あなたはいのちを選びなさい（申命記30章19節）」と、私たちに正しい選択をするように促されました。

　ヨシュアは地上生涯を終えて天に召される際、民に対して「仕えたいと思うほうを、今日、自分で選びなさい」と選択を迫り、自身は「主に仕える」と宣言しました。

祈りましょう

天の父なる神様。

私の人生の中で様々な道を選択することが

できることを感謝します。

あなたを愛する道を選ぶことができますように。

愛する主イエス・キリストのお名前によって

お祈りします。

ヨシュア

　ヨシュアはモーセに仕えた従者であり、後に後継者としてイスラエルの民を指導しました。ヨシュアという名はヘブライ語で「主は救い」を意味し、その名の通り、ヨシュアは神様の助けを得て、様々な苦難を乗り越えてイスラエルの民を約束の地カナンに導き入れました。ヨシュアの最も著名な業績は、エリコなどの要塞都市を攻略し、カナンの地を征服して約束の地を獲得したこと（ヨシュ6:1-27）（ヨシュ5-12章）です。また、ヨシュアは神様への信仰を保ち、カナンの地の偶像礼拝を排除するなど、宗教指導者としても重要な役割を果たしました。（ヨシュ8:30-35）（使7:45）（ヨシュ24章）さらに、ヨシュアは約束の地を征服した後、イスラエルの各部族に土地を分配しました。（ヨシュ13-19章）

（出典は巻末）

神様の約束（その5）

旧約聖書には、神様が約束された「契約」が書かれています。

【土地（12部族）契約
（神様が12部族に約束されたこと）】

　かつて、神様はアブラハムの子孫にカナンの地を約束されました（アブラハム契約：創世記15章13-21節）。ヨシュアが率いるイスラエルの民はカナンの地を占領し、この約束が成就しました。年老いたヨシュアは天に召されるにあたり、イスラエルの全部族をアブラハム縁の地であるシケムに集め、神様の契約を伝えました（ヨシュア記24章1-28節）。この契約は、神様がカナンの地をイスラエル12部族にお与えになることと、イスラエルの民がすべての掟と法を忠実に守ることを内容としていました（申命記11章1-32節）。この時、イスラエルの民は神様に従うことを誓いましたが、その後この契約を守ることに失敗しました。罪ある人間に、完全なる神様の律法を遵守することは不可能でした。そして「新たな契約（新約）」が待望されることになりました。

土地の割当

【各部族の領地と逃れの地の割り当て】

　イスラエルの12部族は、カナンの地に相続地を割り当てられました。ヨルダン川の東側の土地は、(民34:14)(民34:15)(申3:13)(申3:14)(申3:15)(申3:16)(申3:17)(申29:6)(申29:7) マナセ族の半数、ルベン族、ガド族に、彼らの希望通りに与えられました。残る9部族とマナセ族の残り半数には、神様がモーセを通じて指示された通りにくじ引きで土地が割り当(民34:13) てられました。神様に仕えるために特別に選ば(民18:23) れたレビ族には、土地が与えられませんでした。(民35:9-34)(民35:11)(申19:1-13)(申4:42)(申19:3)(ヨシュ20:1-9)(ヨシュ20:3)

　また、過失によって人を殺してしまった者が逃げ込む場所として「逃れの町」が神様の指示通りに定められました。「ナフタリの山地にある(ヨシュ20:7) ガリラヤのケデシュ、エフライムの山地にあるシェケム、およびユダの山地にあるキルヤテ（キルヤト）・アルバすなわちヘブロンを、これがた(ヨシュ20:8) めに選び分かち、またヨルダンの向こう側、エリコの東の方では、ルベンの部族のうちから、高原の荒野にあるベツェル、ガドの部族のうちから、ギルアデ（ギルアド）のラモテ（ラモト）、マナセの部族のうちから、バシャンのゴランを選び定めた。」

なぜ？

なぜレビ族には土地の割当がなかったの？

　レビ族には、イスラエルの他部族と(民18:23)(申14:27)(申14:29) は異なり、相続地が割り当てられませんでした。これは、神様ご自身がレビ(申10:9)(申18:2)(ヨシュ13:14)(ヨシュ13:33) 族の相続地となられたためです。レビ族は、特別に選ばれた部族で、神様の(民18:2)(申10:8) 幕屋で奉仕する役割を担っていました。レビ族は、祭司やレビ人として神様に仕え、イスラエルの人々を導く役割を担っており、イスラエルの人々が主にささげる献納物を受け取ることができ(民18:24) ました。そのため、他の部族のように土地を耕したり、牧畜を行う必要がなく、神様に仕えることに専念することができました。土地の相続分を持たなかったレビ族は、土地にまさる祝福を(詩27:4)(詩84:11) 得ていたのです。

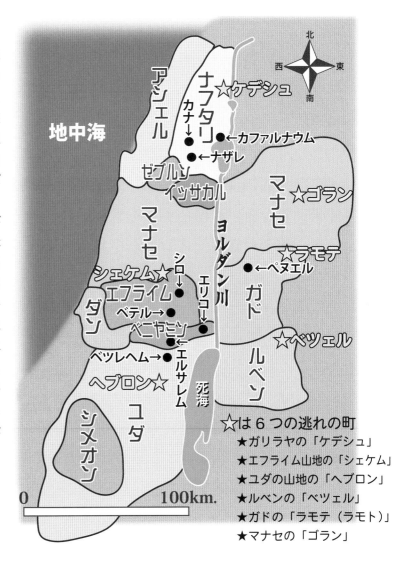

カナンの地図

北 / 西 / 東 / 南

地中海

アシェル
ナフタリ
☆ケデシュ
カナ→
←カファルナウム
←ナザレ
ゼブルン
イッサカル
マナセ
☆ゴラン
マナセ
ヨルダン川
☆ラモテ
←ペヌエル
シェケム☆
シロ→
ガド
エフライム
エリコ→
ベテル→
ダン
ベニヤミン
☆ベツェル
ベツレヘム→
エルサレム
ルベン
ヘブロン☆
死海
ユダ
シメオン

0　　　　　　100km.

☆は6つの逃れの町
★ガリラヤの「ケデシュ」
★エフライム山地の「シェケム」
★ユダの山地の「ヘブロン」
★ルベンの「ベツェル」
★ガドの「ラモテ（ラモト）」
★マナセの「ゴラン」

考えたり、話し合ったり、覚えたりしてみよう！

第17課のキーポイント！

□1. 新しいイスラエルのリーダーに選ばれたヨシュアに、神様は何をしなさいと言われた？　□2. ヨシュアは、川のむこうのエリコという町に二人の偵察隊をつかわしたが、彼らは何と言う名の女の人の家に忍び込んだ？　□3.「2」の女の人は、「イスラエルの民をエジプトから助け出し、海をわけたこのお方こそが、本物の神様だ」と信じていた？　□4.「2」の女の人に助けてもらった2人の偵察隊が、その女の人の家族を助ける目印として、窓に何をしなさいと言った？

□5. ヨルダン川を渡る日、祭司たちが川に足をふみいれると、水はどうなった？　□6. 1日に一周、兵士たちは城門をかたく閉ざしていたエリコの町のまわりを歩いたが、7人の祭司たちは何をした？また、それは何日間続いた？　□7. 7日目には町を7周し、ヨシュアの合図で民が大声で鬨の声をあげると町の城壁はどうなった？

□8. ヨシュアは神様のいうとおり土地を民に分けあたえた？

※答えは巻末の149ページにあります。

第18課　12名の勇ましい士師

ギデオン・サムソン（士師記）

【ギデオン】

　イスラエルの民は罪を犯したために、7年間ミデヤン人に苦しめられ、弱り果ててしまいました。神様に助けを求めると、ヨアシュの子ギデオンに主の使いが現れました。そのときギデオンは酒ぶね※の中で小麦を打っていました。ミデヤン人に見つかるのを恐れていたからです。

　主の使いはギデオンに「勇士よ」と呼びかけ「神様があなたとともにいる。ミデヤン人からイスラエルを救うために、あなたをつかわす」と言いました。ギデオンは、そんなことが自分にできるとは、とても思えません。でも主の使いは「ともにいて、かならず助ける」と何度もギデオンを励まし、約束したのです。

　ついにギデオンはミデヤン人と戦うために立ちあがりました。ところが神様は兵の数が多すぎると言います。3万2千人いた兵は、なんと300人にまで減らされてしまいました。敵は13万5千人、大丈夫なのでしょうか……？

　ギデオンは兵に角笛と壺を持たせ、壺の中に松明を入れさせました。

　真夜中、ミデヤン人の陣営を取り囲んだ300人が角笛を「ブオオオオーン」と吹き鳴らし壺を打ち砕くと「ガッシャーーーン!!」と大きな音がひびきわたりました。真っ暗闇の中、とつぜん現れた光と大きな音、そして「主のため、ギデオンのため戦う！」という叫び声にミデヤン人はもうびっくり！　悲鳴をあげながら走り出し、なにがなんだかわからないままに同士討ちをはじめたのです。

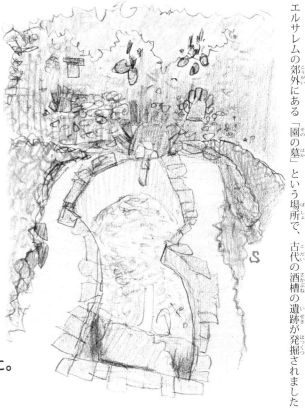

　こうしてイスラエルの民は勝利をおさめました。

※［酒ぶね］

　酒ぶねは、酒の原料であるぶどうの実を踏んで搾って出てくるぶどう液を蓄えるための大きな容器です。ギデオンの時代、岩に掘られた穴が酒ぶねとして使用されていました。古代農業社会では、風の力を借りて脱穀をするのが一般的でしたが、ギデオンは敵に見つからないように、風の力を借りることができない、地下の酒ぶねに隠れて脱穀していたのです。　（出典は巻末）

【サムソン】

　イスラエルの民はまた罪を犯し、神様は彼らを40年間ペリシテ人の手にわたしました。

　ある日、マノアという人の妻に主の使いが現れて「あなたは男の子を生む。その子の頭にはかみそりを当ててはならない。神様に仕えるナジル人として、とくべつにきよめられているからだ。その子はペリシテ人からイスラエルを救い出すことになる」と言いました。そのとおり男の子が生まれ、サムソンと名づけられました。

　サムソンは成長し、両親の反対も聞かずにペリシテ人の娘と結婚することにしました。結婚式でサムソンは集まった人たちに、なぞなぞを出しました。7日間で正解がわかったらサムソンが賞品を出すと約束し、解けなかったらサムソンに賞品を出すように言いました。ところが、花嫁はサムソンから答えを聞き出してペリシテ人に教えてしまったのです。サムソンはものすごく怒りました。そして神様の霊がサムソンに下りペリシテ人30人を殺しました。そればかりか花嫁が他の人の妻になったことに腹をたて、300匹のジャッカルの尾に松明を結んで放ち、ペリシテ人の麦畑、ぶどう畑などを焼き払ったのです。そのように怪力サムソンをおさえつけることは、だれにもできませんでした。

　サムソンはデリラという女性を愛しました。ペリシテ人は、サムソンの怪力の秘密をデリラに探らせました。
　力の秘密を聞いてくるデリラに、サムソンは嘘をつき続けました。でもデリラが毎日毎日聞いてくるのでサムソンも、つらくなってきました。そして、とうとう「私はナジル人なので髪の毛がそり落とされたら力は弱くなる」と打ちあけたのでした。眠っているうちに髪はそり落とされ、サムソンは力を失いました。そしてペリシテ人に目をえぐり出され牢に閉じ込められたのです。

　けれどサムソンの髪は、ふたたび伸びはじめました。
　ペリシテ人の祭りの時、牢からサムソンが連れ出されました。笑いものにするためです。サムソンは、自分の手をつかんでいる若者に言いました。
「私の手をこの神殿を支えている柱にさわらせてくれ。よりかかりたいんだ」
　そこにはたくさんの人があふれ返り、屋上にも3千人くらいが集まっていました。サムソンは「神様、私を思い起こしてください。もう一度私を強くしてください」と祈り、「ペリシテ人と一緒に死のう」と言って2本の柱を力いっぱい押しました。神殿は崩れ落ち、サムソンがそれまで殺したペリシテ人の数より、もっと多くのペリシテ人が死んだのです。

もっと教えて！

第18課　12名の勇しい士師　ギデオン・サムソン（士師記）

ギデオンは彼らに答えた。「私はあなたがたを支配しない。私の子もあなたがたを支配しない。主があなたがたを支配される」。

（聖書協会共同訳）

ギデオンは彼らに言った。「私はあなたがたを治めません。私の息子も治めません。主があなたがたを治められます」。

（新改訳2017）

（士師記　8章23節）

　この言葉は、ギデオンがミデヤン人との戦いに勝利した後、イスラエルの民から王に立てられそうになった時に述べたものです。ギデオンは、神様から選ばれ、勇者と呼ばれましたが、（士6:12）彼自身は臆病であることを自認していました。（士6:15）神様に召されてもすぐには応じず、何度も奇跡を求めたほどでした。（士6:17）（士6:-37）（士6:39）ついに立ったギデオンに、神様はわずか300名で13万5千人の敵と戦うよう命じました。（士7:7）ギデオンは大勝利を得ましたが、その勝利が自分の力ではなく、神様の力によるものであることを強く認識していました。そのため、ギデオンはイスラエルの民に対して「自分は支配しない。神様が支配される」と述べ、民を神様に委ねたのです。

祈りましょう

　天の父なる神様。あなたにあって私に任せられている勉強や課題やあらゆる活動、自分の感情や人生を正しく治めることができますように。私に力を与えてください。愛する主イエス・キリストのお名前によってお祈りします。

士師とは

　士師とは、もともと古代中国の周時代の官名で、刑罰を行う司法官にあたります。旧約聖書に登場する士師は、ヘブライ語の שׁוֹפֵט [トェフェシ]（右から発音←）の訳語であり、文字通りには「裁く者」という意味であるため「さばきつかさ」とも訳されます。士師たちは、イスラエルの軍事的、政治的指導者であり、ヨシュアの死後（紀元前1200年頃）からイスラエル王国の成立（紀元前1000年頃）までの約300年間、他民族の侵略からイスラエルの民を守りました。また、彼らは、いくつかの支族を率いることはありましたが、民族全体を従えるにはいたりませんでした。士師は王とは異なり、恒常的・世襲的なものでなく、原則として臨時的なものでした。士師たちは、英雄的解放者としての性格を有する大士師と、裁判人・仲裁者として性格づけられる小士師とが区別されます。オテニエル（オトニエル）、エフデ（エフド）、デ（士3:7-11）（士4-5章）（士6:1-8:32）（士10:6-12:7）（士13-16章）ボラ、ギデオン、エフタおよびサムソなどは大士師、（士3:31）（士10:1-2）（士10:3-5）（士12:8-10）（士12:11-12）シャムガル、トラ、ヤイル、イブツァン、エロンおよび（士12:13-15）アブドンは小士師に属します。（出典は巻末）

なぜ？

なぜイスラエルの民は同じ過ちを繰り返すの？

　「正しい者はいない。一人もいない」という言葉（ロマ3:10）は、アダムの世代に罪が入り込んでから、人は自（創3:6）（ロマ3:23）力で正義を選び続けることができなくなった事実（ロマ7:15）（ロマ7:16）（ロマ7:17）を示しています。イスラエルの民は、神の約束を信じ、神の教えに従うことで、神の祝福を受けることができると理解していました。彼らは「主を（出19:5）（申28:1）（申28:2）捨てて、ほかの神々に仕えることなど、するはず（ヨシュ24:16）がありません」と言い、繰り返し誓いました。彼（ヨシュ24:21）（ヨシュ24:24）らは自力で神様との契約を守り抜くことができると過信していたのです。

士師記に登場する12名の士師

士師の名前	出来事	平穏な時	士師記の箇所
1.オテニエル(オトニエル)	アラム・ナハライムを破る。	**40**年間	3:7-11
2.エフデ(エフド)	左利きの勇士で、モアブ人を破る。	**80**年間	3:12-30
3.シャムガル	牛追いの棒でペリシテ人600人を破る。	不明	3:31
4.デボラとバラク	女預言者デボラは勇士バラクと共に、カナンの王シセラの大軍を破る。	**40**年間	4:1-5:31
5.ギデオン	300人の兵士が角笛、壺、松明でミディアン(ミデヤン)人を破る。	**40**年間	6:1-8:35
6.トラ	エフライムの山地シャミルに住む。	**23**年間	10:1-2
7.ヤイル	30人の息子は30頭のろばに乗り、30の町を持っていた。	**22**年間	10:3-5
8.エフタ	ごろつきが集まる強い勇士。アンモン人を破る。一人娘を献げた。	**6**年間	11:1-12:7
9.イブツァン	30人の息子と30人の娘がいた。	**7**年間	12:8-10
10.エロン	ゼブルン出身の士師	**10**年間	12:11-12
11.アブドン	40人の息子と30人の孫と70頭のろばがいた。	**8**年間	12:13-15
12.サムソン	怪力の秘密は髪をそらないことにあった。ペリシテ人と一人で戦う。	**20**年間	13:1-16:31

※士師記には12名の士師が登場しますが、全ての士師の名前を覚えなくても、ギデオンとサムソンの2名の士師の名前は覚えましょう。

悲しい悪循環

　ヨシュアが天に召された後、イスラエルの民は、エジプトから導き出してくださった神様を忘れ、神様の御前で悪を行い、他の神々に仕えました。(士2:10)(士2:11)神様は人々に怒り、彼らを敵に支配させました。(士2:12)(士2:13)(士2:14)しかし、神様はイスラエルの民の苦しみを見かね、憐れまれ、士師を立てて彼らを救い出しました。(士2:16)(士2:18)ところが士師が死ぬと、再びイスラエルの民は神様を忘れ、悪を行い、他の神々に仕えました。(士2:19)この繰り返しは、イスラエルの歴史で何度も起こりました。

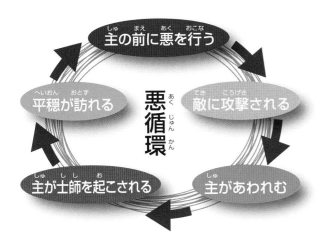

考えたり、話し合ったり、覚えたりしてみよう！

第18課のキーポイント！

□1.士師記にはギデオンとサムソンを含め何名の士師が登場する？　□2.イスラエルの民が他民族のミデヤン人に苦しめられ、神様がギデオンに主の使いを送った時、ギデオンはミデヤン人に見つからないように、どこで何をしていた？　□3.ギデオンがミデヤン人と戦うために立ちあがった時、神様は兵の数が多すぎると言い、3万2千人いた兵は何人に減らされた？　□4.ギデオンは兵に何と何を持たせたた？　□5.真夜中、ミデヤン人の陣営を取り囲んだ「4」を持ったギデオンの兵士たちはどのようにして勝利した？　□6.イスラエルの民が他民族のペリシテ人に苦しめられていた時、マノアの妻に主の使いが現れて何て言った？　□7.サムソンはデリラという女性を愛し、サムソンは怪力の秘密をデリラに打ち明けてしまった？□8.力を失ったサムソンはペリシテ人に目をえぐり出され牢に閉じ込められたが、笑い物にしようと連れ出された神殿で、サムソンは何をした？

※答えは巻末の150ページにあります。

第19課　あなたの神は私の神

ルツ・ナオミ・ボアズ（ルツ記）

　士師がおさめていたころのこと、エリメレクというイスラエル人が妻のナオミ、息子のマフロンとキルヨンを連れてベツレヘムからモアブに移り住みました。イスラエルが飢饉になり食べ物がなくなったからです。

　ところがモアブでエリメレクが死にました。息子たちはモアブの女性と結婚しました。嫁たちの名前はオルパとルツ。

　10年が過ぎた時、なんとマフロンとキルヨンも死んでしまったのです。ナオミは神様が飢饉を終わらせてくださったと聞き、ベツレヘムに帰ることにしました。

　嫁たちには、親元に帰り再婚するようにすすめ、オルパは帰って行きました。けれどもルツはナオミにすがりつき言います。「お母さん、私に帰れと言わないでください。お母さんの行くところに私も行き、お母さんのいる所に私もいたいのです。お母さんの民族が私の民族です。

そして、お母さんの神様が私の神様なのですから。

お母さんと離れるとしたら、

それは死ぬ時しかありません。

それ以外で、もしも私がお母さんから

離れたなら神様に私をきびしく

罰してほしいのです。」

　ナオミはルツの決心が固いのを知り、

いっしょにベツレヘムに

帰ることにしました。

それは大麦の刈り入れが始まるころでした。

　「どなたかの畑に行って落ち穂を

拾わせてもらいます」

ルツは、そう言って朝早くから

出かけて行きました。

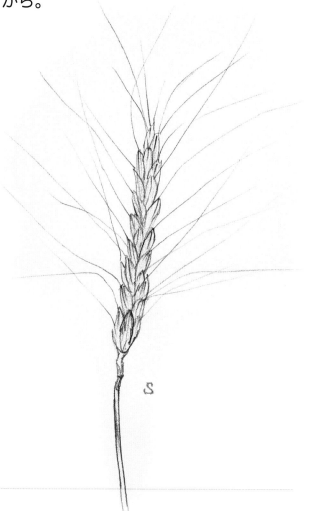

ある畑でルツが落ち穂を拾っていると畑の持ち主であるボアズがやってきました。ボアズはルツを見かけ「あそこにいるのは、どこの娘かな」と召使いにたずねました。ルツがモアブからナオミについて来たこと、朝からずっと働きどおしであることを聞くと、ボアズはルツに言いました。「よその畑に行かず、刈り入れの間、いつもここで落ち穂を拾いなさい。あなたのじゃまをしないように、私からみんなに言っておきます。のどが乾いたら遠慮せずに自由に水をのみなさい。」　ルツはひれふして「どうして、私のようなよそ者に、これほどまでに親切にしてくださるのですか」とたずねました。するとボアズは「夫が亡くなってしまったというのに、あなたは自分の親の家に帰らず、夫の母を一生けんめい助けていることを聞いています。神様があなたをゆたかに祝福してくださるように」とこたえました。ボアズは、ルツがおなかいっぱいになるまで食べ物をくれました。そればかりか、ルツがたくさん拾えるように、わざと穂を落とすよう召使いに命じたのです。

　ルツが持ち帰った大麦の量を見てナオミはおどろき、その畑が親戚ボアズのものであると聞いて、さらにおどろきました。ボアズは亡くなったエリメレクの親戚だったのです。

　ある日、ナオミはルツに言いました。「あなたは今日、きれいに身支度をしてボアズのところへ行きなさい。ボアズが寝ているところへ行き、その足元に横たわりなさい。」ルツはナオミの言うとおりにしました。

　真夜中、ボアズは何かの気配を感じ起き上がると足元にだれかがいます。
「だれだ！？」
「ルツです。神様の律法によって私をあなたの妻にしていただけませんか」
「あなたに神様の祝福がありますように。心配いりません。あなたの願いどおりにしましょう。でも律法によれば、あなたを妻にできる親戚がもう一人いるのです。その人があなたを妻にしたいと言えばそうなります。でも、その人が望まなければ私がかならずあなたを妻にします」

　ボアズはその日のうちに、もう一人の親戚に会いに行きました。そしてルツと結婚するのはボアズに決まったのです。

　ふたりの間に子どもが生まれました。その子の名はオベデ。オベデの子どもがエッサイ、エッサイの子どもがダビデです。

もっと教えて！

第19課　あなたの神は私の神　ルツ・ナオミ・ボアズ（ルツ記）

あなたの民は私の民
あなたの神は
私の神です。
（新改訳2017）

あなたの民は私の
民、あなたの神は
あなたの神は
私の神です。
（聖書協会共同訳）

（ルツ記　1章16節）

ルツはモアブ人の女性でした。聖書には「モアブ人は主の会衆に加わることはできない。十代目になっても、決して主の会衆に加わることはできない」（申23:4）と記されています。しかし、和解の神様の導きにより、モアブ人のルツはイスラエル人のボアズと結ばれました。そして、二人の子孫からイスラエルで最も偉大な王であるダビデが誕生することとなりました。

これはまさに、異邦人であり神様の約束から遠く離れていた私たちが、主イエスの十字架の救いにより、神様の相続者とされることを約束しているのです。

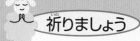
祈りましょう

天の父なる神様。

イエス様を通して神様に繋がり、

私を神の国の相続者として歩ませてください。

愛する主イエス・キリストのお名前によって

お祈りします。

買い戻すとは

「あなたは買い戻しの権利のある親類です。」
（ルツ記 3:9）

【買い戻しの権利って？】

当時のイスラエルでは、人々が子孫を残せずに亡くなったり、貧困に陥って土地を売らざるを得なくなった場合、その親類には土地を買い戻す権利が認められていました。（レビ 25:23-25）（レビ 25:23）ボアズはその権利を行使し、土地と共に、元の所有者であるナオミと彼女に仕えていたルツも一緒に買い戻しました。（ルツ 4:1-13）（ルツ 4:10）イスラエルから排斥されていたモアブ人のルツがイスラエルの民に加わり、後にイエス・キリストの系図に名を連ねる（ルツ 4:21-22）（ルツ 4:21）（ルツ 4:22）こととなったのです。

キリストは私たちを救うために十字架で命の代価を支払い、私たちを買い戻してくださいました。

ルツの出来事は、「罪」という支払い不能な負債から私たちが救い出され、天の命の書に名を刻まれることを可能にしたキリストの愛を象徴するものといえます。

落穂拾いとは

「畑に行かせてください。そして、親切にしてくれる人のうしろで落ち穂を拾い集めさせてください。」
（ルツ記 2:2）

【落穂拾いの権利って？】

次のような律法が定められていました。

「あなたがたの地の実のりを刈り入れるときは、畑のすみずみまで刈りつくしてはならない。またあなたの刈入れの落ち穂を拾ってはならない。あなたのぶどう畑の実を取りつくしてはならない。またあなたのぶどう畑に落ちた実を拾ってはならない。貧しい者と寄留者とのために、これを残しておかなければならない。わたしはあなたがたの神、主である。」

（レビ記 19:9-10 口語訳）

あなたがその翼のもとに逃れて来た
イスラエルの神、主から、
豊かな報いがあるように。

ルツ記 2:12

May you be richly
rewarded by the Lord,
the God of Israel, under
whose wings you have come
to take refuge.
Ruth 2:12

なぜ?

なぜボアズは、キリストの型と言われるの？

　ボアズは「神様から離れていたモアブ人」の (申 23:4) ルツを買い戻しました。ルツを助けるために、(ルツ 4:1-13)(ルツ 4:10) 自身の労力、地位、財産を惜しむことなくなげうったのです。ボアズは、律法に従って「正義」を行い、ルツには「愛」をもって接しました。(ルツ 3:10-13)(ルツ 3:13)

　「買い戻す」ことは、「贖う」ともいいます。

　イエス・キリストは、神様という御自身の地位を惜しむことなく、御自分の「いのち」という代価を払って、罪によって死が入り込んでしまった私たちを贖い出してくださいました。主 (ロマ 3:24)(エフェ 1:7)(テト 2:14)(コロ 1:14) イエスは、「正義」の神様が私たちに罪の報酬として与えるべき「死」を十字架上で御自身の身に受け、私たちへの無限の「愛」を示されました。(マタ 20:28)(ヘブ 9:12)

　ボアズがルツに対して示した神聖な愛と恵みは、キリストが私たちに対して示す無条件の愛と恵みを反映しています。このため、ボアズはキリストの型と見なされるのです。

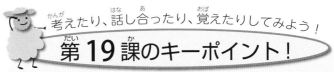

考えたり、話し合ったり、覚えたりしてみよう！

第19課のキーポイント！

□ 1. ナオミが息子のマフロンとキルヨンを連れてベツレヘムからモアブに移り住んだ理由は何？　□ 2. モアブでナオミの夫エリメレクも息子も死んでしまった時に、ナオミは息子たちの嫁のオルバとルツに何と言った？　□ 3.「2」のナオミの言ったことに、特にルツがナオミに泣いてすがりついて、何と言った？　□ 4. ナオミはルツの決心が固いのを知り、いっしょにどこに帰ることにした？　□ 5. 何も知らずにルツが落穂を拾いに行ったのはボアズの畑だったが、ボアズは誰の親戚？　□ 6. 亡くなった夫の母を一生けんめい助けて落穂を拾っているルツを見たボアズは、ルツに何と言った？また、召使いに何と命じた？　□ 7. ルツが持ち帰った大量の大麦が親戚ボアズの畑ものであると聞いてナオミは驚いたが、ルツにボアズのところに行ってどうしなさいと言った？

□ 8. ボアズと結婚したルツのひ孫（のちにイスラエル統一王国の王となる）は何と言う名？

※答えは巻末の 150 ページにあります。

第20課　初代イスラエルのサウル王

預言者サムエルがサウル王に油を注ぐ

（サムエル記）

　　エフライムの山地ラマタイム・ツィフィムにエルカナという人がいました。エルカナには二人の妻がいました。ひとりはハンナ、もうひとりはペニンナです。ペニンナは子どもがいますが、ハンナにはいません。

　　毎年、エルカナ一家は神様を礼拝するために、シロにある主の宮に出かけました。シロに行くたびペニンナは、ハンナに子どもが生まれないことで意地悪をするのです。エルカナはハンナを特別に愛していて、なんとかしてなぐさめますがハンナは泣いてばかり。食事もしません。

　　ハンナは悲しくてたまらず、はげしく泣いて神様に祈りながら「神様。もし、あなたが私の悲しみをわかってくださり、男の子を授けてくださるなら、私はその子の一生をあなたにおささげします。その子の頭にかみそりを当てません」と誓いました。

　　ハンナは祭司のエリにも元気づけられて、ようやく食事をしました。ハンナはもう、泣いてはいません。

　　神様はハンナの祈りにこたえ、男の子をくださいました。その子はサムエルと名づけられ、神にも人にも喜ばれる少年に成長しました。そしてエリのもとで暮らすことになりました。ハンナは神様に約束したとおり、サムエルを神様にささげたのです。

　　ある夜、神殿で寝ていたサムエルは自分を呼ぶ声で目がさめました。サムエルは「はい」とこたえてエリのところへ走ります。でもエリが「私は呼んでいない」と言うので、サムエルはもどって眠りました。

　　するとまた「サムエル、サムエル」と聞こえます。「はい。お呼びですか」エリのところへ急ぎましたが、今度もエリは呼んでいません。じつはサムエルを呼んでいたのは神様でした。サムエルは、まだ神様のことがわからず、声を聞いたこともありませんでした。

　　神様は三度目にサムエルを呼びました。サムエルは同じようにエリのところへ行き「はい。お呼びですか」と聞きました。その時エリは、サムエルを呼んでいるのは神様だとわかりました。

「いいかい、こんど呼ばれたら『はい。主よ、お話しください。僕は聞いております』と言うのだよ」

サムエルが寝ていると、神様が来られ「サムエル、サムエル」と呼びました。サムエルはエリに言われたとおり「はい。お話しください。僕は聞いております」とこたえました。神様がサムエルに話したのは、エリの家がさばかれるということでした。エリが息子たちの悪い行いを見ても、叱らなかったからです。そのとおりエリの家は神様にさばかれました。

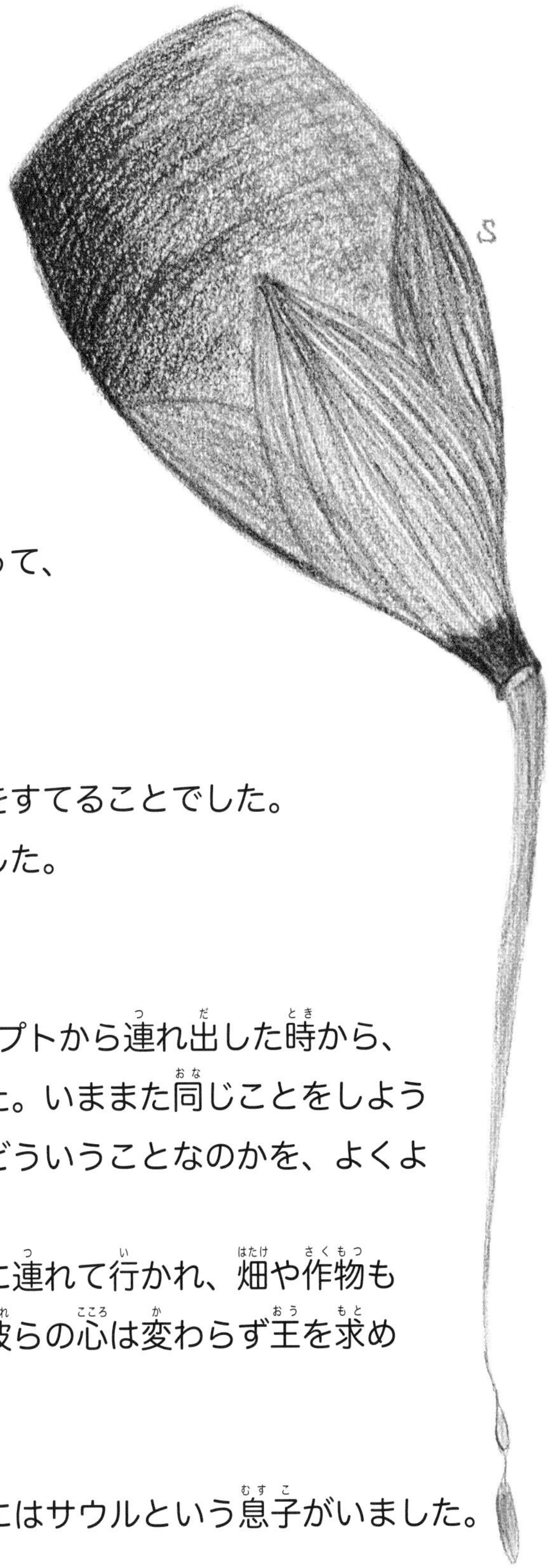

　サムエルは成長しました。
神様がサムエルとともにいてくださり、
サムエルの話すことは、すべてその通りに
なりました。サムエルは神様の預言者として
長年イスラエルを、おさめました。

　サムエルも年をとり、あとは息子たちに任せる
ことにしました。でも息子たちは父サムエルと違って、
民に正しいさばきを行わなかったので
民は「王様がほしい」と言いだしました。
「どの国にも王がいるではありませんか」と。
　けれど、それはイスラエルの真の王である神様をすてることでした。
サムエルはそんな民にがっかりし、神様に祈りました。

　すると神様は言いました。
「民の言うとおりにしなさい。わたしが彼らをエジプトから連れ出した時から、彼らは何度もわたしを捨て、ほかの神を求めてきた。いままた同じことをしようとしている。ただし、王をたてるということが、どういうことなのかを、よくよく知らせておきなさい。」
　民の息子は戦場に、娘も料理やパン焼きのために連れて行かれ、畑や作物も取られ、みな王の奴隷になる……そう伝えても、彼らの心は変わらず王を求めつづけました。

　ベニヤミン族にキシュという人がいました。彼にはサウルという息子がいました。サウルは背が高く、飛びぬけて美しい青年です。
　イスラエルの初代王として、サムエルはこのサウルに油を注いだのです。

もっと教えて！

第20課　初代イスラエルのサウル王

預言者サムエルがサウル王に油を注ぐ（サムエル記）

「サムエル、サムエル。」
サムエルは答えた。「お話しください。僕は聞いております。」
（聖書協会共同訳）

「サムエル、サムエル」と呼ばれた。サムエルは「お話しください。しもべは聞いております」と言った。
（新改訳2017）

（サムエル記 第一 / サムエル記 上　3章10節）

人の耳は他の感覚器官と比べて早く発達します。これは、人間にとって音を聞くという能力が重要なためと考えられています。音を聞くことで、私たちは周囲の環境を理解し、コミュニケーションをとることができます。また、この世を去る時に最後まで働いている器官も耳だという研究もあります。

人は聞く存在として創造されました。聖書の中で最も大切な戒めも「聞きなさい。」という言葉から始まります。（申6:4）今も私たちは祈りや聖書の言葉を読む時に、また静まり神様に思いを向ける時、神様からの語りかけを聞くことができるのです。
（出典は巻末）

祈りましょう

天の父なる神様。あなたの声を聞きたいです。
私の心を開いて神様の声が聞けるように
助けてください。
愛する主イエス・キリストのお名前によって
お祈りします。

サウル王　【サウル王の栄光と罪】
（サム上 10:1、10:24、11:15）

サウルは、初代イスラエル王です。彼は、数々の大きな戦いでイスラエルを守り、敵を打ち破ることに成功し、勇敢で強い指導者として人々から賞賛され、栄光を受けました。しかし、最初こそ謙虚で立派な人物でしたが、次第に傲慢になり、自分の罪や過ちのために、ついには悲劇的な最期を迎えることとなりました。（サム上 9-31（歴代上 10章））彼は、神様から与えられた命令に背いて自分の都合を優先させるようになりました。例えば、アマレク人との戦いで「アマレク人とその属するものを一切滅ぼせ」（サム上 15:1-35）という神様の命令に従わず、自分の権力を保つために神様に対して謙虚でなくなることもありました。（サム上 13:8-14）（サム上 18:8-9）これらの罪や過ちがサウル自身を苦しめ、ついには神様によって王位を奪われる結果となりました。（歴上 10:13）
（出典は巻末）

なぜ？

なぜイスラエルの民は王を望んだの？

イスラエルの民が王を望んだ理由はいくつかあります。まず、当時のイスラエルは、周りの国々から攻撃を受けていました。（サム上 4章、7章）イスラエルの民は、強力な王の下で団結して戦う必要があると考えました。（サム上 8:5）（サム上 8:20）また、彼らは、王が国を安定させ、繁栄させてくれると期待しました。さらに、神様からの保護を求める代わりに、自分たちの王によって守られることを望みました。（サム上 8:7）そして、王を欲しがるあまり、神様を忘れていきました。その結果、イスラエルの王国は分裂し、後には滅亡してしまうのです。
（出典は巻末）

油注ぎとは

【「キリスト」とは、「油注がれた人」】

「油注ぎ」は、旧約聖書に登場する重要な行事で、神様から選ばれた人に使命や力を示すために行われる儀式です。預言者や、祭司、王などとして選ばれた人の体に聖なる特別な油を注ぐことで、神様の特別な力と使命を受け取ることを意味します。旧約聖書で初めて「油注ぎ」が行われるのは、モーセの兄(出 4:14、6:20、7:1、28:1)アロンです。彼は神様から選ばれて祭司となり、祭(出 29:1-29)(出 30:22-33)(出 40:13-15)(レビ 8:12)壇で奉仕するために「油注ぎ」が行われました。

油は神聖な力を象徴し、人々の心を清め、神様とのつながりを深める意味がありました。(創 28:18-19)(創 31:13) これによって選ばれた人々は、神様の使者として人々に導きや助けを提供し、神様の計画を実現する役割を果たすことができました。

なお、「キリスト」という言葉は、ヘブライ語の「メシア」のギリシャ語訳であり、「油そそがれた人」を意味し、「救世主」とも解釈されます。旧約聖書では、　人間的な英知と能力をもってイスラエルを治める王をいい、新約聖書では、イエス＝キリストを指します。　（出典は巻末）

預言者とは

【神様から言葉を預かり、その言葉を伝える人】

聖書に登場する預言者は、神様から言葉を「預かり」、その「言葉」を伝える人のことです。「預言者」は、未来を予知する「予言者」とは異なり、神様から受けたメッセージを忠実に伝え、慰めや励ましを伝え(サム上 3:1-14)(サム上 3:1-14)(ダニ 2:19-23)(エレ 1:4-10)(エゼ 1:1-28)(ミカ 1:1)(ゼカ 1:7-17)ます。預言者は神様との直接的な対話や夢、幻などを通じて啓示を受け取ります。預言者は信仰の師でもあり、時には社会の改革者としても活躍します。

信仰の師として活躍した預言者としては、イザヤ、エレミヤ、エゼキエルなどが挙げられます。彼らは、国家存亡の危機にあたって神様の言葉を伝え、人々に警告と慰めを与えました。

一方、社会の改革者としてはアモスやホセアが挙げられます。アモスは貧しい人々が虐げられていることに対して非難の声を上げ、ホセアは偶像崇拝や不正な行為に対して警告しました。サムエルも預言者の一人で、初代イスラエル王サウルに油を注ぎ、神様からの啓示を王に伝えました。　（出典は巻末）

考えたり、話し合ったり、覚えたりしてみよう！

第20課のキーポイント！

- ☐ 1. 子どものいないハンナは悲しくてたまらず、神様に祈りながら何を誓った？

- ☐ 2. 神様はハンナの祈りにこたえ、サムエルと言う男の子をくださったので、ハンナは神様に約束したとおりにした？

- ☐ 3. 神にも人にも喜ばれる少年に成長したサムエルは誰のもとで暮らした？

- ☐ 4. 神殿で寝ていた少年サムエルが神様に三度目に呼ばれた時、エリはサムエルに何と答えるようにと言った？

- ☐ 5. 長年イスラエルをさばき、おさめた預言者サムエルに、イスラエルの民は「王様が欲しい」と望み、サムエルが神様に祈ると、神様は何と言われた？

- ☐ 6. イスラエルの初代王として、神様は誰を選んだ？　また、その人はどんな特徴の人？

- ☐ 7. サムエルは「6」が王になるために何をした？

※答えは巻末の 150 ページにあります。

第21課　ダビデとゴリアテ(ゴリアト)

サウルは千を打ち、ダビデは万を打つ

（サムエル記）

　イスラエルの初代王様となったサウルでしたが、ざんねんながら神様の命令を守らず、神様は次の王をえらびました。それはベツレヘムにすむエッサイの末の子、羊の世話をしていたダビデです。

　サウルは神様の霊が離れていき、悪霊に苦しむようになりました。そんなサウルの心が安らかになるようにと、竪琴のじょうずなダビデがつれてこられました。ダビデが竪琴をひくと悪霊はサウルから離れ、サウルは元気になりました。サウルはダビデが気にいりました。

　ダビデは父の羊の世話もしていたので、ベツレヘムとサウルの間を行ったり来たりしていました。

　ある日、父の言いつけでダビデはエラの谷へ出かけました。ペリシテ人と戦っている兄たちの無事をたしかめることと、食べ物をとどけるためです。

　ダビデが兄たちと話しているとき、ゴリアテというペリシテ人があらわれました。ゴリアテの身長は3メートル、60キログラムちかい鎧をつけています。

「おれさまと勝負するやつはいないのか。もし、おれさまに勝ったらおまえたちの家来になってやるぞ。でも、おれさまが勝ったらおまえたちが家来になれ。さあ、出てこい！」

　イスラエル人はゴリアテを見ると逃げだしました。

　ダビデは、そのようすを見て「私が行って戦います！　獅子や熊に羊をうばわれたとき、私はそれらを殺して羊を救いだしました。ゴリアテは神の軍隊を侮辱したのです。獅子や熊からも私を守ってくださった主は、かならずゴリアテからも救いだしてくださいます！」とサウルに言いました。

　「行け。主がおまえとともにいてくださるように」そう言って、サウルは自分の兜と鎧をダビデにつけさせました。けれどダビデは、それらを脱いでしまいました。慣れていなかったのです。そして石投げと川底からひろったなめらかな5つの石、杖をもってゴリアテの前に立ちました。

ゴリアテはダビデを見ると「杖だと？　おれさまを犬だとでも思っているのか？よし、かかって来い。おまえの肉を鳥や獣にくれてやろうじゃないか」とあざ笑いました。

　ダビデは「おまえは剣や槍をもって向かってくるが、私は万軍の主のお名前によっておまえに立ち向かう。きょう主は私の手におまえをわたされる。この戦いは主の戦いだ。主は剣や槍をつかわずに勝つことができる。イスラエルに神様がいることを、みんなが知るだろう」と言いました。

　ダビデが石投げで飛ばした石はゴリアテの額に命中し、ゴリアテはうつぶせにたおれました。ダビデはたった1つの石だけでゴリアテを殺したのです。

　ダビデが帰ると、イスラエルのすべての町から女たちが出てきて、タンバリン、琴にあわせて、歌いおどりました。

　「サウルは千を打ち、ダビデは万を打った」

　これを聞いたサウルは、すごく怒りました。

　「ダビデは万で、私は千だと？　ダビデがもっていないのは王位だ」

　その日からサウルは、ダビデが王座をねらっていると疑うようになったのです。

　悪霊に苦しむサウルのために、いつものようにダビデが琴をひくと、サウルはダビデにむかって槍を投げつけました。

　ダビデはサウルが自分を殺そうとしていることを知りました。こうなったら逃げるしかありません。

　そんなある日、ダビデがサウルを殺せるチャンスがやってきました。でもダビデは「主がお選びになった方であり、私のお仕えする方だ。そのようなことは主の前にぜったいにできない」と、けっしてサウルに手を出しませんでした。

　ダビデがどの戦いにも勝利したのは主がダビデとともにいてくださったからです。

　ダビデは人にも神様にも愛されました。中でもサウル王の息子ヨナタンは自分自身のようにダビデを愛したのです。

もっと教えて！

第21課　ダビデとゴリアテ（ゴリアト）
サウルは千を打ち、ダビデは万を打つ（サムエル記）

ライオンの手、熊の手から私を救い出してくださった主は、あのペリシテ人の手からも、私を救い出してくださいます。

（聖書協会共同訳）

獅子や熊の爪からしもべを救い出してくださった主は、このペリシテ人の手からも私を救い出してくださいます。

（新改訳2017）

（サムエル記 第一 / サムエル記 上　17章37節）

巨人ゴリアテとの対決で、イスラエルの兵士たちは恐怖に打ちひしがれ、戦意を喪失していました。しかし、少年ダビデは神様の力と守りを知っていました。荒野での経験に裏打ちされた強さを持つダビデの信仰は、彼を勇気づけ、神様の名の下にゴリアテに立ち向かわせました。このダビデの信仰がイスラエルに勝利をもたらしました。

祈りましょう

天の父なる神様。
あなたは私の問題や悩みを聞いて、癒してくださる大きな方です。
あなたを見上げます。私を守り導いてください。
愛する主イエス・キリストのお名前によって
お祈りします。

少年ダビデ 【羊飼いダビデ】

ダビデは約3000年前に羊飼いの息子として生まれました。少年ダビデは、羊を大切に見守る優しい心を持ち、神様から賜わった音楽の才能もありました。彼は勇敢で、巨人ゴリアテ（ゴリアト）との戦いで投石器を使って勝利を収めたことでも有名です。（サム上 17章）

彼の歌や詩は「詩篇」として聖書に収められ、多くの人々の心を打ちました。（詩 3:1 など）彼は神様に対して謙虚（サム上 24:6-7）で信頼を保ち、自分の罪を悔い改める姿勢も示しました。（詩 32章、37章、38章、51章、86章、139章など）（サム下 12:13）（サム下 24:10）

ダビデは後に王位につきますが、イスラエルの偉大な王としてだけではなく、神様に対する信頼と感謝の心を持つ模範としても尊敬されています。（使 2:25-28）（使 13:22-23）（ヘブ 11:32-34）（出典は巻末）

ヨナタンの友情 【ダビデを愛するヨナタン】

（サム上 13:16）（サム上 13:22）（サム上 21:7）（サム下 21:13-14）（歴代上 8:33）（歴代上 9:39）（歴代上 10:2）
ヨナタンは初代イスラエル王サウルの息子でした。（サム上 13:3）（サム上 14章）彼は非常に優れた勇士でありながら、ダビデがゴリアテ（ゴリアト）との戦いで勇敢に戦ったことを見て、彼に深い尊敬と友情を抱きました。（サム上 18:1）ヨナタンはダビデを愛し、自分の命よりも彼を大切に思いました。（サム上 20:12-15）（サム上 20:27-34）

サウル王は、ダビデの人気が自分よりも高まったことに嫉妬し、ダビデを殺そうとしましたが、（サム上 18:9）ヨナタンはダビデの功績を父であるサウル王に説き、ダビデを尊重するように説得しました。（サム上 19:4-6）しかし、後にサウル王とダビデとの間に争いが生じ、ヨナタンは（サム上 31:6）（サム下 1:4）（サム下 1:12）悲しい運命を迎えました。

ヨナタンの友情は、誠実で純粋なものであり、ダビデを守り、支える姿勢は見習うべきものです。彼らの友情は、私たちに真の友情とは何かを教えてくれます。

ダビデは勇敢で有能な若者でしたが、サウル王に妬まれて命を狙われ、国を逃れて荒野に隠れることを余儀なくされました。（サム上 16章、17章）（サム上 18:9）（サム上 21:11）そしてアドラムの洞穴と呼ばれる洞窟に隠れました。（サム上 22:1）ダビデの親族や友人たちも彼に加わり、行動を共に（サム上 22:2）しました。彼らは、ダビデがサウル王に見つからないように支え合い、危険な状況を共に乗り越えました。この困難な状況でダビデは自身を強くし、仲間たちとの結束を深めました。

ダビデには数多くの忠義の勇士たちが付き従いました。逃亡生活が続く中、ダビデはふと「ベツレヘムの城門の傍らにある、あの井戸の水を飲ませてくれる者があればよいのに」と口にしました。（サム下 23:15）（歴代上 11:17）すると、それを聞いた三人の勇士が、敵のペリシテ人の陣地を突破して水を持ち帰りました。それは極めて危険なことでした。ダビデは、三人に非常に感謝しつつも、大切な仲間たちの命を危険にさらしたことを後悔し、三人が持ち帰った水を飲むことを辞退しました。そして、その水を注いで主にささげ、「主よ、わたしはこのようなことを決してすべきではありません。これは命をかけて行った者たちの血そのものです。」と言いました。（サム下 23:13-17）（歴代上 11:15-19）この三勇士を始めとして、ダビデには数多くの信頼できる仲間が付き従い続けました。

逃亡の間、ダビデはサウル王に対する怒りや報復心を抱かず、神様への信仰を忍耐強く保ちました。（サム上 24章）（サム上 26章）（サム下 22章）（詩 34章など）神様に祈り、神様の保護の下で生活し、サウル王の手を逃れることができました。この苦難の期間は、ダビデの信仰と勇気を養い、イスラエルの王となる使命に備える大切な時となりました。

なぜ？

なぜサウルはダビデを憎み、殺そうとしたの？

ダビデは、ペリシテ人の勇者ゴリアテ（ゴリアト）を倒した後も、多くの武勲を挙げました。（サム上 18:5）

女たちは音楽を奏で歌い交わしました。「サウルは千を討ち／ダビデは万を討った。」サウル王はこれを聞いて激怒し、悔しがって言いました。「ダビデには万、わたしには 千。あとは、王位を与えるだけか。」（サム上 18:6-8）

ダビデの名声が急速に高まり、サウル王を上回る存在となったことで、サウルは嫉妬し、ダビデを憎むようになりました。サウル王はダビデを脅威とみなし、彼の命を狙うようになったのです。（サム上 18:9）

考えたり、話し合ったり、覚えたりしてみよう！
第21課のキーポイント！

□1. イスラエルの初代王サウルが神様の言いつけをまもらないので、神様が次に選んだダビデはベツレヘムで何の世話をしていた少年？　□2. サウルが悪霊に苦しんだ時、サウルの心が安らかになるようにと、ダビデは何をした？

□3. ゴリアテというペリシテ人の身長はどのくらい？

□4. ダビデが「自分がゴリアテと戦います！」とサウルに言った時、「獅子や熊から守ってくださった主」のことを何をしてくださるお方だと言った？　□5. ダビデがゴリアテと戦う時、兜と鎧を付けていた？　また、どんな武器を使った？　□6. ダビデがゴリアテに勝利した時、イスラエルのすべての町の女の人たちは何と言って歌った？

□7.「6」の歌をサウルが聞いて怒り、ダビデに向かって何を投げつけた？　□8. 人にも神様にも愛されたダビデ、中でも自分自身のようにダビデを愛したサウル王の息子は誰？　□9. ダビデを殺そうと追って来たサウルを、ダビデは手を出さず、殺さなかったのはなぜ？

※答えは巻末の 150 ページにあります。

第22課　ダビデ王のイスラエル統一王国
ダビデの栄光と罪（サムエル記・歴代誌）

　サウル王とその息子ヨナタンがペリシテ人との戦いで死にました。ダビデは心からふたりの死を悲しみました。

　神様がダビデにユダの町ヘブロンに行くよう命じたので、ダビデは家族と部下をつれてヘブロンに住むことにしました。するとユダの人々がやってきてダビデに油を注ぎ、ダビデはユダの王となりました。

　サウルが死んだ後もサウル家とダビデ家の戦いはしばらく続きましたが、ダビデ家は強くなり、サウル家は弱くなっていきました。

　そして、イスラエル部族もダビデのもとにやって来て言いました。

　「あなたが私たちの王となってください」

　こうしてダビデが全イスラエルの王となりました。ダビデはエルサレムの町を都とし『ダビデの町』と呼び、そこに住みました。

　ペリシテ人にうばわれた『神の箱』が、キルヤテ・エアリムにうつされてから数十年がたっていました。ダビデはこれをエルサレムに取りもどそうときめました。ところが運んでいるとちゅうで、ウザという人が箱をおさえ、そのまま亡くなってしまったのです。ダビデはおそれて、神の箱を自分のところではなくオベデ・エドム（オベドエドム）のという人の家に置きました。

　すると神様はオベデ・エドムとその家をたいへん祝福されました。

　３ヵ月後、ダビデはもういちど神の箱をダビデの町にうつすことにしました。ダビデは喜びいっぱい神様のまえで、全力でおどりました。うれしくてたまらなかったのです。

　神の箱は天幕の中におかれました。ダビデは自分がりっぱな宮殿に住んでいるのに天幕では神様にもうしわけないと思いました。ところが神様はダビデにりっぱな神殿を建ててほしいなどとは考えていませんでした。それよりも神様がダビデの家を建てると言われたのです。ダビデの家とは、ダビデの王国のことです。

　「あなたがどこにいっても、わたしはあなたとともにいる。あなたのすべての敵をほろぼし、あなたの名を偉大なものにしよう。わたしの民イスラエルに土地をあたえる。そこに住むなら敵にやられることもない。わたしはあなたの子を王とし、その子がわたしの家を建てる。あなたの家、王国はとこしえにつづき、その王座はゆるぐことがない」

　神様は、このようにダビデの家系のとおい未来のことまでも約束してくださったのです。

民の先頭にたって戦い、勝利してきたダビデですが、あるとき戦いには行かずに王宮にのこりました。ダビデが昼寝からおきて屋上をさんぽしていると、たいへん美しい女の人が水浴びをしているのが見えました。ヘテ（ヘト）人ウリヤという人の妻、バテ・シェバ（バト・シェバ）でした。

　ダビデは、人妻であるバテ・シェバを王宮に呼びよせ、ウリヤから奪うという大きな罪をおかしました。そのとき夫のウリヤはダビデのために戦場で必死に戦っていたのです。

　ダビデは、ウリヤの妻バテ・シェバに自分の子どもを身ごもらせてしまいました。どうすればそのことをウリヤにかくせるだろうかと、ダビデは考えました。けれど、どの方法もうまくいかなかったので、ダビデはウリヤを殺すことにしました。

　ダビデはウリヤを戦いでいちばん危険なところに立たせるよう、指示をだしました。ウリヤは敵にやられて死にました。ダビデの思いどおりになったのです。そしてダビデはバテ・シェバを自分の妻にしました。

　神様が、そのままにしておくはずはありません。預言者ナタンをダビデのもとにつかわしてダビデが、どれほどひどい罪を犯したのかを知らせました。

　ダビデは言いました。

「私は主に罪を犯しました」

　神様はダビデをゆるしてくださいましたが、バテ・シェバが産んだ男の子は死にました。

　バテ・シェバは、また男の子を産み、その子はソロモンと名づけられました。

　ダビデにはたくさんの子どもがいましたが、子どもたちのあいだには争いがありました。ダビデは子どもたちを仲よくさせることができなかったのです。息子のひとりアブサロム（アブシャロム）は兄のアムノンを殺し、さらに父ダビデから王座をうばおうとしました。それは大きな戦いになっていきました。ダビデにとって息子と戦うのは悲しくつらいことでした。

　長くつづいた親子の戦いは、アブサロムの死でおわりました。ダビデは「ああ、私の子アブサロム、アブサロムよ、私の子、私の子よ」と大声で泣きさけびました。

　ダビデはユダの王として7年半、全イスラエルの王として33年のあいだ国をおさめました。そのあいだに、たくさんの歌をのこしました。

もっと教えて！

第22課　ダビデ王のイスラエル統一王国
ダビデの栄光と罪 (サムエル記・歴代誌)

わが子アブシャロム。
アブシャロム。
わが子。
わが子よ。
わが子アブサロム
アブサロムよ。
わが子よ、
わが子よ

（新改訳 2017）

わが子アブサロム。
アブシャロム。
わが子。
わが子よ。
わが子アブサロム、
アブサロムよ。
わが子よ、
わが子よ

（聖書協会共同訳）

（ サムエル記 第二 19章4節 / サムエル記 下 19章5節 ）

　ダビデ王は晩年、息子アブサロムに反乱を起こされ、王位と生命が危険にさらされました。ダビデは戦いで愛する息子を部下に殺害され、その死を深く悲しみました。「わが子アブサロム、アブサロムよ」という叫びには、父親の嘆き、悲しみと深い愛情が表れています。ダビデは自分の罪深さとその結果を痛感し、神様の正義に従いながらも、悲しみに打ち震えました。栄光に満ちた理想の王とされるダビデ王。そのダビデにもバト・シェバとの不義という大きな罪がありました。この出来事は、罪とその結果を象徴するものとして、聖書で語り継がれています。

祈りましょう

神様の約束（その6）

旧約聖書には、神様が約束された「契約」が書かれています。

【ダビデ契約（神様がダビデに約束されたこと）】

　「あなたの日数が満ち、あなたがあなたの先祖たちとともに眠るとき、わたしは、あなたの身から出る世継ぎの子を、あなたのあとに起こし、彼の王国を確立させる。彼はわたしの名のために一つの家を建て、わたしはその王国の王座をとこしえまでも堅く立てる。」（サムエル記 第二 7章12～13節）

　神がダビデに約束されたことは「王権」でした。歴史の中でダビデの子孫から王権は絶たれてしまいました。しかし、そのダビデの子孫、彼の家系から王の王であられるイエス・キリストが誕生したのです（マタイ1章参照）。このお方の王権はとこしえにまで続きます。つまりダビデに対する約束は、イエス・キリストによって完成したのです。

神の箱

【神の箱、主都エルサレムへ】

　神の箱はとても大切な箱で、中には神様とイスラエルの人々との契約である十戒が記された石板、（出 40:20)（申 10:2）モーセの兄アロンの杖、（民 17:25）それに「マナ」という神様からの特別な食べ物が納められていました。（出 16:33-34)（ヘブ 9:4）神の箱は、イスラエルの民が荒野を旅する際、神様の指導と保護を受ける象徴的な存在でしたが、敵に敗北した際に奪われてしまいました。

　王となったダビデは、特別な車を作り、祭司たちに指示を出して、神の箱をエルサレムへ運びました。（サム下 6:1)（歴代上 13:1-14）神の箱が到着すると、ダビデは大きな喜びと感謝の気持ちで神様を礼拝し、民衆と共に喜びを分かち合いました。（サム下 6:13-19)（歴代上 15:1-16:43）こうしてエルサレムはイスラエルの宗教的な中心となりました。

　ダビデが神様を尊重し、神様の命令に従った善良な王であったことを示しています。

（出典は巻末）

ダビデ王

【ダビデ王の栄光と罪】
バテ・シェバ（バト・シェバ）・アブサロム（アブシャロム）

ダビデ王は、イスラエルの初代王サウルの後継者として選ばれた偉大な王です。彼には栄光と罪の両面があります。ダビデは勇敢で知恵に富み、神様からの力を持っていました。

彼は若い頃にゴリアテ（ゴリアト）という巨人を倒し、イスラエルの民を救いました。その後、ダビデは多くの戦 (サム上 17 章)
争で勝利し、イスラエルを強大な国にしました。
(サム上 17:39-57、18:5-8、18:30、30:1-20)(サム下 5:6-10、8:1-14、10:6-19、11:1、12:26-31 など)

また、彼は詩人としても優れ、多くの詩と歌を創作し、神様への賛美を歌いました。これらの詩は「詩篇」として (サム下 1:17-27)(詩 3-9、11-32、34 - 41、51 - 65、68 -
知られており、現在も多くの人々に愛されています。
70・86 - 88、101、103、108 - 110、122、124、131、133、138 - 145 など)

しかし、ダビデには暗い罪の一面もありました。彼の罪の中で最も有名なのは、忠実な家臣であるウリヤの妻バテ・シェバ（バト・シェバ）と関係を持ち、無実のウリヤを殺害して、彼女を妻に迎えた事です。この出来事は神様の怒 (サム下 11 章)(サム下 12:1-12)
りを招きました。ダビデは罪を悔い改め、神様に赦しを求めましたが、罪の影は彼の人生を悩ませました。
(サム下 12:13)(サム下 12:14-19 など)

ダビデには多くの息子たちがいましたが、兄弟同士が争い、殺してしまう事件が起こりました。ついには、ダビデの (サム下 3:2-5)(歴代上 3:1-9)(歴代上 14:4-7)
息子アブサロム（アブシャロム）が反乱を起こし、アブサロムを部下に殺害されるという苦しみと悲しみを味わいました。
(サム下 18:14-15)(サム下 19:1-5)

ダビデは、栄光と罪、成功と失敗に彩られています。彼の信仰心と神様への謙虚な姿勢は、彼の罪を超えて尊敬さ (サム上 16:1-31:13)(サム下 1:1-24:25)(列上 1:1-2:11)(歴代上 11:1-29:30)
れる要因でした。彼は自らの過ちを認め、神様の前で悔い改める姿勢を持ち続けました。その信仰と謙虚さは、私たちの模範となっています。
(出典は巻末)

なぜ？

なぜダビデは神殿建設を望み、なぜ神様はそれを望まなかったの？

ダビデは、神様に対する愛と感謝から、神殿 (サム下 7:1-2)
建設の望みを抱きました。彼はイスラエルの中心地エルサレムに神様の家を建て、人々とと (歴代上 22:1)
もに神様を礼拝する場を造りたかったのです。

しかし、神様はダビデに神殿を建てることを許しませんでした。その理由は、彼が数々 (歴代上 22:6-10)(歴代上 28:3)
の戦争で多くの人々の血を流した王だったからです。神様は平和を重視したのです。

代わりに、ダビデの息子であるソロモンが神殿建設の任務を託されました。ソロモンは平和な時代に神殿を建設し、神殿はイスラエ (列王上 5:15-7:51)(歴代下 1:18-5:1)
ルの中心となりました。

考えたり、話し合ったり、覚えたりしてみよう！
第 22 課のキーポイント！

□ 1. ダビデが全イスラエルの王となり、エルサレムの町を都とし、そこを『何の町』と呼んだ？　□ 2. ペリシテ人にうばわれた『神の箱』は最後にはどこの町に移された？
□ 3. 神様がダビデの家を建てると約束された「ダビデの家」とは何のこと？　□ 4. ダビデが戦いに行かずに王宮で昼寝からおきて屋上をさんぽしている時に見つけた、水浴びをしていた女の人の名前は？　□ 5. ダビデが「4」の女の人を自分の妻にするために、夫のウリヤにどんな事をした？　□ 6.「5」のでき事を神様がそのままにしておくはずがなく、どれほどひどい罪を犯したのかをダビデに知らせたるため、預言者の誰をダビデのもとにつかわせた？
□ 7.「6」の預言者の言葉により、ダビデは神様にあやまった？　□ 8. ダビデにはその他にもたくさんの子どもがいた？　□ 9. ダビデの子どもたちのあいだには争いはあった？□ 10. ダビデにとって息子のひとりアブサロム（アブシャロム）の死は悲しくつらいことだった？

□ 11. ダビデはユダの王として７年半、イスラエルの王としては何年のあいだ国をおさめた？

※答えは巻末の 150 ページにあります。

第23課 主はわたしの羊飼い
詩編（詩篇）

主は私の羊飼い。

私は乏しいことがない。

主は私を緑の野に伏させ

憩いの汀に伴われる。

主は私の魂を生き返らせ

御名にふさわしく、

正しい道へと導かれる。

たとえ死の陰の谷を歩むとも

私は災いを恐れない。

あなたは私と共におられ

あなたの鞭と杖が私を慰める。

私を苦しめる者の前で

あなたは私に食卓を整えられる。

私の頭に油を注ぎ

私の盃を満たされる。

命のあるかぎり

恵と慈しみが私を追う。

私は主の家に住もう

日の続くかぎり。

(詩編23章 (聖書協会共同訳))

汀とは、水のほとりの事。

もっと教えて！

詩編（詩篇）

【詩編（詩篇）とは】

詩編（詩篇）には、ダビデ王や他の詩人たちによる 150 の詩や歌が収められています。これらの詩は神様への賛美や感謝、祈りなどを詩的な形で表現したものです。

イスラエルの民はこれらの詩を用いて神様への信仰と感謝の気持ちを表し、神様との関係を深めてきました。

詩編には様々なテーマが取り上げられています。勇気づけられる詩や悲しみを癒す詩、神様の偉大さをたたえる詩、自分の罪を認める詩などがあります。また、神様の愛や赦し、愛と友情についても詠われています。

読者は特別な場面や、自分の感情に合った詩を、この詩編に見つけることができます。

心に響く言葉の宝庫である詩編は、古代から現代まで多くの人々から愛され続けています。

命あるかぎり
恵みと慈しみが私を追う。
私は主の家に住もう
日の続くかぎり。

（聖書協会共同訳）

まことに　私のいのちの日の限り
いつくしみと恵みが
私を追って来るでしょう。
私はいつまでも
主の家に住まいます。

（新改訳 2017）

（詩篇／詩編　23章6節）

「主は私の羊飼い。私は乏しいことがない（私には何も欠けることがない）。」という言葉で始まる詩篇 23 篇は多くの人に愛されてきました。

ダビデは「羊飼い＝神様・羊＝自分」として、神様への絶対的な信頼と感謝をここに表しています。

この詩は人生のあらゆる局面に、神様の愛と守りが満ちていることを教え、読む人に深い安らぎと希望を与えます。

祈りましょう

天の父なる神様。
自分の祈り、信仰の告白として詩篇 23 篇を口に出して朗読します。
愛する主イエス・キリストのお名前によってお祈りします。

考えたり、話し合ったり、覚えたりしてみよう！
第23課のキーポイント！

☐ 1. 詩編（詩篇）には、全部でいくつの詩や歌が収められている？

☐ 2. 詩編（詩篇）は神様へのどういった気持ちの表現？

☐ 3. 詩編（詩篇）の代表的作者は誰？

※答えは巻末の 150 ページにあります。

第24課　ソロモンの知恵

ソロモンの栄光と罪（列王記）

　　ダビデ王が死に、息子のソロモンが王になりました。ある夜のこと、神様が夢の中でソロモンにあらわれ「なんでもほしいものを言ってごらん。それをあたえよう」と言いました。

　　ソロモンのこたえは？

「私の神、主よ、あなたは私を民の王となさいましたが、どうしたらよいのかわかりません。どうか、このたくさんの民を正しくおさめ、私が良いことと悪いことを見わけられるようにしてください。」

　　神様はソロモンの願いを聞いてよろこびました。

「あなたは自分が長生きすることや、財産がふえることや、戦いに勝つことをもとめず、民を正しくおさめるために知恵をもとめた。わたしはあなたに飛びぬけた知恵をあたえよう。そして、あなたが願わなかった財産や名誉もあたえよう。父ダビデのようにわたしの命令をまもるなら、あなたは長生きする。」

　　ある日、ふたりの遊女がソロモン王のところへやってきました。ひとりが言いました。

「私たちは同じ家に住んでいます。そして同じころに子どもを産みました。夜、この女の子どもが死にました。すると、この女は私が寝ているあいだに私の子と自分の死んだ子を取りかえたのです」

「いいえ、ちがいます。生きているのが私の子です」もうひとりが言いました。

「いいえ、死んだのがあなたの子、生きているのが私の子です」

　　ふたりは王の前でけんかをはじめました。

　　ソロモン王は「剣をもってきなさい」と家来に命じました。

「生きているその子をふたつに切って、半分をひとりに、半分をもうひとりにあたえなさい。」

　　それを聞いた母親のひとりが、あわてて言いました。

「王様、その子をあの女にあげてください。おねがいです。その子を殺さないでください！」

　　もうひとりが言いました。「その子を私のものにも、あの女のものにもせずに、どうぞ切り分けてください」

　　ソロモンは言いました。「子どもを、はじめの女にわたしなさい。殺してはいけない。その女が子どもの母親である」

　　このできごとを聞いてイスラエルの民はソロモン王を尊敬しました。神様の知恵が王にあることを知ったのです。

ソロモンの父
ダビデ王は、神様のために
神殿を建てようと
したことがあります。
そのとき神様は「神殿を建てるのは
あなたではなく、あなたの息子だ」と
言われました。

※ソロモンはレバノン杉を
用いて神殿を建築した。
（列王記第15章）

　ある日、ソロモンが王になったことを聞いて
ツロ（ティルス）の国王ヒラムの家来が
ソロモンに会いにきました。ヒラムとダビデは
仲の良い友だちだったからです。

　ソロモンはヒラムに伝えました。

　「父ダビデはずっと戦争をしていたので、神様のために神殿を建てることはできませんでした。神様が平和をくださっている今こそ、神殿を建てたいのです。どうか手伝ってください。」

　ヒラムの助けによって神殿の建設がはじまりました。それは、イスラエルの民がエジプトを出てから480年目のことでした。

　それから7年、それはそれはりっぱな神殿が完成しました。

　ソロモン王の知恵と財産はどの国の王よりも、すばらしかったので世界中の人々が、金銀、服や香料、武器、馬など、たくさんのおくりものをもってソロモンに会いにきました。

　ソロモンは、妻として外国の女性をたくさんむかえいれました。そしてソロモンの心は妻たちの信じる神々に向いていきました。それは神様がとても悲しむことでした。父ダビデとちがい、ソロモンの心は自分の神様である主とひとつにならなかったのです。

神様がほかの神々にしたがってはならないと、あんなに命じていたのに……。

　神様はソロモンに「王国を取り上げ分裂させる」と言いました。そしてソロモンが死んだあと、そのとおりになりました。

　ソロモンはエルサレムで40年のあいだ王としてイスラエルをおさめ、3000の箴言、1500の歌をのこしました。

第24課　ソロモンの知恵　ソロモンの栄光と罪（列王記）

ソロモン王

【ソロモン王の栄光と罪】

（サム下 5:14）（サム下 12:24）（列上 1:13）（列上 1:33）（歴代上 14:4）
ソロモンは、ダビデ王の息子で、知恵があり非常
（列上 3:11-12）（列上 5:9-14）（列上 5:26）（列上 10:23-24）（歴代下 1:12）
に賢く、また裕福な王として知られています。彼は
（列上 3:13）（列上 5章）（列上 4:29-34）（列上 10:10-29）（歴代下 1:12）（歴代下 9:4-28）
父の夢だった神殿建設を実現し、神様に捧げました。
（列上 3:16-28）（列上 10:1-9）（列上 9:1-3）
彼は神様から与えられた賢さにより、困難な問題を
解決し、周辺の国々と友好的な関係を築き、イスラ
（列上 5:1-25）（歴代下 9:9-31）
エルを栄えさせました。

しかし、ソロモン王には罪もありました。彼は多
（列上 3:1）（列上 7:8）（列上 11:1-12）（歴代下 8:11）
くの妻を外国から迎え、彼女たちの偶像崇拝を許し
ました。これは神様の戒めに背くことであり、ソロ
（列上 11:4-13）
モン自らも偶像の神々に仕えるようになったので
す。これらの行為は神様を怒らせ、ソロモン王の後
半の統治は困難なものとなりました。彼の死後、イ
（列下 12-25章）（歴代下 10-36章）
スラエルは北と南に分裂し、長い間戦乱が続くこと
になりました。

に与えてください。

善悪を判断してあなたの民をさば
くために、聞き分ける心をしもべ
に与えてください。

（新改訳 2017）

どうか、この僕に聞き分ける心を
与え、あなたの民を治め、善と悪
をわきまえることができるように
してください。

（聖書協会共同訳）

（列王記 第一 / 列王記上　3章9節）

ソロモンは神様に知恵を求めました。その祈
りは神様の心にかない、ソロモンは知恵と同時
に多くの富と繁栄も得ました。

しかし、その繁栄が彼をたかぶらせ、神様か
ら遠ざけることとなってしまいました。

考えたり、話し合ったり、覚えたりしてみよう！

第24課のキーポイント！

□ 1. ソロモンが王になったある夜のこと、神様が
夢の中でソロモンにあらわれ「なんでもほしいもの
を言ってごらん。それをあたえよう」と言われた時、
ソロモンは何が欲しいと答えた？　□ 2. 「1」のソ
ロモンの願いをきいて、神様は喜ばれた？　そして
ソロモンの願いを叶えてくれた？　□ 3. ある日、同
じころに子どもを産んだふたりの遊女がソロモン王
のところへやってきて、1人のこどもが死んでしまっ
たので、遊女の二人ともが自分の子どもだと言い張っ
た時、ソロモンはどんな知恵で本当の母親を言い当て
た？　□ 4. 「3」のできごとを聞いて、イスラエル
の民は神様の知恵がソロモン王にあることを知って、
ソロモン王を尊敬した？　□ 5. ソロモンの神殿の建
設がはじまったのは、イスラエルの民がエジプトを出
てから何年目のこと？　□ 6. ソロモンの心はたくさ
んの外国の妻たちの信じる神々に向いてしまい、それ
を神様はとても悲しまれた？

祈りましょう

天の父なる神様。

あなたの恵みを感謝します。主がくださっている
一つ一つの祝福をありがとうございます。
全てのことについて感謝を捧げます。
愛する主イエス・キリストのお名前によって
お祈りします。

※答えは巻末の150ページにあります。

第25課 知恵に耳を傾けよう（箴言）

ダビデの子、イスラエルの王ソロモンの箴言。

これは人に知恵と教訓とを知らせ、

悟りの言葉をさとらせ、

賢い行いと、正義と公正と

公平の教訓をうけさせ、

思慮のない者に悟りを与え、

若い者に知識と慎みを得させるためである。

賢い者はこれを聞いて学に進み、

さとい者は指導を得る。

人はこれによって箴言と、たとえと、

賢い者の言葉と、そのなぞとを悟る。

主を恐れることは知識のはじめである、

愚かな者は知恵と教訓を軽んじる。

わが子よ、あなたは父の教訓を聞き、

母の教を捨ててはならない。

それらは、あなたの頭の麗しい冠となり、

あなたの首の飾りとなるからである。

（箴言1章1-9節）（口語訳）

考えたり、話し合ったり、覚えたりしてみよう！
第25課のキーポイント！

☐ 1.「箴言」は何文学と言う？

☐ 2.「箴言」の内容は何？

☐ 3.「箴言」の代表的作者は誰？

☐ 4.「箴言」は人に何が大切だと教えている？

※答えは巻末の150ページにあります。

もっと教えて！

主を畏れることは
知識の初め。
（聖書協会共同訳）

主を恐れることは
知識の初め。
（新改訳2017）

（箴言 1章7節）

神様を畏れるとは単なる恐怖心とは違います。神様は人知をはるかに超えたお方であり、人間の知恵、知識では及びもつきません。その天地万物を造られた偉大な神様が、小さな私たちに知恵を授けてくださる……それが箴言です。

箴言は31章まであります。1日1章を読めば毎月1回は箴言を始めから終わりまで読み通すことができます。聖書を手に取り箴言を読み、神様の知恵に耳を傾けましょう。

祈りましょう

♩ 天の父なる神様。どうぞ私に知恵を与えてください。あなたの御心を教えてください。愛する主イエス・キリストのお名前によってお祈りします。

箴言とは

「箴言」は、『ヨブ記』『伝道者の書（コヘレトの言葉）』『詩篇』(37, 49, 73の各編) などと共に、神様の前に人間として守るべき教えが説かれる知恵文学の1つとされています。内容は教訓であり、様々な徳や不徳とその結果、日常の知恵や忠告等で、賢い考えや生活の助言が詰まっています。これら格言の多くはソロモン王によって作られたとされています。（箴1:1）

箴言は、神様からの知恵を学ぶと同時に、人との関わり方、正直さや思いやりの大切さを教えています。

「主が知恵を授け主の口から知識と英知が出る。」（箴2:6）（聖書協会共同訳）

「自分を知恵ある者などと思わず主を畏れ、悪から離れよ。」（箴3:7）（聖書協会共同訳）（出典は巻末）

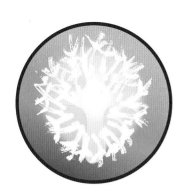

第26課

神様を知らなければすべては空
コヘレトの言葉（伝道者の書）

もっと教えて！

エルサレムの王、ダビデの子、伝道者のことば。
空の空。伝道者は言う。
空の空。すべては空。
日の下でどんなに苦労しても、
それが人に何の益になるだろうか。

一つの世代が去り、次の世代が来る。
しかし、地はいつまでも変わらない。
日は昇り、日は沈む。
そしてまた、元の昇るところへと急ぐ。
風は南に吹き、巡って北に吹く。
巡り巡って風は吹く。
しかし、その巡る道に風は帰る。
川はみな海に流れ込むが、
海は満ちることがない。
川は流れる場所に、また帰って行く。
すべてのことは物憂く、
人は語ることさえできない。
目は見て満足することがなく、
耳も聞いて満ち足りることがない。
昔あったものは、これからもあり、
かつて起こったことは、これからも起こる。
日の下には新しいものは一つもない。

(伝道者の書 1 章 1-9 節 (新改訳 2017))

コヘレトは言う。
空の空、
一切は空である。
（聖書協会共同訳）

空の空。
伝道者は言う。
空の空。
すべては空。
（新改訳 2017）

(伝道者の書 / コヘレトの言葉　1 章 2 節)

　ソロモンは全ての面で成功し、多くの富と名声、繁栄と栄華を手に入れました。しかし、自分の欲望のままに生きた結果、老年になるにつれ神様に従うことを忘れ、多くの偶像に仕える生き方をしました。その結果、彼の心の中は「全てむなしい」という思いでいっぱいになりました。若い内に神様のことを知り、神様を愛する生き方をすることは何にも勝る宝です。

祈りましょう

　天の父なる神様。私も神様を知り、神様を愛する生き方ができますように。聖霊様により私を助け、導いてください。愛する主イエス・キリストのお名前によってお祈りします。

伝道者の書 コヘレトの言葉 とは

　コヘレトの言葉（伝道者の書）は、知恵の書とも呼ばれます。「エルサレムの王、ダビデの子、コヘレトの言葉」から始まるため、ソロモン王が書いたともされています。伝道者と呼ばれる人物が、人生の意味や目的を探求しながら、人生は空虚であり、すべては虚空であると説いています。人生は苦しみと死に満ちており、すべての努力は虚無に終わると言っています。(コヘ 12:8)
　しかし、伝道者は、神様を信じ、神様を敬うことこそが、人生の唯一の意味であると述べています。(コヘ 12:13-14)伝道者の書は、人生の苦しみと虚無に直面したときに、私たちに希望を与えてくれる書です。

考えたり、話し合ったり、覚えたりしてみよう！
第26課のキーポイント！

□ 1. コヘレトの言葉（伝道者の書）は何の書と呼ばれる？

□ 2. コヘレトの言葉（伝道者の書）の作者は誰？

□ 3. コヘレトの言葉（伝道者の書）では人生は何であると言っている？

□ 4. 伝道者は人生の唯一の意味は何だと言っている？

※答えは巻末の 150 ページにあります。

第27課　愛の歌　雅歌

わたしはシャロンのばら、谷のゆりです。

おとめたちのうちにわが愛する者のあるのは、
いばらの中にゆりの花があるようだ。

わが愛する者の若人たちの中にあるのは、
林の木の中にりんごの木があるようです。
わたしは大きな喜びをもって、
彼の陰にすわった。
彼の与える実はわたしの口に甘かった。
彼はわたしを酒宴の家に連れて行った。
わたしの上にひるがえる彼の旗は愛であった。
干ぶどうをもって、わたしに力をつけ、
りんごをもって、わたしに元気をつけて
ください。
わたしは愛のために病み
わずらっているのです。
どうか、彼の左の手が
わたしの頭の下にあり、
右の手がわたしを
抱いてくれるように。

(雅歌 2 章 1-6 節)
（口語訳）

※ ［シャロンのばら］
イスラエルでは春になると草の間から
アネモネがいっせいに立ち上がり、あ
たり一面真っ赤になります。その光景
は生命力に溢れています。

※「シャロンのばら」(2:1) がどの植物かは諸説あり。

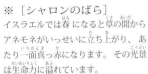

考えたり、話し合ったり、覚えたりしてみよう！

第27課のキーポイント！

☐ 1. 雅歌のテーマは何？

☐ 2. 雅歌は「何と何の関係」を象徴としていると言われる？

☐ 3. 雅歌で強調しているものは何？

☐ 4. 雅歌の表現しているものは何？

※答えは巻末の 150 ページにあります。

もっと教えて！

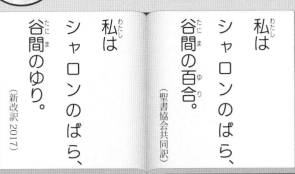

私は
シャロンのばら、
谷間の百合。

（聖書協会共同訳）

私は
シャロンのばら、
谷間のゆり。

（新改訳 2017）

（ 雅歌 2 章 1 節 ）

雅歌は、神や主という言葉を使わず、男女の愛を賛美する独特な詩集です。一見、神様とは関わりのない詩集のように思われます。そのため、紀元 1 世紀末から 2 世紀にかけて、ユダヤ教徒の間では、雅歌を聖書の正典に含めるべきかをめぐって激しい議論が行われました。議論の末、ユダヤ教最高の律法学者の一人であるラビ・アキバが、雅歌について「すべての聖書は聖なるものであるが、雅歌は聖の中の聖なるものである」という有名な言葉を述べました。この言葉は、雅歌が神様と人との愛を表現した詩集であるという考えを支持するもので、結果として、雅歌は正典に含まれることになりました。

（出典は巻末）

祈りましょう

♪ 天の父なる神様。イエス様との信仰の歩みが単調でつまらないものではなく、愛の喜びに満ちた親密なものとなりますように。
愛する主イエス・キリストのお名前によって
お祈りします。

雅歌とは 【愛と信仰の書】

雅歌は、旧約聖書の中で、唯一、恋愛をテーマにした書物です。登場人物たちが愛を語り合い、美しい自然の描写も含まれます。比喩的な解釈では「キリストと教会の関係」を表すとされ、愛と信仰、神様と信仰者との結びつきを象徴しています。

「 愛するあの方は私のもの。私は、百合の中で群れを飼っているあの方のもの。」（雅 2:16）（聖書協会共同訳）

「 私の恋人よ、あなたのすべては美しくあなたには何の傷もない。」（雅 4:7）（聖書協会共同訳）

雅歌は、愛と信仰、神様との親密な関係を強調し、癒しと救いを表現しており、キリスト教の教えとして大切にされています。

第28課　王国が南北に分かれる
預言者たちの活躍

　イスラエルの民は、きつい労働と、たくさんの税金を求めるソロモン王に不満を持っていました。

　ソロモン王が死んで息子のレハブアムが次の王になると、その不満はついに爆発！民の代表としてヤロブアムという人が、レハブアム王にお願いに行きました。
「どうか労働と税金をへらしてください。そうすれば私たちはあなたに仕えます」

　ソロモン王に仕えていた年長の人たちは「民の言うことを聞くべきです」と、すすめましたが、レハブアムはその意見よりも自分に仕えている若者たちの意見が気に入りました。それは、父ソロモンよりもさらに労働も税金も重くするというものでした。

　レハブアムが願いを聞き入れなかったため、王国はヤロブアムを王とする北イスラエル王国と、レハブアムを王とする南ユダ王国に分かれることになりました。

もっと教えて！

【南北の王と預言者】

　イスラエルの民は、エジプトでの奴隷の身から解放され、先祖が住んでいたカナンに帰ってきました。そして、ついにダビデによってイスラエル王国を造ったのです。

　その王国を発展させたのがソロモンです。しかし、ソロモン王の後に国が「南王国ユダ」と「北王国イスラエル」の南北に分裂し、南北の39の王たちのうち、約8割の王たちは偶像を拝んだり、異教の文化を喜んで取り入れたりしました。

　その結果、両王国は衰退に向かい、やがて滅んでいきます。

　そんな時代にエリヤやエリシャ、イザヤのような預言者たちが、神のことばを王たちに伝えようと活躍します。

　旧約聖書の預言書は全部で17書あります。その中でも「イザヤ書」・「エレミヤ書」・「エゼキエル書」は「三大預言書」と呼ばれています。

　学びを進めていく中で、右の図表を参照してください。

※南北の王の名前を全て覚える必要はありません。

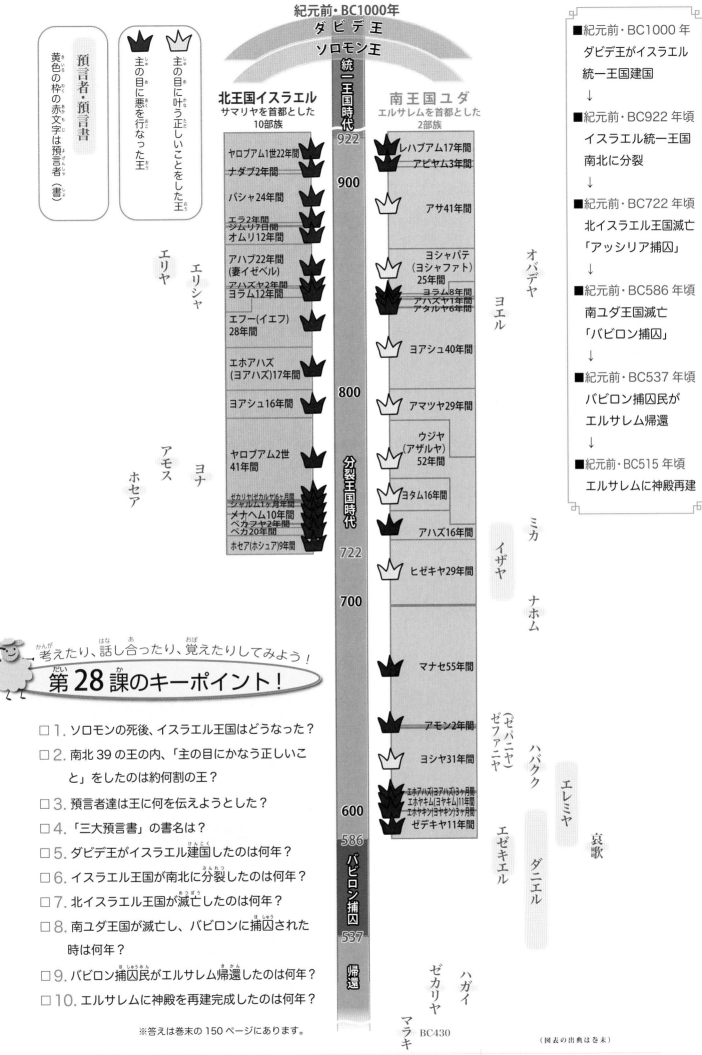

預言者・預言書

黄色の枠の赤文字は預言者（書）

主の目に悪を行なった王
主の目に叶う正しいことをした王

紀元前・BC1000年

ダビデ王
ソロモン王

北王国イスラエル
サマリヤを首都とした
10部族

統一王国時代

922

北王国イスラエル		南王国ユダ
ヤロブアム1世22年間		レハブアム17年間
ナダブ2年間		アビヤム3年間
バシャ24年間		アサ41年間
エラ2年間 ジムリ7日間 オムリ12年間		
アハブ22年間（妻イゼベル）		ヨシャパテ（ヨシャファト）25年間
アハズヤ2年間 ヨラム12年間		ヨラム8年間 アハズヤ1年間 アタルヤ6年間
エフー（イエフ）28年間		ヨアシュ40年間
エホアハズ（ヨアハズ）17年間		
ヨアシュ16年間		アマツヤ29年間
ヤロブアム2世41年間		ウジヤ（アザルヤ）52年間
ゼカリヤ（ゼカルヤ）6ヶ月間 シャルム1ヶ月間 メナヘム10年間 ペカフヤ2年間 ペカ20年間		ヨタム16年間
ホセア（ホシュア）9年間		アハズ16年間

南王国ユダ
エルサレムを首都とした
2部族

900

800

分裂王国時代

722

ヒゼキヤ29年間

700

マナセ55年間

アモン2年間

ヨシヤ31年間

600

エホアハズ（ヨアハズ）3ヶ月間
エホヤキム（ヨヤキム）11年間
エホヤキン（ヨヤキン）3ヶ月間
ゼデキヤ11年間

586

バビロン捕囚

537

帰還

エリヤ　エリシャ

アモス　ヨナ　ホセア

オバデヤ　ヨエル

ミカ　ナホム　イザヤ

（ゼパニヤ）ゼファニヤ　ハバクク　エレミヤ

エゼキエル　ダニエル　哀歌

ハガイ　ゼカリヤ　マラキ

BC430

■紀元前・BC1000年
ダビデ王がイスラエル
統一王国建国
↓
■紀元前・BC922年頃
イスラエル統一王国
南北に分裂
↓
■紀元前・BC722年頃
北イスラエル王国滅亡
「アッシリア捕囚」
↓
■紀元前・BC586年頃
南ユダ王国滅亡
「バビロン捕囚」
↓
■紀元前・BC537年頃
バビロン捕囚民が
エルサレム帰還
↓
■紀元前・BC515年頃
エルサレムに神殿再建

考えたり、話し合ったり、覚えたりしてみよう！

第28課のキーポイント！

- □ 1. ソロモンの死後、イスラエル王国はどうなった？
- □ 2. 南北39の王の内、「主の目にかなう正しいこと」をしたのは約何割の王？
- □ 3. 預言者達は王に何を伝えようとした？
- □ 4. 「三大預言書」の書名は？
- □ 5. ダビデ王がイスラエル建国したのは何年？
- □ 6. イスラエル王国が南北に分裂したのは何年？
- □ 7. 北イスラエル王国が滅亡したのは何年？
- □ 8. 南ユダ王国が滅亡し、バビロンに捕囚された時は何年？
- □ 9. バビロン捕囚民がエルサレム帰還したのは何年？
- □ 10. エルサレムに神殿を再建完成したのは何年？

※答えは巻末の150ページにあります。

（図表の出典は巻末）

第29課　生きたまま天に上った預言者エリヤ

北王国
イスラエル

（列王記）

　アハブ王が北イスラエル王国をおさめていたころのことです。このアハブ王はイゼベルという妻とともにバアルという神に仕え、イスラエルのどの王よりも神様を怒らせていました。

　ギルアデ(ギルアド)のティシュベで生まれたエリヤという預言者がアハブに言いました。「私が仕えている神様は生きています。これから数年は露もおりず、雨もふりません」

　そして神様はエリヤに「ケリテ(ケリド)川のほとりにかくれ、川から水をのみなさい。わたしが烏に食べ物をはこばせよう」と言いました。そのとおり、数羽の烏が朝と夕方にパンと肉をはこんできました。

　けれど雨がふらないので川も干上がってしまいました。神様はサレプタという町に行くようエリヤに命じました。ひとりのやもめがエリヤに食べさせるというのです。

　そのとおりサレプタでエリヤはやもめに出会いました。彼女は「ほんの少しだけのこっている粉と油でパンをつくって息子と食べて、あとは死ぬのをまちます」と言いました。

　エリヤはやもめに言いました。「おそれてはいけません。まず私のために小さなパンをつくってください。それからあなたと息子のためにつくるのです。イスラエルの神、主が雨をふらせる日まで、かめの粉も、壺の油もなくなりません」

　やもめはエリヤのことばどおりにすると粉も油もなくなりませんでした！エリヤは、やもめの家に住むようになりました。

　ところが、やもめの息子が病気になり死んでしまったのです。やもめはエリヤに言いました。「神の人よ、あなたは私の息子を死なせるため、ここにきたのですか？」

　エリヤは死んだ子どもを抱いて自分の部屋に行き、ベッドにねかせて祈りました。「私の神、主よ。あなたは私が世話になっているやもめの子を死なせるのですか？」エリヤはその子の上に自分の体を3回伏せて「どうかこの子の命をかえしてください！」とさけびました。すると主は、その子を生きかえらせてくださったのです。「あなたは神の人で、あなたの口にある主のことばは真実であると、今よくわかりました」やもめは、心から神様を信じました。

3年目になり、神様がエリヤに言いました。
「アハブに会いにいけ。わたしは雨をふらせる」
エリヤはアハブに告げました。
「バアルの預言者450人、アシェラの預言者400人を
カルメル山にあつめなさい」
そして民には、つぎのように言いました。
「あなたたちは、いつまでふらふらしているのか。
主が神であるなら主にしたがい、
バアルが神ならバアルにしたがいなさい。私は主の預言者だ。
雄牛1頭をバアルのために薪の上にのせなさい。
火をつけてはならない。さあ、あなたたちの神の名を呼びなさい」
バアルの預言者は朝から昼まで、祭壇のまわりをおどりながら
「バアルよ、こたえてください」と呼びつづけました。
エリヤは「もっと大声で叫べ。あなたがたの神なのだろう？ バアル
は出かけてしまったのか？ ねむっているのなら起こしてやらないと。」
バアルを信じる者たちは、剣や槍で自分のからだを傷つけながらわめ
きましたが、なんの答えもありません。
夕方になって、エリヤは祭壇をつくり、そのまわりに溝をほりました。
エリヤも雄牛を薪にのせ、4つのかめに水をいっぱいに入れ、雄牛と薪にそそ
ぎました。おなじことを3回もくりかえしたので雄牛も薪もびしょぬれになり、
祭壇も溝も水であふれました。
「アブラハム、イサク、イスラエルの神、主よ、あなたがイスラエルの神で
あり、私はあなたの僕です。
私にこたえてください。
そうすればこの民は、あなたが神で
あることを知るでしょう」
すると主の火が雄牛、薪を焼き、
溝にたまった水もすべてなめつくした
のです。民は「主こそ神です、主こそ
神です！」と、ひれふしました。
バアルの預言者はとらえられ殺され
ました。
いつしか空は雲でまっ黒になり、
3年ぶりに雨がふりだしました。
それはそれは、はげしいどしゃぶりの雨でした。

バアルの預言者が皆殺しにされたと知りアハブ王の妻イゼベルは、エリヤを殺すと言いました。それを聞いたエリヤは、ユダのベエル・シェバまでにげ「主よ、もう私のいのちをとってください」と神様に祈り、そのまま眠りにおちました。疲れきっていたのです。すると「おきて食べなさい」とエリヤは御使いにおこされました。

　見ると、パン菓子と水の入った壺があります。それを食べて飲むと力がわいてきました。そしてエリヤは40日40夜あるき、神の山ホレブにつきました。そこで神様は、ハザエルをアラムの王に、エフー（イエフ）をイスラエルの王とするようエリヤに命じました。そしてもうひとつ——エリヤのあとをつぐ預言者として、エリシャに油を注ぐように言われたのです。

　エリヤがエリシャを見つけました。エリシャは畑をたがやしていました。エリヤが自分のマントをエリシャに投げかけたとき、エリシャはその意味を理解しました。。そして、そのときから、エリシャはエリヤについてどこへでもいきました。

　エリヤがこの世を去るときがきました。それはエリシャが、ひとりで預言者として生きていくということです。ヨルダン川までくると、エリヤはマントを脱いで丸めて川の水をうちました。すると川の水が左右に分かれたので、ふたりはかわいた土の上をあるいてわたりました。そのときエリヤはエリシャにききました。「私があなたと離れるとき、あなたに何をしてあげようか？」

　エリシャは「先生の霊の力を2倍ください」と求め、エリヤは「私が離れて行くのを、あなたが見ることができたなら願いはかなうだろう」とこたえました。
話しているうちに、なんと火の戦車が火の馬に引かれてふたりの間にあらわれ、つむじ風がエリヤを天につれのぼりました。

もっと教えて！

第29課　生きたまま天に上った預言者エリヤ（列王記）

火の戦車と火の馬が二人の間を隔て、エリヤはつむじ風の中を天に上って行った。

（聖書協会共同訳）

火の戦車と火の馬が現れ、この二人の間を分け隔て、エリヤは竜巻に乗って天へ上って行った。

（新改訳2017）

（列王記 第二／列王記 下　2章11節）

エリヤと創世記のエノクは、肉体の死を迎えることなく天に召されました。この出来事は、主イエスが再び来られる時、信じる者たちもまた、生きたまま天に引き上げられ、主に会うことを予表するものとされています。「それから、わたしたち生き残っている者が、空中で主と出会うために、彼らと一緒に雲に包まれて引き上げられます。このようにして、わたしたちはいつまでも主と共にいることになります。」

（テサロニケの信徒への手紙一 4章17節）

祈りましょう

♪　天の父なる神様。イエス様がこの地に戻って来られる時、私が罪の後ろめたさや恥を感じることなくイエス様とお会いできるよう、聖霊様が日々私をきよめ、助けてくださっていることを感謝します。愛する主イエス・キリストのお名前によってお祈りします。

なぜ？

なぜエリヤは生きたまま天に上ったの？

　預言者エリヤは生きたまま天に上ったとされていますが、聖書にはその理由が明記されていません。しかし、生きたまま天に上った人は、聖書ではエノクとエリヤしか見当たらず、神様による特別な措置であることは明らかです。

　エリヤは、困難な時代に多くの奇跡をもって王や人々を導いたことで知られ、使命や役割が完了したという示唆もあるでしょう。この出来事は、エリヤの忠実な仕事ぶりと神様との緊密な関係を示すものであり、彼の後継者エリシャを含む後の世代に勇気と希望を与えました。

　また、この出来事は後に使徒ペトロ、ヨハネ、ヤコブの3人が目撃したキリストの栄光、あるいは、キリスト昇天とも関連づけられ、キリスト到来の前触れとも考えられます。

「六日の後、イエスは、ペトロ、それにヤコブとその兄弟ヨハネだけを連れて、高い山に登られた。すると、彼らの目の前でイエスの姿が変わり、顔は太陽のように輝き、衣は光のように白くなった。見ると、モーセとエリヤが現れ、イエスと語り合っていた。」（マタ 17:1-3）（聖書協会共同訳）

考えたり、話し合ったり、覚えたりしてみよう！

第29課のキーポイント！

☐ 1. エリヤは北イスラエルのなんていう王に、どんな神さまのことばを伝えたの？　☐ 2. 「1」の王は神様の目にどのような悪を行なったの？　☐ 3. 「1」の王の妻はなんて名前？　☐ 4. エリヤは川に行って水を飲み、神様は何を使って食物を運ばせた？　☐ 5. エリヤはサレプタのやもめの息子に何をして、息子はどうなった？　☐ 6. カルメル山で雄牛や薪を火で焼き尽くしたのはバアルの預言者？それとも主である神様？　☐ 7. エリヤのあとをつぐ預言者の名前は？　☐ 8. エリヤが生きたまま天に上った話はどんな話？

※答えは巻末の151ページにあります。

北王国
イスラエル

（列王記）

　エリシャが「先生の霊の力を2倍ください」とエリヤに求めると、エリヤは「私が離れて行くのをあなたが見ることができたなら願いはかなうだろう」とこたえました。そのあとエリヤはエリシャの目の前で、つむじ風にのって天にのぼっていきました。

　エリシャは自分のマントを引きさき、「エリヤの神、主はどこにおられますか」と言ってエリヤのマントでヨルダン川の水をうちました。すると川の水は分かれ、エリシャはそこをわたりました。

　ある日、預言者のなかまの妻がエリシャに叫んで言いました。「夫が死にました。 あなたもご存知のように神様をたいせつにしていた夫です。うちには借金があるのですが返すことができません。それで息子ふたりが奴隷としてつれていかれそうなのです」

　「私はあなたに何をしてあげられるだろう。家にはどんな物がありますか」エリシャが聞くと、かわいそうに、家にはただ小さなびんに油がほんの少しあるだけだと言います。

エリシャは「近所の人たちみんなから、器を借りてきてください。できるだけたくさんの器を。その器に小びんの油を注いでください」と言いました。すると、小びんには、わずかな油しか入っていなかったのに、注いでみると器が油でいっぱいになるのです。

「もっと、もっと器を！」

息子たちは、どんどん器を借りてきました。

「器はもうないよ」息子が言うと油は止まりました。すべての器に油がたっぷりです。

「その油を売って借金を返しなさい。残りのお金で息子たちとじゅうぶん暮らしていけます」エリシャは言いました。

エリシャがシュネムという町を通りかかったとき、そこに住む裕福な女の人がエリシャを食事にまねきました。その時からエリシャは、シュネムを通るたび、その家で食事をするようになりました。彼女はエリシャが神の人だと知り、エリシャのために部屋をつくりました。

エリシャはその人のために何かしてあげたいと思いました。彼女は「私は、じゅうぶんしあわせにくらしています」と何ももとめません。けれど夫婦には子どもがなく、彼女は本当は子どもがほしかったのだとわかりました。エリシャは彼女をよび「来年、あなたは男の子を抱くでしょう」と言いました。はじめは信じられなかったのですが、翌年、女の人は本当に男の子を産みました。夫婦はどれほどうれしかったことでしょう。

ところがその子が大きくなったとき、とつぜん死んでしまったのです。母親は息子をエリシャのベッドに横たえると、大急ぎでカルメル山のエリシャのところへむかいました。

「私はあなたに息子をくださいと言いましたか？」死んでしまうなら、はじめからくださらないほうがよかった……そんな気持ちだったのでしょう。

エリシャはへやで子どもとふたりきりになり神様に祈りました。自分の顔と両手を子どもの顔と両手に重ねて身をかがめると子どものからだがあたたかくなりました。すると子どもは7回くしゃみをして目をひらいたのです。

母親はエリシャの足もとにひれふし、神様を礼拝し子どもを抱き上げました。

アラムという国の将軍ナアマンは重いひふ病にかかっていました。そんなとき、奴隷の娘からエリシャのことを聞きました。ところがナアマンがエリシャのもとに出かけていくと「ヨルダン川で7回からだをあらいなさい」と言うだけです。ナアマンはエリシャが手をおいて、ひふ病をなおしてくれると思っていたので怒りました。ヨルダン川より自分の国の川の方がずっときれいではありませんか。

　帰ろうとするナアマンに家来たちが言いました。

「ご主人さま、あの預言者がむずかしいことを言ったなら、あなたはそれをなさったことでしょう。ただからだを7回あらいなさいと言われただけではありませんか」

　ナアマンはヨルダン川におり、7回からだをあらいました。すると、まるで子どものようにきれいになったのです。

　このようにエリシャの名は外国にまで知られるようになりました。

もっと教えて！

第30課　エリヤの2倍の霊を求めた預言者エリシャ（列王記）

ナアマンは下って行き、神の人の言葉どおり、ヨルダン川に七度身を浸した。すると、その体は、少年の体のように清くなった。

（聖書協会共同訳）

ナアマンは下って行き、神の人が言ったとおりに、ヨルダン川に七回身を浸した。すると彼のからだは元どおりになって、幼子のからだのようになり、きよくなった。

（新改訳2017）

（ 列王記 第二 / 列王記 下　5章14節 ）

ツァラアトという皮膚の病は、旧約聖書において罪の象徴とされ、霊的な腐敗と関連付けられていました。（レビ13:3)(レビ14章）この病気にかかったナアマンは、自分の誇りを捨てて、預言者エリシャの指示に従い、ヨルダン川で身を浸し、その結果、癒されました。（王下5:14)

イエス・キリストの十字架の血は完全な赦し、永遠の救いをもたらします。

「わたしたちはこの御子において、その血によって贖われ、罪を赦されました。これは、神の豊かな恵みによるものです。」

（エフェソの信徒への手紙 1章7節）

祈りましょう

天の父なる神様。イエス様の十字架の血で私の罪を洗いきよめてください。毎日、喜びと感謝をもって生きることができますように。愛する主イエス・キリストのお名前によってお祈りします。

なぜ？

なぜエリシャはエリヤの2倍の霊を求めたの？

エリシャが「エリヤの2倍の霊を求めた」（列下2:9)という言葉は、彼の師であるエリヤのような強い信仰と神の力を持ちたいという強い願いを表しています。当時、長男は他の子どもたちの二倍の分け前を受け継ぐ慣習がありました。（申21:17)エリシャは、エリヤの継承者としての使命を引き継ぎ、師であるエリヤのように神様の力を発揮したいという願いを持っていたことでしょう。そして、エリシャは神様から多くの奇跡的な力を授けられました。彼は、病人を癒し（列下5:1-14)、死者を蘇らせ（列下4:32-35)、飢えた人々に食べ物を与えるなど（列下4:38-44)、神様の力を実践しました。エリシャはエリヤの神様への信仰と希望を受け継ぎ、イスラエルの民に神様の愛を示す存在となりました。

考えたり、話し合ったり、覚えたりしてみよう！

第30課のキーポイント！

□1. エリシャはなんて言う預言者のあとを継いだ？　□2. エリシャはどうしてエリヤの2倍の霊を求めた？　□3. 夫を亡くし、借金で息子を取られそうになった預言者なかまの妻を、エリシャはどのようにして助けた？　□4. シュネムという町の裕福な子どもがない夫婦に、エリシャは何をしてあげた？　□5.「4」の息子が死んだ時、エリシャはどのような奇跡を行なった？　□6. 将軍ナアマンの皮膚病を治すために、エリシャはナアマンにどのようにしなさいと言った？

□7.「6」を聞いて、ナアマンはなぜ怒った？

□8. ナアマンの皮膚病が治ったことで、エリシャの名声はどうなった？

※答えは巻末の 151 ページにあります。

第31課 7歳の王ヨアシュ

南王国ユダの王ヨアシュの神殿修復
（Ⅱ列王記・Ⅱ歴代誌）

ユダの王アハズヤが殺されました。ふつう、次の王は息子である王子がなります。ところが、アハズヤ王の母アタルヤは自分が王になりたくて、王子たちを殺してしまったのです。

アハズヤ王の姉妹エホシェバ（ヨシェバ）が、王子の一人ヨアシュをそっと連れ出し、寝具をしまう小部屋にヨアシュとその乳母をかくまいました。ヨアシュと乳母は6年の間ひっそりと神殿でくらしました。その間アタルヤが国を支配しました。

7年目にエホシェバ（ヨシェバ）の夫である祭司エホヤダ（ヨヤダ）は兵士たちを集め、ヨアシュ王子と引き合わせました。そしてヨアシュを守るため、武器を持った兵士をたくさん配備しました。武器の中にはダビデ王の槍や盾もありました。エホヤダは兵士たちに、ぜったいヨアシュから離れないよう命じると、ヨアシュに王冠をかぶらせ油を注ぎました。人々は手をたたいて、いっせいに叫びました。「王様ばんざい！」

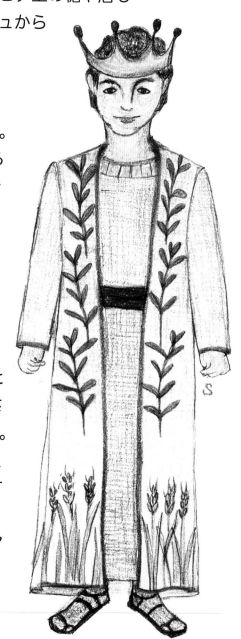

いったいなんの騒ぎだろうとアタルヤがやってきました。すると王の立つ場所に王冠をかぶったヨアシュがいるではありませんか。ラッパを吹き鳴らし、みな喜んでいます。

アタルヤは狂ったように「※反逆だ！ ※謀反だ！」と叫びました。アタルヤは神殿の外に連れ出され、殺されました。バアルの宮も粉々にこわされました。

こうしてヨアシュは7歳でユダの王になり、祭司エホヤダ（ヨヤダ）から教えを受け40年のあいだ王として国をおさめました。神殿のこわれているところを直させ、ささげものも正しくささげられるようになりました。

ところが祭司エホヤダ（ヨヤダ）が死んでしまうと、残念なことにヨアシュは神様から離れ、偶像を礼拝するようになってしまったのです。

ヨアシュは家来たちに殺され、ヨアシュの子アマツヤが、次の王になりました。

※反逆とは権力などにさからう事。
謀反とは国家などにそむいて兵を挙げる事。

もっと教えて！

なぜ神殿の修復が必要だったの？

ヨアシュ王の祖母であるアタルヤが女王であった時、彼女は、まことの神様への信仰を捨て、神様に捧げるべきいけにえを偶像の神バアルに用いました。(歴代下 24:7) そのため、神殿はすっかり荒れ果てていました。若き王ヨアシュは、神殿を(列下 12:3-17)(歴代下 24:4-15) 修復することを決意しました。それは、神殿を建て直すだけではなく、人々の信仰を立て直すことでもありました。人々は神様に立ち返り、神様との結びつきを強めました。神様の目にかなう正しいことを行っていた間、ユダ王国は神(列下 12 章)(歴代下 24 章) 様からの祝福を受け、繁栄しました。

ヨアシュは、祭司ヨヤダの教えを受け、生涯を通じて主の目に適う正しいことを行なった。
（聖書協会共同訳）

ヨアシュは、祭司エホヤダが彼を教えた間、いつも主の目にかなうことを行なった。
（新改訳 2017）

（ 列王記 第二 12 章 2 節 / 列王記 下 12 章 3 節 ）

ヨアシュ王は祭司ヨヤダの指導のもとで神様の道を歩み、御心にかなうことを行ないました。(王下 12:3) しかし、ヨヤダの死後、ヨアシュはこの世の力や見えるものに頼るようになりました。アラムの王ハザエルが攻めてきたとき、ヨアシュは神様に捧げられた財産を用いて敵との和解を図(王下 12:18)(王下 12:19) り、神様を軽んじました。結果として、ヨアシュ(王下 12:21) は裏切りによって最期を迎えました。

私たちは誰かから教え続けられることが大切です。聖霊様は私たちに与えられた最高の教師です。

祈りましょう

天の父なる神様。
聖霊様の声を聞かせてください。そしてそのように歩めますように。愛する主イエス・キリストのお名前によってお祈りします。

考えたり、話し合ったり、覚えたりしてみよう！
第31課のキーポイント！

□ 1. アハズヤ王の姉妹エホシェバ（ヨシェバ）は、ヨアシュと乳母を連れ出し、神殿のどこに、何年間かくまった？

□ 2. 南王国ユダの王ヨアシュは何歳で王になった？

□ 3. ヨアシュを教えていた祭司は、何ていう名前？

□ 4. ヨアシュは王になってどんなことをした？

□ 5. ヨアシュに教えを与えていた（3）の祭司が死んでしまうと、ヨアシュは神から離れ、何をした？

※答えは巻末の 151 ページにあります。

第32課　大きな魚にのみこまれたヨナ

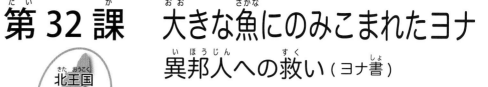

異邦人への救い（ヨナ書）

北王国
イスラエル

　イスラエルにヨナという預言者がいました。あるとき神様がヨナに言いました。「アッシリヤの大きな町ニネベに行って、わたしのことばを伝えなさい。彼らのしていることはあまりに悪すぎる」

　けれどヨナは、ニネベと反対方向のタルシシュ行きの船にのりました。敵国のニネベに神様のことばを伝えたくなかったのです。

　神様が大風をふかせたので海は荒れくるい、ヨナがのった船はこわれそうになりました。船乗りたちは、自分たちがそれぞれ信じている神々に助けを求めました。でも嵐は少しもおさまりません。これはきっと、だれかのせいにちがいないと、みんなでくじをひきました。するとヨナに当たったのです。「あなたは、どこのだれなのか？　いったい何をしたのか？」

　ヨナはこたえました。「私はヘブル人で海と陸をつくられた神様を信じています。でも神様から逃げてきました。私を海に投げこめば嵐はおさまるでしょう。私のせいなのですから」

　船乗りたちは迷いながらもヨナを海に投げこみました。すると海がおだやかになったのです。彼らはヨナが信じる神様をおそれました。さて、ヨナは……？

　神様は大きな魚にヨナをのみこませました。それでヨナは魚のおなかの中で神様に祈りました。

「あなたは私を深い海になげこみました。
　私はあなたの前から追放されたので、
　もう二度と、あなたの聖なる神殿を見ることはできないと思いました。

私はたくさんの水を飲み、もう苦しくてたまらず
これで死ぬのだろうと思いました。
私のからだは深く沈んでいき、海底の水草が頭にからみつきました。
けれど主よ、私の神様、あなたは私を死の入り口から引っぱりあげ、
もう一度命をくださったのです！
私の祈りはあなたに届きました。
あなただけが本当の神様です。私はあなたに感謝します。
私はあなたへの誓いをはたします。救いは主のものですから」

ヨナは三日三晩を魚のおなかで過ごし、四日目に海岸に吐き出されました。そうするように神様が魚に命じたからです。そして神様はもう一度言いました。

「ヨナ。ニネベに行き、わたしのことばをつたえなさい」

ヨナは神様に言われたとおりニネベに行きました。「あと40日でニネベは滅ぼされる!」

それを聞いたニネベの人々はみな神様のことばを信じ、とても悲しみました。王様は王座からおりて王服をぬぎ、命令を出しました。

「人も動物も何も食べず、水も飲まず、荒布をまとい、力いっぱい神様に助けを求めなさい。暴力や悪い行いから離れるように。もしかしたら神様は怒りを静め、私たちは滅ぼされずにすむかもしれない」

神様は人々が悪の道から離れたのをごらんになり、ニネベを滅ぼすことを思いとどまりました。

ところがヨナはおもしろくありません。ニネベの人たちが、あっさりと悔い改め、神様もかんたんに計画を変更してしまったからです。

「ああ、神様。あなたは恵み深く、あわれみ深く、すぐに怒らず、やさしいお方だとは知っていましたが……どうぞ私を殺してください。死んだ方がましです」

神様はヨナに言いました。

「あなたが怒るのは正しいのだろうか?」

ヨナは町から出て東の方に座りました。神様はヨナのために一本のとうごまの木を生えさせました。暑さで苦しんでいるヨナのために日陰をつくってあげたのです。ヨナはこの木を喜びました。

ところがよく朝、神様が虫に命じて、とうごまを食い荒らさせたので、木はあっという間に枯れてしまいました。日がのぼるとヨナは、あまりの暑さに「死んだ方がましだ」と言いました。

すると神様はヨナに聞きました。

「あなたが、このとうごまのことで怒るのは正しいのだろうか?」

「もちろん、正しいに決まっています」

「ヨナ、あなたは自分で苦労して植えたのでもなく、一晩で生え、一晩で枯れたこのとうごまを惜しんでいる。だとすれば12万もの人々とたくさんの家畜がいる大きな町ニネベをわたしが惜しまずにいられると思うのか?」

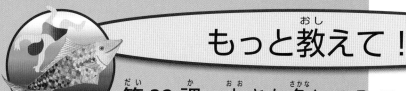

もっと教えて！

第32課　大きな魚にのみこまれたヨナ
異邦人への救い（ヨナ書）

主は巨大な魚に命じて、ヨナを呑み込ませたので、ヨナは三日三晩その魚の腹の中にいた。

（聖書協会共同訳）

主は大きな魚を備えて、ヨナを呑み込ませた。ヨナは三日三晩、魚の腹の中にいた。

（新改訳2017）

（ヨナ書　1章17節　/　ヨナ書　2章1節）

　ヨナは神様によりニネベの町に悔い改めと救いを伝えるために遣わされました。しかし、ヨナはこのことをしたくありませんでした。なぜならニネベは当時イスラエルを滅ぼそうと攻めてきていた敵国アッシリアの首都だったからです。

　イエス様は私たちに「あなたの敵を愛し、彼らのために祈りなさい。」と教えておられます。それは私たちにとって難しいことですが、ヨナ書から敵をも愛する神様の心を知ることができます。

祈りましょう

天の父なる神様。
（敵対している人の名前）さんのことを祝福します。
どうかあなたの助けと救いがありますように。
愛する主イエス・キリストのお名前によってお祈りします。

なぜヨナは、ニネベに行きたくなかったの？

　ニネベは、ヨナの住んでいる国、イスラエルの北に位置する大国・アッシリアの首都でした。アッシリアは長年に渡りイスラエルに戦争を仕掛け、イスラエルの人々を苦しめてきました。ヨナは、敵国であるアッシリアを滅ぼしたいと思っていたことでしょう。もしヨナがニネベに行って神様の言葉を告げれば、アッシリアの人々が悔い改めて助かってしまうかもしれません。愛の神様が悔い改めた人々を滅ぼされるはずがないからです。そこでヨナは、祖国の敵・アッシリアを滅ぼそうと、神様のご命令に背いて、ニネベとは反対の方向に逃げようとしたと考えられます。（出典は巻末）

なぜヨナ書は、「異邦人への救い」の話と言われるの？

　ニネベは、神様の教えに反する、偶像の神々を信じる民が住む町でした。しかし、ヨナが預言すると、ニネベの人々は自分たちの悪い行いを悔い改めました。すると神様は、彼らを滅ぼすことを思いとどまりました。この出来事は、神様が偶像の偽の神々を信じる異邦人さえも救おうとしておられることを示しています。ヨナ書は、神様の愛が広く異教徒にも及ぶことを強調しているのです。「どうして私が、この大いなる都ニネベを惜しまずにいられるだろうか。そこには、右も左もわきまえない十二万人以上の人間と、おびただしい数の家畜がいるのだから。」

（ヨナ 4:11）（聖書協会共同訳）

（出典は巻末）

三日目

(マタ 28:1-10)（マコ 16:1-8）(ルカ 24:1-12)(ヨハ 20:1-10)

イエス・キリストは十字架につけられ三日目に復活しました。 ヨナも三日三晩、 魚の腹にいました。 「三日目」について。

神様のご命令に逆らって船で逃げようとしたヨナは、巨大な魚に飲み込まれてしまいました。三日三晩、魚の腹の中でヨナは反省し、神様への従順を学びました。そして魚の腹から出たヨナは神様に立ち返り、ニネベに向かいました。それまで、神様の御心から離れて信仰的に死んだ状態であったヨナが、よみがえったのです。
(ヨナ 2:1)
(ヨナ 2:2-10)
(ヨナ 3:3)

イエス・キリストも、十字架に架けられた後、陰府にくだり、三日目に死人の中からよみがえりました。このことから、ヨナの出来事は、イエス・キリストの復活の予型（将来起こることが定められていることを、あらかじめ見える形で示したもの）とされています。

（出典は巻末）

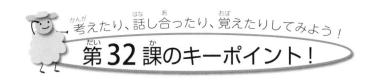

□ 1. ヨナは神様から、何と言う国の、何と言う町に行きなさいと言われた？

□ 2. 神様はその町に行って、ヨナに何をしなさいと言われた？

□ 3. ヨナは神様の言われた町にまっすぐに向かった？

□ 4. ヨナの乗った船はどうなった？

□ 5. 船乗りたちはヨナに何をした？

□ 6. 大きな魚がヨナをのみこんだ時、ヨナは魚のお腹の中で何をした？

□ 7. ヨナは何日間大きな魚のお腹にいた？

□ 8. ヨナがニネベの人々に「あと 40 日でニネベは滅ぼされる！」という神様のことばを伝えるのに、ヨナはとても苦労をした？

□ 9. ヨナはニネベの人々が神様のことばを信じた事が、どうして面白くなかったの？

□ 10. 一晩で生え、一晩で枯れた「とうごまの木」を通して神様は何を伝えたかったの？

※答えは巻末の 151 ページにあります。

ニネベの滅亡

ヨナがニネベで宣教してから 100 年後、預言者ナホムがアッシリア帝国ニネベの滅亡を預言（ナホム書）

イスラエルの敵国であったアッシリアは、殺人、暴力、強奪などによって他の国や人々を震えあがらせていました。彼らにとっては人を殺すことなど何でもないかのようでした。そのあまりのひどさに神様はアッシリアの都市ニネベの町を滅ぼすと決め、預言者ヨナを送りました。するとニネベの人々が、それまでの悪い行いをあっさり悔い改めたので、神様はニネベを滅ぼすことを思いとどまりました。

ところが、その後ニネベの人々は、すっかりもとの状態に戻ってしまったのです。アッシリアはイスラエルを滅ぼし、次にユダをねらっていました。

神様は預言者ナホムにアッシリアの滅亡を預言させました。それはユダの人々にとってはなぐさめとなりました。そして預言のとおり大国アッシリアは完全に滅ぼされたのです。

第33課

北王国
イスラエル

羊を飼い、いちじく桑を育てていたアモス
主の正義を語る預言者アモス（アモス書）

もっと教えて！

わが民イスラエルの捕らわれ人を私は帰らせる。彼らは荒らされた町を築き直して住み、ぶどう畑を作って、そのぶどう酒を飲み園を造って、その実りを食べる。

（聖書協会共同訳）

わたしは、わたしの民イスラエルを回復させる。彼らは荒れた町々を建て直して住み、ぶどう畑を作って、そのぶどう酒を飲み、果樹園を作って、その実を食べる。

（新改訳2017）

（アモス書　9章14節）

預言書は神様の律法に対するイスラエルの不従順による裁きと、そこからの悔い改め、そして回復が記されています。羊飼いであったアモスの預言のことばは、羊のように彷徨うイスラエルを、そして私たちを主に立ち返らせ、回復へと導くものとなります。

北イスラエル王国では、ヤロブアム2世が王であった時代のこと、ユダに住むアモスがイスラエルの民に神様のことばを語りました。アモスは預言者の家で生まれ育ったわけではなく、いちじく桑を作っていた羊飼いでした。

そのころのイスラエルは、とても栄えて豊かでしたが、弱い人や貧しい人にひどい扱いをして苦しめていました。そればかりか神様を礼拝するふりをし、じつは偶像を拝んでいたのです。

神様は「わたしを求めなさい。正しいことを求めなさい。悪を求めてはいけない。そうすれば、あなたがたは生きる」と言いましたが、民は聞きいれませんでした。

神様はアモスに、イスラエルがやがて滅ぼされること、さばきが近いことを幻で見せました。さばきの内容は恐ろしいものでした。

けれど最後には希望が語られます。ダビデの家系が建て直されるという神様の約束です。

祈りましょう

天の父なる神様。まことの大牧者であられるイエス様の声を聞き、その導きに従って生きることができますように私を助けてください。
愛する主イエス・キリストのお名前によってお祈りします。

考えたり、話し合ったり、覚えたりしてみよう！

第33課のキーポイント！

☐ 1. アモスは預言者となる前はどんな仕事をしていた？　☐ 2. アモスがいた頃の北イスラエル王国は栄えていたのに、どのような人々に対してひどい扱いをして苦しめていた？　☐ 3. 神様の目にどんな悪いことをしていた？

☐ 4. 神様はアモスを通して、民に何を求めなさいと言った？　☐ 5. アモスの希望ある預言とはどんな神様の約束？

※答えは巻末の151ページにあります。

第34課

北王国 イスラエル

妻を買い戻したホセア
主の愛を語る預言者ホセア (ホセア書)

もっと教えて！

イスラエルの預言者ホセアにはゴメルという妻がいて3人の子どもが生まれました。

ところがゴメルはホセアよりも他の男たちをすきになり、その男たちを追いかけて家を出て行ってしまったのです。

ゴメルは男たちを見つけることができず、かといってホセアのもとに戻ることもできませんでした。

神様はホセアに命じました。

「ゴメルをもう一度愛しなさい。偶像の神々に向いてしまったイスラエルを、このわたしが愛したように」

ホセアは奴隷になっていたゴメルを見つけました。そしてお金をはらってゴメルを買い戻しました。そしてゴメルに言いました。

「あなたは、ここにいなさい。ほかの男たちではなく、ずっと私のもとに」

偶像を追いかけるイスラエルに対する神の愛も同じです。どんな時も変わることなく「わたしのもとに帰ってきなさい」とよびかけ、待っておられました。悔い改めるならば、いつでもゆるし、あなたをいやすと約束してくださったのです。

我々は知ろう。主を知ろう。主を知ることを切に求めよう。主は曙の光のように必ず現れ雨のように我々を訪れる。地を潤す春の雨のように。

（聖書協会共同訳）

私たちは知ろう。主を知ろう。主を知ることを切に追い求めよう。主は暁のように確かに現れ、大雨のように私たちのところに来られる。地を潤す、後の雨のように。

（新改訳2017）

（ホセア書 6章3節）

ホセアはイエス様の心を表した預言者です。名前はヘブライ語で「救い」を意味し、ヨシュアやイエスと同じ語源を持ちます。

預言者ホセアは、妻が自分を裏切り他の男の元に行ったにもかかわらず、神様の指示に従って、遊女となっていた妻を買い戻し、愛し抜きました。

この姿は、まさにイエス様が十字架で命の代価を支払い、罪に汚れた私たちをキリストの花嫁として回復してくださる姿なのです。

祈りましょう

天の父なる神様。
命をかけて私を愛し抜いてくださったイエス様を、心より感謝します。愛する主イエス・キリストのお名前によってお祈りします。

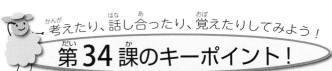

考えたり、話し合ったり、覚えたりしてみよう！

第34課のキーポイント！

□1. 偶像の神々に向いたイスラエルの人々を神様が愛したように、神様はホセアに妻ゴメルをどのようにしなさいと言った？　□2. ホセアは奴隷になっていたゴメルを見つけて何をして、そのあとゴメルに何と言った？　□3. 神様の愛はどんな時も変わることなく私たちにどのように呼びかけてくださる？　□4. 私たちが悔い改めるならば、神様はいつでもゆるしてくださり、どのような約束をくださる？

※答えは巻末の151ページにあります。

第35課 北王国イスラエル最後の王 ホセア(ホシュア)王

アッシリアに滅ぼされる(Ⅱ列王記)

北王国イスラエルの最後の王はホセアです。ホセア王は9年間イスラエルをおさめました。

イスラエルには良い王はひとりもいませんでした。ホセアはそれまでの王ほど悪い王ではありませんでしたが、良い王ではありませんでした。

アッシリアの王が攻めてきたとき、ホセア王はアッシリアの王が言うことは、なんでもそのとおりにしました。そしてたくさんの貢ぎ物をおさめました。アッシリアはとても大きな国だったので、ホセアは逆らうことができなかったのです。「でもこの状態をつづけていくとイスラエルはどうなってしまうのだろう?」ホセア王は心配でした。

そこで、ホセアはエジプトの王に助けてもらおうと考えました。エジプトもアッシリアとならぶ大きな国だったからです。ホセアがアッシリアに貢ぎ物をおさめなくなったので、アッシリアの王はホセアの裏切りを疑い、ホセアを捕えて牢に入れました。そのため、イスラエルの国は3年ものあいだアッシリアに取り囲まれ、ついには攻め取られてしまったのです。そして、イスラエルの人々はアッシリアに連れて行かれました。

なぜ、こんなことになったのでしょう?

神様は、エジプトで奴隷になっていたイスラエルの民を救い出してくださいました。それなのに、人々はその神様をすて偶像に仕えることを選んだのです。神様は預言者をとおして「偶像に仕えてはいけない。そうでないと大変なことになる」と何度も何度も警告しました。でも彼らは神様の声を聞こうとせず、心をかたくなにし、本物の神様に背をむけてしまいました。かわりにアシェラ像をつくり、太陽や月や星を拝み、バアルという偶像にも仕えました。自分の子どもたちに火の中を通らせたり、占い、まじないも行いました。偶像は人間を助けることも、守ることも、しあわせにすることもできません。それどころか人々を苦しめるのです。ですから神様はとてもとても悲しみ、怒られ、アッシリアがするままにさせたのでした。

考えたり、話し合ったり、覚えたりしてみよう!

第35課のキーポイント!

□ 1. 北王国イスラエルの最後の王は誰? □ 2. 北王国イスラエルは、何という国に滅ぼされたの? □ 3. 北王国が滅んだのは紀元前何年? □ 4. どうして滅んでしまったの? □ 5. 北王国イスラエルの人々は捕囚としてどこに連れて行かれたの?

※答えは巻末の151ページにあります。

もっと教えて！

分裂王国時代

●BC739年: 預言者イザヤの召命

BC 722 ⚔

北王国イスラエル（**最後の王ホセア/ホシュア**）
BC722年:アッシリア帝国に滅ぼされる

BC 700

●北王国イスラエルの民のほとんどが捕囚として
アッシリアに連れていかれる

アッシリア帝国

BC 600 ⚔

南王国ユダ（**最後の王ゼデキヤ**）
BC586年:新バビロニア帝国に滅ぼされる

BC 586

バビロン捕囚

BC 537

●南ユダの民は3回にわたって捕囚として
バビロニアに連れていかれる
●BC537年:ユダヤ人はペルシア帝国によって
捕囚から解放され、帰還と全世界への離散
●BC535-515年:エルサレムに神殿再建
●BC444年:ネヘミヤがエルサレムの城壁再建
●BC428年頃:エズラが律法教育

帰還

⚔ BC612:アッシリア帝国が
新バビロニア帝国に滅ぼされる

新バビロニア帝国

⚔ BC539:新バビロニア帝国が
ペルシア帝国に滅ぼされる

ペルシア帝国

【アッシリア帝国】

アッシリア帝国は、強力で優れた軍隊を持っていました。それはイスラエルにとって絶え間ない脅威となりました。ついに、BC722年、北王国イスラエルはホセア（ホシュア）の治世にアッシリア帝国によって滅ぼされます。イスラエルの人々は捕囚としてアッシリアへと連れて行かれました。アッシリアの王は、バビロンなどの人々をサマリアの町に住まわせました。（Ⅱ列王記17章参照）

【新バビロニア帝国】

BC586年、アッシリア帝国を滅ぼしたバビロンのネブカデネザル（ネブカドネツァル）王はエルサレムの神殿を焼き尽くし、ユダの民をバビロンへと連れて行きました。（Ⅱ列王記25章参照）

【ペルシア帝国】

BC537年、ペルシアの王キュロスはバビロニアを征服し、捕囚となっていたユダヤ人を故郷に帰還させました。（エズラ記1–2章）

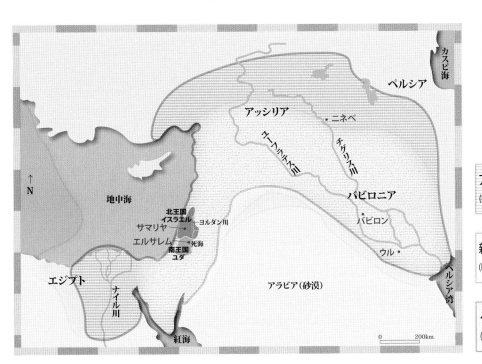

アッシリア帝国
(BC824-640年頃の地図)

新バビロニア帝国
(BC537-440年頃の地図)

ペルシア帝国
(BC537-440年頃の地図)

（年表の出典は巻末）

南王国
ユダ

第36課 救い主イエス・キリスト誕生を預言するイザヤ

預言者イザヤの召命とメシア預言

（イザヤ書1-39章）

　南王国ユダのウジヤ王が死んだ年、イザヤは神殿で主を見ました。主が高いところにある御座に座っておられ、セラフィムが飛んでいました。セラフィムには6つの翼があり、2つの翼は顔を覆い、2つの翼は足を覆い、残りの2つで飛んでいました。

「聖なる聖なる聖なる万軍の主。その栄光は全地に満ちる」というセラフィムの声が響き渡り、神殿はゆれ、煙に満たされました。イザヤは怖くなって言いました。

「ああ、私はもうだめだ。私の唇は汚れているし、汚れた唇の民の中に住んでいる。それなのに万軍の主を、この目で見てしまった」

　するとセラフィムのひとりが祭壇の燃える炭火を火ばさみで挟んで、イザヤの唇に触れさせたのです。そして言いました。

「これがあなたの唇に触れたので、あなたの悪は取り去られ、あなたの罪はもうゆるされました」

　その時、主が語られました。

「わたしはだれを遣わしたら良いのだろう。だれがわたしたちのために行ってくれるのだろうか」

　イザヤはこたえました。

「ここに、私がおります。この私を遣わしてください」

　このようにして神様は、イザヤを神様のことばを伝える預言者として選びました。イザヤが民に伝えるのは「国の滅び、神様に従わない民へのさばき」です。それはイザヤにとってつらいことでした。

けれど神様は「ユダを完全に滅ぼさない」という希望もくださったのです。

　イザヤはその時から、ユダの預言者として約50年ものあいだ神様のことばを伝えることになります。

アハズが王であった時のことです。アラムの王とイスラエルの王がエルサレムを攻撃してきました。王も人々も、とても恐れました。すると神様はイザヤをとおして「彼らを恐れなくてよい」と言いました。さらに「ダビデの家系の者よ、聞きなさい。神様がひとつの印を与える。処女が男の子を産む。その子の名前は『インマヌエル（神様は私たちとともにいてくださる）』。2〜3年のあいだに、あなたが恐れている二人の王はいなくなる」

この預言のとおりに二人の王は死にました。けれど、この預言はそれだけではなく、やがてダビデの家から救い主（メシヤ）が生まれることをも神様は教えてくださったのです。

もっと教えて！

一人のみどりごが私たちのために生まれた。一人の男の子が私たちに与えられた。
（聖書協会共同訳）

ひとりのみどりごが私たちのために生まれる。ひとりの男の子が私たちに与えられる。
（新改訳 2017）

（イザヤ書　9章6節／イザヤ書　9章5節）

この聖句は神様の御子が人間となって、この地上に来られるという預言です。それは人間を愛してやまない神様の壮大な計画と約束の成就です。

「今日ダビデの町で、あなたがたのために救い主がお生まれになった。この方こそ主メシアである。」（ルカによる福音書2章11節）

なぜ？
なぜ神様は天使に、イザヤの唇を燃える炭火で清めさせたの？

神様は預言者イザヤに、神様の言葉を語るように命じました。しかし、イザヤは自分の罪深さゆえに、神様の言葉を語ることができませんでした。そこで、神様は天使に燃える炭火を持たせてイザヤの唇に触れさせました。燃える炭火は、罪や不純なものを取り除く力があるとされています。神様がイザヤを清め、罪や弱さを取り除いて、神様の使者としてふさわしいように準備してくださったのです。

祈りましょう

天の父なる神様。聖書のことばを通してもっと深くイエス様のことを知ることができますように。私が聖書のことばを理解できますように。愛する主イエス・キリストのお名前によってお祈りします。

考えたり、話し合ったり、覚えたりしてみよう！
第36課のキーポイント！

□ 1. イザヤは神殿で、どなたが高いところにある御座に座っておられるのを見た？　□ 2. セラフィムにはいくつの翼がある？　□ 3. セラフィムのひとりが祭壇の何を、火ばさみで挟んで、イザヤの唇にふれた？　□ 4. 主が「わたしはだれを遣わしたら良いのだろう。だれがわたしたちのために行ってくれるのだろうか」と語った時、イザヤは何とこたえた？　□ 5. 神様はイザヤをとおして「ダビデ家から救い主（メシヤ）が生まれる、処女が男の子を産む。」と言われたが、その子の名前は何と言う名前？また、その名はどう言う意味？

※答えは巻末の 151 ページにあります。

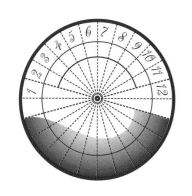

第37課　命拾いしたヒゼキア王

南王国ユダ

イザヤの預言でアッシリアから守られた

（Ⅱ列王記18-20章・Ⅱ歴代誌29-32章・イザヤ36-39章）

　　ヒゼキヤ（ヒゼキア）は25歳で南王国ユダの王となりました。父アハズ王とは違い、ヒゼキヤはダビデ王のように良い王でした。父が作った偶像礼拝の祭壇、石の柱、アシェラ像を砕いて取り除き、本物の神様だけを信頼し従ったのです。神様もヒゼキヤとともにおられたのでヒゼキヤは何をしても成功しました。

　　ヒゼキヤが王になってしばらくたったころ、北王国イスラエルがアッシリアに攻め取られ、民はアッシリアに連れて行かれました。民が自分たちの神、主の教えを聞かず従わなかったからです。

　　次にアッシリアがねらったのはユダ。町々がアッシリアの攻撃を受け占領されてしまったので、ヒゼキヤはアッシリアの王セナケリブ（センナケリブ）に言いました。「どうか私たちの国から出て行ってください。お望みのとおりにしますから」

　　セナケリブ王は大量の銀と金を求めてきました。ヒゼキヤは宝物倉にあるすべての銀と神殿の扉や柱からはぎ取った金をセナケリブに渡しました。

　　ところがアッシリアは引き下がらなかったのです。アッシリアの将軍ラブ・シャケがユダの民に大声で言いました。

「ヒゼキヤにだまされるな。ヒゼキヤも神も、おまえたちを助けない。アッシリアの王に降参すれば、おまえたちは死なずに生きることができるぞ」

　　預言者イザヤをとおして神様のことばがヒゼキヤに伝えられました。

「アッシリアの者たちの言葉を恐れてはならない。彼らは国へ帰って行く」

　　そのとおり、まもなくラブ・シャケたちは帰って行き、今度は手紙がヒゼキヤに届きました。

「おまえは自分の神に頼っているようだがアッシリアの王が国々にしたこと、どのように滅ぼしたかを聞いているはずだ。それらの国々の神々は国を救うどころか自分も滅びたのだ。それでも、おまえの神がおまえを救い出せると言うのか。神はおまえを救わない。神にだまされるな」

　　ヒゼキヤは手紙を主の前に広げて祈りました。

「主よ、あなただけが神です。天と地を造られたのはあなたです。お聞きください。セナケリブがあなたをののしっています。たしかに国々の神々はアッシリアに火で焼かれました。でもそれらは神ではなく、人が木や石で造ったものにすぎなかったからです。でもあなたはちがう！　どうか今、地上のすべての王国に、あなただけが神であることを知らしめてください」

神様はヒゼキヤの祈りを聞き、アッシリアの大軍 185,000 人を打ち殺しました。セナケリブ王はアッシリアに逃げ帰り、息子たちによって殺されました。

その後ヒゼキヤは病にかかり、預言者イザヤによって「病は治らず、死ぬ」と知らされました。ヒゼキヤは激しく泣きながら主に祈りました。その切なる祈りを聞き、涙を見た神様は言いました。

「病をいやして 15 年命をのばそう。アッシリアからも救い出す」

その約束が確かであること、神様には何でもできることをヒゼキヤに知らせようと、神様は日時計の影を 10 段戻すという奇蹟を見せてくださいました。

命拾いしたヒゼキヤでしたが、バビロンという国から見舞いがやってくると宝物倉の中や、国にある宝のすべてを得意げに見せてしまったのです。

イザヤがヒゼキヤに神様のことばを伝えました。

「宮殿のすべての宝、先祖が今日までたくわえてきた宝のすべてがバビロンに運び去られる日が来る。そして、あなたの息子たちの何人かはバビロンに連れて行かれる」

ヒゼキヤ王は 29 年間ユダをおさめました。

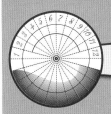

もっと教えて！

私のため、また私の僕ダビデのため私はこの都を守り、これを救う。
（聖書協会共同訳）

わたしはこの都を守って、これを救う。わたしのために、わたしのしもベダビデのために。
（新改訳 2017）

（イザヤ書　37章 35節）

エルサレムが圧倒的な軍勢を誇るアッシリア軍に取り囲まれたとき、ヒゼキヤ王は、預言者イザヤと共に、神様に守りと救いを祈り、助けを求めて叫びました。神様は祈りに応え、天の御使いによってアッシリア軍を打ち破り、エルサレムを守り、救い出しました。
（列下 19 章、歴代下 32 章 1-23 節、イザ 37 章）

私たちが真摯な心で神様に祈り、叫ぶとき、神様は私たちに応えてくださいます。「だから、わたしたちは、はばからずに次のように言うことができます。『主はわたしの助け手。わたしは恐れない。人はわたしに何ができるだろう。』」
（ヘブライ人への手紙 13 章 6 節）

祈りましょう

天の父なる神様。人生の試練や問題の中であなたを呼び求め、あなたに信頼します。私を困難の中から救い出し助けてください。愛する主イエス・キリストのお名前によってお祈りします。

考えたり、話し合ったり、覚えたりしてみよう！

第 37 課のキーポイント！

□ 1. ヒゼキヤ王が行った、神様の目にかなう正しいことは何？　□ 2. ヒゼキヤが王になってしばらくして、北王国イスラエルはどうなった？　□ 3. ヒゼキヤ王に神様のことばを伝えた預言者は誰？　□ 4. 神様がヒゼキヤ王の病いをいやして命を延ばした方法はどんな奇跡？　□ 5. ヒゼキヤ王の命を伸ばすことで神様は何を伝えたかった？　□ 6. ヒゼキヤ王が得意になってバビロンにしてしまった失敗は何？

※答えは巻末の 151 ページにあります。

南王国ユダ

第38課 身代わりになってくださる救い主

預言者イザヤのメシア預言・苦難の僕

（イザヤ書40-66章）

　イスラエルの民は神様の警告を聞かず、罪を犯し続けたのでエルサレムは滅ぼされ、人々はバビロンに連れて行かれました。彼らは自分たちの国を失ったのです。

　神様は彼らを見捨てたのでしょうか？　いいえ。「慰めよ、慰めよ、わたしの民を」と預言者イザヤに命じ、ことばをたくしました。

　「神様の約束は必ず実現します。その大きな力で、あなたがたを守り、羊飼いのように優しく導いてくださいます。やがてあなたがたをバビロンから自由にし、エルサレムに戻してくれる王（その名をキュロス）が東から現れます。

　今、神様の語りかけを聞きなさい。『恐れるな、わたしがあなたとともにいる。わたしはあなたの神であり、あなたはわたしのものだ。どんな苦しみの中でもわたしはあなたを助け守る。あなたはわたしの宝物だからだ。わたしはあなたを愛している』」

　また、神様は「救い主をこの世に送る」と約束されました。その素晴らしい知らせは、まず預言者たちに伝えられ、預言者たちは人々に語りました。イザヤもそのひとりです。

　「やがて来られる救い主は、人々が求めているような立派な姿ではなく、強そうでもなく人々に馬鹿にされ、苦しみ・悲しみ・病をよく知る方です。むちで打たれ、釘と槍で刺し通されて血を流します。人々はそれを見て『彼は神様から罰を受けているのだ』とののしります。けれど、そうではありません。本当なら人間が受けるはずの罰を、彼がかわりに受けるのです。

　人間は神様から離れて自分勝手な道を歩んできました。その罪をすべて彼に受けさせる——それが神様のご計画です。救い主が苦しみを受けるので、人間に平安がもたらされるのです」

救いの約束に続き、神様は招きます。

「さあ、渇いている者は誰でも来なさい。わたしのことばに耳を傾けて聞きなさい。そうすれば生きるから。わたしを求めなさい。わたしを呼びなさい。わたしのもとに帰って来なさい。わたしはあなたたちを豊かに赦す。

　わたしの思いはあなたたちの思いと違う。天が地より高いように、わたしの思いはあなたたちの思いよりはるかに高い。わたしのことばは必ずわたしの望むことを行い、わたしが言い送ったことを成功させる。

　あなたたちは喜んで安らかに導かれて行きなさい。山も木々もあなたたちを喜び歌うだろう。そして茨ではなくもみの木が生える。これは主であるわたしの記念となり、決して断ち切られない永遠のしるしとなる」

もっと教えて！

預言者イザヤ 【「苦難の僕」とは】

(列下 19:2)(列下 19:20-34)(列下 20:1-19)(歴代下 32:20)(イザ)

　イザヤは紀元前８世紀の預言者で、神様から特別なメッセージを受けて、イスラエルの民に神様の言葉を伝えました。

(イザ 52:13-53:12)

彼の預言の中には、「苦難の僕」として知られるメシアの出現を予告するものがあります。「苦難の僕」とは、神様から選ばれた者であり、民衆のために苦しみながら救いをもたらす存在を意味します。イザヤの預言は、この「苦難の僕」がやって来て、人々を救い、神様の愛と赦しをもたらすことを示しています。

　イザヤ書は旧約聖書の中の福音書と言われるぐらいにイエス様についての預言が数多く記されています。53 章には明確に十字架の姿が記されており、あまりにもはっきりとした描写の為、これは後世のクリスチャンたちが書き足した偽書ではないか。と疑われたほどです。

　しかし、死海文書の発見によりイザヤ書の写本が見つかり、年代測定の結果それが紀元前、つまりキリストの誕生以前のものであることが判明し、神様の預言の確かさが世界に証明されたのです。

（出典は巻末）

預言の一致 【「イザヤの預言」と「イエス・キリストの救いの使命」との一致参考箇所】

＊「よく聞け、しかし、悟ってはならない。よく見よ、しかし、理解してはならない。」（イザヤ 6:9-10 ⇔マタイ 13:14-15 ）

＊「見よ、おとめが身ごもって男の子を産み、その名をインマヌエルと呼ぶ。」（イザヤ 7:14 ⇔マタイ 1:23 ）

＊「闇の中を歩んでいた民は大いなる光を見た。」（イザヤ 9:1-2 ⇔マタイ 4:14-16）

＊「あなたの民イスラエルが海の砂のようであっても、その中の残りのものだけが帰ってくる。」（イザヤ 10:22-23、1:9 ⇔ローマ 9:27-29）

＊「呼びかける声がする。『荒れ野に主の道を備えよ。』」（イザヤ 40:3-5 ⇔ルカ 3:4-6 、ヨハネ 1:23）

＊「傷ついた葦を折らず くすぶる灯心の火を消さず 忠実に公正をもたらす。」（イザヤ 42:1-4 ⇔マタイ 12:17-21）

＊「目で見ず、耳で聞かず、心で悟らず 立ち帰って癒されることのないように。」（イザヤ 53:1、6:10 ⇔ヨハネ 12:38-41、ローマ 10:16）

＊「彼が担ったのは私たちの病 彼が負ったのは私たちの痛みであった。」（イザヤ 53:4 ⇔マタイ 8:17）

＊「主なる神の霊が私に臨んだ。主が私に油を注いだからである。」（イザヤ 61:1-2 ⇔ルカ 4:17-21）

＊「娘シオンに言え。見よ、あなたの救いがやって来る。」（イザヤ 62:11、ゼカリヤ 9:9 ⇔マタイ 21:4-5）

（聖書協会共同訳）

もっと教えて！

第38課　身代わりになってくださる救い主

預言者イザヤのメシア預言・苦難の僕（イザヤ書40-66章）

> 彼は私たちの背きのために刺し貫かれ私たちの過ちのために打ち砕かれた。彼が受けた懲らしめによって私たちに平安が与えられ彼が受けた打ち傷によって私たちは癒やされた。
>
> （聖書協会共同訳）

> 彼は私たちの背きのために刺され、私たちの咎のために砕かれたのだ。彼への懲らしめが私たちに平安をもたらし、その打ち傷のゆえに、私たちは癒やされた。
>
> （新改訳2017）

（イザヤ書　53章5節）

　強国からの侵略に苦しめられていたイスラエルの民は、いずれ理想の王が現れ、強い力で他国を圧倒し、自分たちを救い出してくれるものと期待していました。しかし、神様がイザヤに語りかけた救世主・メシアは、強力な王というイメージからは、かけ離れたものでした。メシアの苦難と贖いを預言する「苦難のしもべ」と呼ばれるこの詩は、当時の人々からは注目されなかったようです。というのも、この詩は、後にバラバラにされて再編集されているからです。

　500年の時を経て、イエス・キリストが来られたとき、人々は改めてこの詩を思い起こすことになりました。「十字架にかかって、自らその身にわたしたちの罪を担ってくださいました。わたしたちが、罪に対して死んで、義によって生きるようになるためです。そのお受けになった傷によって、あなたがたはいやされました。」（ペトロの手紙一 2章24節）

考えたり、話し合ったり、覚えたりしてみよう！

第38課のキーポイント！

☐ 1. 神様はイスラエルの民を見捨てたの？

☐ 2. 神様は預言者イザヤを通してどんなことを約束された？

☐ 3. イザヤの預言の「苦難の僕」はどなたの出現を予告したの？

☐ 4.「苦難の僕」の意味は、「民衆のために苦しみながら何をもたらす存在」？

☐ 5. イザヤの預言は、どなたが人々に希望と救いをもたらすことを伝える重要な証しとなっている？

☐ 6.「彼が担ったのは私たちの病 彼が負ったのは私たちの痛みであった。」（イザヤ 53:4）は、新約聖書のマタイの福音書（8:17）と一致している？

※答えは巻末の151ページにあります。

祈りましょう

天の父なる神様。
イエス様の十字架の救いと恵みを
感謝します。
今日もまた新たにその血によって
私をきよめ癒してください。
主イエスの十字架の豊かな恵みを
受け取ります。
愛する主イエス・キリストの
お名前によってお祈りします。

北王国
イスラエル

南王国
ユダ

第39課

ベツレヘムに救い主が来る
へりくだりの心を語る預言者ミカ
(ミカ書)

ユダ出身のミカはイザヤと同じ時代に活躍した預言者です。
イスラエルとユダに起こる神様のさばきを預言しました。どちらの国も神様の心から大きくはずれていたのです。

人々は、どうしたら神様にゆるしてもらえるのか、喜んでもらえるのかがわかりませんでした。「献げものをたくさんすればゆるしてもらえますか？自分の子どもを献げれば良いですか？」

神様はミカをとおして語られました。
「人よ。良いこととは何だろう？
わたしがあなたに求めているのは、これだ。
ただ、正しいことを行い、やさしい心、あわれみの心をもち、
へりくだってあなたの神である、
このわたしといっしょに歩むことだ」

「やがて来られる救い主はユダのベツレヘムで生まれる」という有名な預言をしたのも、このミカです。

ベツレヘム
マリア・エリサベツ訪問教会から降誕教会を臨む

もっと教えて！

> エフラタのベツレヘムよあなたはユダの氏族の中では最も小さな者。あなたから、私のためにイスラエルを治める者が出る。その出自は古く、とこしえの昔に遡る。
> （聖書協会共同訳）

> ベツレヘム・エフラテよ、あなたはユダの氏族の中で、あまりにも小さい。だが、あなたからわたしのためにイスラエルを治める者が出る。その出現は昔から、遠の昔から定まっている。
> （新改訳 2017）

（ミカ書　5章2節　／　ミカ書　5章1節）

ミカ書にはイエス様がベツレヘムにお生まれになることが預言されています。ベツレヘムとは「パンの家」という意味があります。後にイエス様はご自身のことを「私は生けるまことのパンです。」と言っておられます。つまり、私たちを生かす神のことばなるお方、それがイエス様です。聖書のみことばを朗読して自分の内に蓄える時、私たちの内も神のみことばなるイエス様が住まう「パンの家」となるのです。

祈りましょう

天の父なる神様。イエス様が私の心に来られ、住んでくださいますように。私を生きた神のことばであるイエス様が住まう「パンの家」としてください。
愛する主イエス・キリストのお名前によって
お祈りします。

考えたり、話し合ったり、覚えたりしてみよう！
第39課のキーポイント！

□ 1. ユダ出身の預言者ミカは何という預言者と同じ時代に活躍した？

□ 2. 神様はミカを通して「神様が人に求めている良いこと」とはどんなことだと言われた？

□ 3. やがて来られる救い主はどこで生まれると言った？

※答えは巻末の 151 ページにあります。

第40課

南王国
ユダ

ハバククはユダ王国の預言者です。神様からのことばを人々に告げるのが預言者ですがハバククの場合はそうではなく、ハバククから神様に問いかけています。

そのころユダの罪は、ますますひどくなっていました。正しくしようとする人はだれもいません。いえ、正しい人がいても悪者が正しい人をだまらせてしまうのです。ハバククは神様に訴えました。

「私がこんなに助けを求めているのに、あなたはいつまで黙って見ておられるのですか？」

すると神様のこたえがありました。「バビロンによってユダを罰する」と。ハバククはおどろきました。なぜならバビロンという国はユダよりももっと罪深いのです。いくらなんでもバビロンにユダを滅ぼさせるなど、あんまりだとハバククは思うのでした。けれど神様は、のちにはそのバビロンをも滅ぼすと言うのです。

「それが起こるのは今すぐではないが、遅いように思えても信じて待っていなさい。必ずその日は来る。おくれることはない。

見なさい。心がまっすぐでない者は自分が正しいと考えている。でも正しい者とは、神であるわたしを信頼して生きる者だ」

ユダは神様に愛されているからこそ、罰を受けしばらく苦しむことになります。その時はいちじくも、ぶどうも、オリーブも実らず、羊も牛もいなくなります。でもハバククは言うのです。

「それでも私は、私を救ってくださる神様がおられることを大いに喜ぶ。神様が私の力となってくださるから、私は鹿のようにどんな険しい山も上ることができる！」

正しい人は信仰によって生きる

預言者ハバクク（ハバクク書）

もっと教えて！

正しき人は
その信仰によって
生きる。
（新改訳2017）

正しい人は
その信仰によって
生きる。
（聖書協会共同訳）

（ハバクク書　2章4節）

ハバクク書は、暴虐なバビロンによりエルサレムが危機に瀕している時に書かれました。「主よ、わたしが助けを求めて叫んでいるのにいつまで、あなたは聞いてくださらないのですか。」(ハバ1:2)苦しい現状を訴えたハバククに神様は上記のことばをもって応答されました。預言通り、暴虐な力を誇ったバビロンは滅ぼされ、神様への信仰は保たれました。愛と義の神様は、最も厳しい苦難の中にも目を注いでおられます。

この聖句は、新約聖書のパウロも引用しています。「神の義は、その福音の中に啓示され、信仰に始まり信仰に至らせる。これは、『信仰による義人は生きる』と書いてあるとおりである。」（ローマ人への手紙 1:17）（口語訳）

祈りましょう

天の父なる神様。私の信仰はからし種のように小さなものであっても、あなたは揺るぎのない真実なお方であることを感謝します。自分自身の信仰ではなく、主の上に信仰を置き、信頼いたします。愛する主イエス・キリストのお名前によってお祈りします。

考えたり、話し合ったり、覚えたりしてみよう！

第40課のキーポイント！

□ 1. ハバククは神様のことばを告げる預言者ではなく、神様に何をした預言者？　□ 2.「バビロンによってユダを罰する」という神様の答えに対して、なぜハバククは驚いたの？　□ 3. 神様は正しい者（人）はどのような生き方をしてると言った？　□ 4. ユダが神様に罰を受けしばらく苦しむことになった時に、ハバククは神様に何と言った？

※答えは巻末の151ページにあります。

夢幻（ゆめ まぼろし）

第41課

南王国（みなみ おうこく）ユダ

すべての人に霊を注ぐ神
主の日の預言者ヨエル（ヨエル書）

夢幻（ゆめ まぼろし）

もっと教えて！

ヨエルはユダ王国の預言者です。ヨエルは「主の日」が近いことを人々に告げました。

イナゴの大群がユダをおそいました。一度ではなく何度もです。ぶどうの木、いちじくの木、農作物はイナゴに食い荒らされ人々は食べ物がなくなり、牧草がないので牛や羊も死にました。このように「主の日」――神様のさばきは恐ろしいのだから悔い改めなさいとヨエルは言いました。

人々は衣服を裂くことで悔い改めを表しますが、神様はこう言われます。「衣服を裂くという形だけのだけの悔い改めではなく、心を引き裂いて本当の悔い改めをしなさい。あなたの神である、主に立ち返りなさい。主は恵み深く、あわれみ深い。怒るのにおそく、恵みゆたかで、わざわいを思いなおす神なのだから。さあ、子どもも大人も一人残らず集まって悔い改めなさい」

神様は悔い改めたご自分の民をあわれみ、荒れた地を元どおりにすると言われます。ぶどうもいちじくも豊かに実り、人々の食べ物はもちろん、牛や羊の牧草も心配いらないと。

そのとき、人々は神様が確かにおられること、この神様だけが本当の神であることを知るでしょう。

神様は、やがて「主の霊をすべての人に注ぐ」という約束もくださいました。その日、子どもたちは預言をし、老人は夢を見、若者は幻を見るというのです。

> 私は、すべての肉なる者にわが霊を注ぐ。あなたがたの息子や娘は預言し老人は夢を見、若者は幻を見る。（聖書協会共同訳）
>
> わたしはすべての人にわたしの霊を注ぐ。あなたがたの息子や娘は預言し、老人は夢を見、青年は幻を見る。（新改訳2017）

（ヨエル書　2章28節／ヨエル書　3章1節）

当時、神様の霊は、特別に選ばれた人々のみに注がれるものと考えられていました。しかしこの箇所は、「主の日」に神様の霊がすべての人々に注がれ、啓示が与えられることを預言しています。

この預言は、イエス・キリストの十字架の死と復活と昇天の50日後、弟子たちに聖霊が降った時に成就しました（使徒2章）。私たちも同じように、聖霊を受ける恵みに預かることができるのです。

祈りましょう

天の父なる神様。聖霊様が私の心を満たしてくださいますように。どうぞ今、聖霊様を注いでください。愛する主イエス・キリストのお名前によってお祈りします。

主の日とは

ヨエル書は『主の日』を二通りに表現しています。

ひとつは、神様の審判――「日も月も暗くなる」（ヨエ 2:10）恐ろしい裁きの日。

そしてもうひとつは、「主の霊が注がれる」（ヨエ 2:28/3:1）救いの日です。

完全なる神様の御前では、誰もが罪人（詩 14:1）（ロマ 3:10）（ロマ 3:23）であり、神様の裁きは免れません（ロマ 6:23）。しかし神様は「裁き」と共に「赦し」も用意してくださいました。

神様は、御自分の独り子、イエス・キリストの犠牲（コロ 2:13）（コロ 2:14）という代価を支払い、罪の中にいる私たちを救い出してくださいました。その贖いの業により、私たちは罪から解放され（ロマ 3:22-26）、永遠の命に至ることができるのです。

「神はそのひとり子を賜わったほどに、この世を愛して下さった。それは御子を信じる者がひとりも滅びないで、永遠の命を得るためである。」（ヨハネによる福音書 3:16）（口語訳）

考えたり、話し合ったり、覚えたりしてみよう！

第41課のキーポイント！

□ 1. ヨエルは「主の日」についてどうしなさいと言った？　□ 2. 神様の悔い改めは「衣服を裂く」のではなく、何を裂きなさいと言った？□ 3. 神様は悔い改めたご自分の民をあわれんでどのようにすると言った？

□ 4. 神様はすべての人に何を注ぐと言われた？

※答えは巻末の152ページにあります。

第42課　捕囚民となって生きのびなさい

南王国
ユダ

国の滅びを見届けた、涙の預言者エレミヤ
（エレミヤ書）

ヨシヤがユダ王国の王であった時代、神様はエレミヤを預言者としました。
それまでも神様はユダに預言者を送って神様のことばを伝えてきましたが、偶像礼拝も、人々の生き方も、ひどくなる一方でした。

いよいよ神様のさばきの時が迫っています。そのさばきとは？
神様のことばを聞かないユダはバビロンによって滅ぼされ、バビロンに仕える——というのです。けれど人々はエレミヤが語る神様のことばではなく、偽預言者の言葉を信じました。そればかりかエレミヤを殺そうとしたのです。エレミヤの悲しみは深く、「涙の預言者」と呼ばれるほどに嘆き、泣きつづけました。神様は人々に命じました。

「バビロンに連れて行かれたら、そこに家を建て、
畑で作物を作り収穫物を食べ、結婚して子どもを育てなさい。
子どもも結婚し、子どもを産み、そこで増えなさい。
減ってはならない。その町が平安で繁栄するように祈りなさい。
その町によってあなたがたにも平安が与えられ繁栄するのだから」

神様はさらに言われました。
「わたしは70年後にあなたたちをユダの地に連れ戻すと約束する。
わたしがあなたたちのために計画を立てた。
それはあなたたちに希望と平安と繁栄をもたらす計画だ。
けっして災いの計画ではない。

あなたたちがわたしを呼び求め祈るなら、わたしは聞く。
わたしを探し求めるなら、あなたたちはわたしを見つける。

わたしはあなたたちを永遠の愛で愛してきた。
だから、あわれみ、恵みをおしまない。
わたしはあなたたちの繁栄を元どおりにする。
元の場所に連れ帰り、建て直す。
その日、あなたたちは
タンバリンをもって踊り楽しむだろう。
わたしがあなたたちの嘆きを喜びに変える。
悲しみを楽しみに変えよう。」

さらに神様はイスラエルとユダと新しい契約を結ぶと言われました。

神様は、その昔エジプトで奴隷だったイスラエルの人々を助け出し、契約を結んだのですが人々はそれを守ることができませんでした。そのときの契約のことばは、神様によって石の板に書かれたのですが、こんどは人々の心に書くというのです。そして神様は言われました。

「わたしは彼らの神となり、彼らはわたしの民となる。彼らはわたしを知るようになる。わたしは彼らの罪をゆるし、彼らの罪をもう思い出さない。わたしは、彼らを決して見捨てない」

エレミヤの預言どおり、ユダはバビロンに滅ぼされ、人々はバビロンに連れて行かれました。40年間にわたって預言をしたエレミヤは、神様の預言がそのとおりになっていくのを見たのです。

神様の約束（その7）

旧約聖書には、神様が約束された「契約」が書かれています。

（エレ 31:31-34）

【新しいエレミヤ契約（神様がエレミヤに約束されたこと）】

「見よ、わたしがイスラエルの家、ユダの家と新しい契約を結ぶ日が来る、と主は言われる。」（エレ 31:31）神様はモーセに、石板に記された十戒に代表される律法を授けました。人々は律法を守ろうと努力しますが、失敗を繰り返し、罪にまみれました。（エレ 31:32）そこで神様はエレミヤに新しい契約を約束されました。それは石の板ではなく、人の心に書き込まれ、人々を導く契約であり、神様は彼らの神となり、彼らは神の民となると約束しました。（エレ 31:33）そして、神様はもはや人の罪を心に留めないと宣言されました。（エレ 31:34）

モーセの律法が要求したことは、イエス・キリストの十字架によって満たされました。これは古い契約（旧約）から新しい契約（新約）への転換です。主イエスが、聖餐式を制定された時にこのことを象徴的に宣言しておられます。「この杯は、わたしの血によって立てられる新しい契約である。飲む度に、わたしの記念としてこのように行いなさい」（コリントの信徒への手紙一 11章 25節）

もっと教えて！

私はこの都に回復と癒やしをもたらし、彼らを癒やして、確かな平和を豊かに示す。

（聖書協会共同訳）

見よ。わたしはこの都に回復と癒やしを与え、彼らを癒やす。そして彼らに平安と真実を豊かに示す。

（新改訳 2017）

（エレミヤ書 33章 6節）

エルサレムの民が神様の律法に背き、偶像礼拝に明け暮れた結果、バビロンが来て全てを破壊してしまいます。このバビロンさえも神様の御手の中にあり、神様の計画は破壊の先に癒しと回復が用意されているのです。ユダヤ人がバビロンに捕え移されたことは人の目には悲劇です。しかし、その捕囚の先で聖書が編集され、より詳しくまとめられ、また神殿を失った民は会堂を作って礼拝と信仰を守り、今の教会の原型が作られて行きました。問題や困難の中にも神様の最善を信じることができますように。

祈りましょう

天の父なる神様。
私の心に傷があるならば、どうぞ癒してください。そして希望を与えてください。愛する主イエス・キリストのお名前によってお祈りします。

考えたり、話し合ったり、覚えたりしてみよう！

第42課のキーポイント！

☐ 1. エレミヤはどのような神様のことばをユダの人々に伝えた？ ☐ 2. ユダの人々はエレミヤが語る神様のことばを信じた？そして、エレミヤに何をしようとした？

☐ 3. ユダの人々が偽預言者のことばを信じるので、エレミヤの悲しみが深くなり、「何の預言者」と言われた？

☐ 4. 神様はエレミヤを通して、ユダの人々にバビロンに連れて行かれたらどうしなさいと言われた？ ☐ 5. 神様はイスラエルとユダの新しい契約を「石の板」に書くのではなく、何に書くと言われた？

※答えは巻末の 152 ページにあります。

第43課 エルサレムが攻め落とされバビロン捕囚となる
エルサレム陥落・バビロン捕囚
(Ⅱ列王記・Ⅱ歴代誌・エレミヤ書・哀歌)

ゼデキヤ王の9年目、バビロンの王ネブカデネザルが全軍をつれてエルサレムを取り囲みました。その2年後、ついにエルサレムの城壁が破られました。

バビロン軍は、主の神殿の青銅の柱、台などを砕いてバビロンに運び、壺や杯、器、金や銀などすべて奪っていきました。神殿、王の宮殿、エルサレムの全ての家は焼かれました。

ゼデキヤ王は逃げましたが追いつかれ、息子たちは殺され、王はバビロンに連れて行かれました。ユダの貧しい人たちは、ぶどう畑や農場の労働者としてユダに残されましたが、それ以外の人々はみなバビロンに連れて行かれました。その数4600人です。

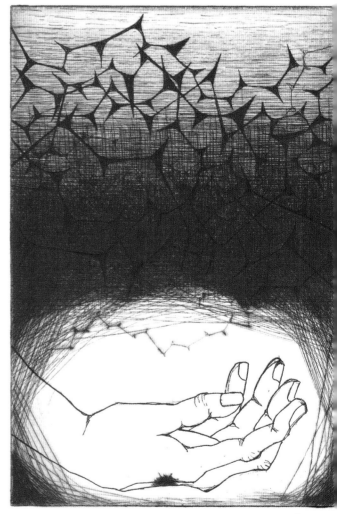

新バビロニア帝国のネブカデネザル王（ネブカドネツァル王）はエレミヤが監視の庭に捕えられていると知りました。
ユダの人々はエレミヤが語る神様のことばが気に入らなかったので、監視の庭に閉じ込めていたのです。エレミヤはそこにある水溜めの中に入れられたこともありました。

ネブカデネザル王（ネブカドネツァル王）はエレミヤをそこから出し、自由にしました。

もっと教えて！

なぜ、いつまでも私たちを思い出さずこれほど長く捨てておかれるのですか。

なぜ、いつまでも私たちをお忘れになるのですか。私たちを長い間、捨てておかれるのですか。

（新改訳 2017）

（聖書協会共同訳）

（哀歌　5章20節）

イスラエルは、バビロンに敗北し、神殿を壊され、国を追われ、生活も困窮しました。人々は神様から捨てられたと感じ、嘆き悲しんでいました。「私たちを思い出さず」という問いは、神様への失望と悲しみの表れです。しかし、単なる嘆きの言葉だけでは終わりませんでした。次の節には、「主よ、御もとに立ち帰らせてください。わたしたちは立ち帰ります。」（哀5:21）という祈が記されています。

彼らは、困難の中でも神様に頼り、神様の憐れみを願っていました。（マタ11:28）（ロマ8:28）（Ⅰコリ10:13）（Ⅱコリ1:4）（ヘブ4:15-16）（ヤコ1:2-3）

「神は真実な方です。あなたがたを耐えられないような試練に遭わせることはなさらず、試練と共に、それに耐えられるよう、逃れる道をも備えていてくださいます。」

（コリントの信徒への手紙一 10章 13節）

祈りましょう

天の父なる神様。
あなたは、私たちを見捨てず、耐えられない試練にあわせることをなさらないお方であることを
感謝します。
愛する主イエス・キリストのお名前によって
お祈りします。

哀歌

【哀歌とは】

「哀歌」は旧約聖書に含まれる一連の詩集で、紀元前 587 年のバビロニア帝国によるエルサレム陥落とエルサレム神殿の破壊を嘆く内容です。この中には 5 つの歌が収められており、第 1 〜第 4 の歌は、ヘブライ文字のアルファベット順になっていて、それぞれが「いろは歌」の形式になっています。第 1 章では、エルサレムの破壊と人々の悲しみが描かれています。第 2 章では、神様の怒りがエルサレムに向けられる様子が表現されています。第 3 章では、作者の苦しみと神様の憐れみに焦点が当てられています。第 4 章では、エルサレムの破壊後の惨状が描写されています。第 5 章では、エルサレムの復興への希望が語られています。

哀歌は、悲しみの詩ですが、希望の詩でもあります。作者は、神様の愛を信じ、エルサレムの復興を願っています。哀歌は、私たちに、困難や悲しみの中でも信仰を持ち続け、希望を捨てずに生きることの大切さを教えてくれます。

（出典は巻末）

考えたり、話し合ったり、覚えたりしてみよう！
第43課のキーポイント！

□ 1.「哀歌」はバビロニア帝国による、どういったできごとを嘆いた詩集？

□ 2. 第 1 〜第 4 の「いろは歌」はどんな形式？

□ 3. 哀歌は「悲しみの詩」と言われるけど、何の詩でもある？

□ 4. 作者は何を願ってる？

□ 5.「哀歌」は私たちにどう言ったことを教えている？

※答えは巻末の 152 ページにあります。

第44課 ライオンの穴から救われたダニエル
捕囚中の民を励ます神（ダニエル書）

ダニエルたちがバビロンに連れていかれた時は、彼らはまだ少年だったと考えられる。

南ユダ王国ではエホヤキム（ヨヤキム）が王の時代、バビロンのネブカデネザル（ネブカドネツァル）王が大軍とともにエルサレムを包囲しました。

ネブカデネザルは、神殿にある聖なる器具をバビロンに持ち帰りました。また、イスラエル人の中から健康で美しく、知識も知恵もある優秀な青年たちを選び、連れていきました。その中に、ダニエルと3人の仲間、ハナヌヤ、ミシャエル、アザルヤがいました。

青年たちはバビロンの名前に改名され、バビロンの国の言葉や文学を学ばされました。王は自分の食べるごちそう、飲み物の中から、彼らに食事を分け与えようとしました。けれど、この4人の青年は自分たちが信じる神様に喜ばれない食べ物、飲み物を断りました。それでも、ほかのだれよりも血色がよく、健康でした。

神様はこの4人に特別な知識、知恵、理解力を与えました。ダニエルはだれにも解き明かすことのできなかった王の夢をみごとに言い当て、その意味も説明しました。王はダニエルを高い位につけ、バビロンの全州をおさめさせました。バビロンの名前に改名された3人の仲間、シャデラク（シャドラク）、メシャク、アベデ・ネゴ（アベド・ネゴ）にも高い地位が与えられました。

ネブカデネザル王は高さ30メートルもある金の像を立てました。音楽の合図で人々は像の前にひれ伏し、拝まなければなりません。拝まない者は燃える火の炉に投げ込まれます。シャデラク、メシャク、アベデ・ネゴは金の像を拝みませんでした。
王は激しく怒り、3人に言いました。「おまえたちはわたしの神々に仕えず、金の像を拝まないと聞いたが本当なのか。本当なら、おまえたちを火の炉に投げ込む。おまえたちを救える神はどこにもいない！」
彼らはこたえました。
「王様。私たちの神様は私たちを救うことができます。けれど、たとえそうでなくても私たちは、あなたの神々に仕えることはなく、あなたのお立てになった金の像を拝みません」
いつもより7倍も熱くされた火の炉の中に3人は投げ込まれました。あまりの熱さに彼らを投げ込んだ者たちが焼け死にました。

ところが王が見ると3人が縄を解かれて歩いているではありませんか。そしてもうひとり、神のようなお方が……。王は叫びました。
「シャデラク、メシャク、アベデ・ネゴ、神の僕たち、出てきなさい」
　3人は焼かれたようすはまったくありません。王は言いました。
「シャデラク、メシャク、アベデ・ネゴの神は、なんとすばらしいことか！　御使いを送り彼らを救われた。彼らは王の命令であっても自分たちの神以外のものを拝まなかった。彼らの神を侮る者はゆるされない。」

　ネブカデネザルが死ぬと息子のベルシャツァルが王になりました。バビロンはメディア人ダイレオスによって滅ぼされ、ダニエルはダイレオス王に仕えることになりました。ダイレオス王はダニエルを信頼し全国を治めさせようと考えました。ところが他の大臣たちはおもしろくありません。そこで彼らは考えました。
「王様。30日間あなた様以外のどんな神にでも、祈りをしてはならない、もし祈ったならライオンの穴に投げ込まれるという決まりを作りました。サインしてください。」
ダイレオス王が、これにサインをしたので、もう変更はできません。

　ダニエルは、このことを知りましたが、いつものように日に3度ひざまずいて神様に祈り感謝しました。ダニエルの部屋の窓はエルサレムにむかって開いていました。
　ダニエルは捕えられました。ダイレオス王は心を痛め、なんとかダニエルを救えないかと努力をしましたが、むだでした。
「おまえが仕えている神がおまえを救ってくださるように！」
その晩、王はまったく眠ることができませんでした。

　東の空がうっすら明るくなったころ、王は急いでライオンの穴に向かいました。そして、声を絞り出すように「生きている神の僕べダニエル、おまえがずっと仕えてきた神は、おまえをライオンから救ってくださっただろうか？」
すると───
「王様！　私の神は御使いを送ってライオンの口をふさいでくださいました。王様、私は神にもあなたにも何も悪いことはしていません」
　ダイレオス王はたいへん喜び、ダニエルはさっそく穴から引きあげられました。ひとつの傷もありません。ダニエルは神様を信頼していました。
　かわりにダニエルを殺そうとした者たちが穴に投げ込まれ、彼らは底に落ちる前にライオンにかみ砕かれました。
　ダイレオス王は全国に手紙を送りました。
「ダニエルの神は生きておられる。永遠に変わらないお方だ。
　その国は滅びない。その主権はずっと続き、人を救い自由にされる。
　天でも地でも奇蹟を行い、ダニエルをライオンから救い出された！」

もっと教えて！

第44課　ライオンの穴から救われたダニエル
捕囚中の民を励ます神（ダニエル書）

> 見よ、
> 人の子のような者が
> 天の雲に乗って来て
> 見よ、
> 人の子のような方が
> 天の雲とともに来られた。
>
> （新改訳2017）
> （聖書協会共同訳）

（ダニエル書　7章13節）

ダニエルは、神様からこの世の終わりに関する幻を示されました。「人の子のような者（方）」は、のちの再臨のキリストに結び付けられます。主イエスは御自身を「人の子」と呼び、その幻の意味を明らかにされました。また、「天の雲」は神様の臨在を表す言葉として用いられます。この聖書箇所は、イエス・キリストが神様の権威と力をもって天から降臨し、地上を治める王となることを示していると考えられます。

「見よ、その方が雲に乗って来られる。すべての人の目が彼を仰ぎ見る」（黙示録1章7節）

祈りましょう

♩ 天の父なる神様。イエス様が天の雲に乗って来られる日を待ち望みます。その日が来るまで、希望と感謝をもって、神様を愛し、隣人を愛する者として生きて行くことができますように。愛する主イエス・キリストのお名前によってお祈りします。

黙示文学

黙示文学は、後期ユダヤ教や初期キリスト教で発達した文学で、象徴的な言葉や表現で未来の出来事や神様の計画を述べています。旧約聖書の「ダニエル書」はダニエルが捕囚で連れて行かれたバビロンの地で、幻を見て未来を知らされ、信仰を守る話しです。「ゼカリヤ書」は神様の約束とエルサレムの再建を語り、「エゼキエル書」は神様の力と愛を示し、イスラエルの復興を描いています。

新約聖書には「ヨハネの黙示録」があり、幻の中で終末の出来事と神様の勝利が語られ、信仰の力と希望が示されます。

これらの書物は、未来への信仰と希望をはぐくみ、神様の愛と計画を理解するための重要な手がかりとなります。

（出典は巻末）

ダニエル

【聡明なダニエルと三人の仲間】

ダニエルはバビロンに連れて行かれたユダヤ人で、若い頃から知恵と信仰に秀でていました。夢を解釈する特別な能力も与えられており（ダニ 1:17）、バビロンの王ネブカデネザル（ネブカドネツァル）から重要な役職に任命されました（ダニ 1:19）。ダニエルの三人の仲間も、信仰を守りながら王に仕え、それぞれシャデラク（シャドラク）、メシャク、アベデ・ネゴ（アベド・ネゴ）というバビロニア風の名を与えられました（ダニ 1:7）。王が巨大な金の像を建て、それを拝むように命じたとき、彼らは真の神様だけを信じる信仰を持っていたため、王の命令を拒否しました（ダニ 3:1-18）。このため、王は彼らを火の中に投げ込みました（ダニ 3:19-23）。しかし、神様は彼らを守り、彼らは無傷で生き延びました（ダニ 3:24-27）。これは彼らの信仰と神様への信頼が報われた瞬間で、王も神様を認めました（ダニ 3:28-30）。ダニエルと三人の仲間は、バビロンの王に仕えながらも、自分たちの信仰を曲げず、神様に忠実に従った勇敢な人々でした。

【ダニエルが仕えた王】

預言者ダニエルは、バビロン、メディア、ペルシアの王に仕えました（ダニ 1:21, 5:13, 6:3-4）。最初の王はネブカデネザル（ネブカドネツァル）で、ダニエルは夢の解釈で王を助け、高い地位が与えられました（ダニ 2:1-49, 4:1-34）。次にベルシャツァル王の時代に、壁に書かれた文字を解読しました（ダニ 5:1-30）。

メディアのダレイオス王の時代には、ライオンの穴に投げ込まれましたが、神様に守られました（ダニ 6:1-25）。

また、ペルシアのキュロス王にも仕え、神様の知識を示し、国を支える賢明な助言をしました（ダニ 1:21, 6:29）。

ダニエルの忠誠心と神様からの知恵は、彼が仕えた王たちに感銘を与えました。彼の生涯は、信仰と知恵に基づく神様への忠実さがどれほど重要で影響力のあるものであるかを示しています。

夢の解き明かし

【ネブカデネザル（ネブカドネツァル）王の夢の解き明かし】

　ある時、ネブカデネザル王は、頭が金、胸と腕が銀、腹と腿が青銅、すねが鉄、足は一部が鉄、一部が陶土でできた像の夢を見ました。（ダニ 2:1-15）ダニエルは、神様からの知恵を得て、王の夢を正確に言い当て、さらに金の頭は新バビロニア帝国を表し、銀・青銅・鉄と陶土はその後に興るより劣った帝国を表し、最終的にこれらは永遠に続く神の王国によって滅ぼされるだろうと解き明かしました。（ダニ 2:16-45）ダニエルの解釈は、王の信頼を得るとともに、神様を信じる人々を助けることになりました。（ダニ 2:46-49）

壁の文字

【ベルシャツァル王宴会の壁に描かれた謎の文字】

　バビロンの王ベルシャツァルは豪華な宴会を開き、酒を飲んでいました。その時、人の手の指が突然現れて、壁に謎の文字を書き始めました。しかし、誰にも、その字を読むことができませんでした。（ダニ 5:1-9）その場に呼ばれたダニエルは、神様からの啓示によって、その謎を解き明かすことができました。（ダニ 5:10-24）文字は「メネ、メネ、テケル、パルシン」と書かれており、意味は「数えられた、数えられた、秤にかけられた、分かち与えられた」というものでした。（ダニ 5:25-28）これは王国の終焉と審判の時が近いとの神様からの警告でした。王はその夜に殺され、王国は滅びました。（ダニ 5:28-30）この出来事は、人間の力には限界があり、どんなに強大な王であっても、神様の前には無力であること、神様の言葉は、真実であり、必ず実現することを示しています。

幻

【4頭の獣の幻・雄羊と雄山羊の幻・終わりの日の幻】

　ダニエル書には、ダニエルが「4頭の獣の幻」（ダニ 7:1-18）「雄羊と雄山羊の幻」（ダニ 8:1-27）「終わりの日の幻」（ダニ 10:1-12:13）を見たことが記されています。これらの幻は、歴史的な出来事と終末論的な出来事の両方を預言しているといいます。歴史的な出来事としての解釈では、「4頭の獣の幻は」、バビロニア、メディア・ペルシャ、ギリシャ、ローマ帝国を表しているとされています。これらの帝国は、相次いで興亡し、ダニエルの民であるユダヤ人を支配しました。また、雄羊と雄山羊の幻は、後のメディア・ペルシャ帝国とギリシャ帝国との戦いを預言しているとされます。これは将来の出来事を示すもので、神様の国の到来や最終的な審判を表しています。「終わりの日の幻」は、人々に神様の計画と最終的な救いを説明しています。ダニエルは、信仰をもって神様の御業を待ち望む重要性を人々に伝えました。（出典は巻末）

なぜ？

なぜダレイオス王は、ダニエルをライオンの穴から救いだそうと努力したの？

　ダレイオス王は、ダニエルを信頼しており、高い地位に任命していました。しかし、王の側近たちはダニエルに嫉妬し、ダニエルを陥れるための法律を王自身に布告させました。王は騙されたことに気づき、ダニエルを助けようと努力しました。しかし、王は、自分の出した命令を変えることができず、やむなくダニエルをライオンの穴に投げ込むように命じました。神様はダニエルをライオンの穴で守り、無傷のまま助けました。王は、ダニエルの無傷の姿を見て、神様の偉大な力と奇跡に感動しました。

考えたり、話し合ったり、覚えたりしてみよう！
第44課のキーポイント！

□ 1. ダニエルと、3人の仲間は、健康で美しく、知識も知恵もある優秀な青年なの？

□ 2. シャデラク、メシャク、アベデ・ネゴが火の炉の中に投げ込まれて、彼らはどうなった？

□ 3. (2) の結果、王様は何と言った？

□ 4. ダニエルがライオンの穴に投げ込まれて、彼はどうなった？

□ 5. (4) の結果、ダニエルを殺そうとした者たちはどうなった？

□ 6. (4) の結果、ダレイオス王は全国にどんな内容の手紙を送った？

□ 7. 「黙示文学」とは何？

□ 8. 「黙示文学」は旧約聖書では「ダニエル書」、「ゼカリヤ書」、「エゼキエル書」があるが、新約聖書の一番最後にある黙示文学の巻名は何？

※答えは巻末の 152 ページにあります。

第45課 バビロン捕囚民となった預言者エゼキエル

枯れた骨の復活（エゼキエル書）

　バビロンがユダに攻め入ったとき、エゼキエルは人々とともにバビロンに連れていかれました。エゼキエルは祭司の家に生まれましたが、祭司の働きを始める前にエルサレムを離れることになったのです。

　ある日、エゼキエルがケバル川のほとりにいると天が開け、4つの生き物の幻を見ました。そのときから、エゼキエルはイスラエルの見張りとして神様のことばを伝える預言者とされました。

　イスラエルの民は相変わらず神様のきらうことばかりをしていました。これまで何人の預言者が神様のことばを伝えてきたでしょう。けれど、人々は神様のことばを聞こうとはしませんでした。

　神様はエゼキエルにエルサレムの幻を見せました。人々は神殿の中でも外でも大々的に偶像礼拝をしていました。神様はそのようすをご覧になり、とうとう神殿から離れていったのです。

　神様は彼らを見捨てたのでしょうか。神様はこのように言われました。「わたしはあなたたちを遠い外国に追い散らした。しかし、神殿のない国で、わたしがあなたたちの聖所となる。そして散らされた国から、あなたたちを集めて連れ戻す。もう一度イスラエルの地を与えよう。そのときには偶像をすべて取り除き、あなたたちの内側に新しい霊を与える。石の心を取り除き、かわりに柔らかな心を与えよう。あなたたちはわたしのおきてを守り行ない、わたしの民となり、わたしもあなたたちの神となる」

　そうです。神様は彼らを見捨てたのではなく、しばらくは苦しむことになるけれど、その時でさえいっしょにいてくださると約束をくださったのです。

　ところが神様が神殿を去った後も人々は「自分たちはすぐに国に帰れる」と思っていました。それは神様からのことばではなく、自分の考えを語っている偽物の預言者の言葉を信じたためです。彼らは、そのようにどこまでも神様を悲しませました。そして、ついにエルサレムはバビロンによって滅ぼされたのでした。

神様がエゼキエルをある谷に連れて行きました。そこは骨、骨、骨……カラッカラに干からびた骨だらけでした。神様はエゼキエルに言いました。

「骨が生き返ると思うか？　骨に言いなさい。『干からびた骨よ。わたしがあなたたちに息を吹き入れるので、あなたたちは生き返る。筋をつけ、肉を生じさせ、皮膚でおおい、息を与える。そしてあなたたちは生き返る。あなたたちは、わたしが主であることを知るだろう』と。」

　エゼキエルは神様に命じられたとおりに骨にむかって言いました。するとカタカタと音がします。音はどんどん大きくなり谷にひびきわたります。骨と骨が互いに近づいて、くっつき、つながり、筋がついて肉が生じ、つぎつぎと皮膚がおおっていきます。けれど、まだ息をしていません。神様が言いました。

「エゼキエルよ。息に命じなさい。『息よ、来い。殺されたものが生き返るように彼らの中に入れ！』と。」

　エゼキエルがそのとおりにすると、息が彼らの中に入り彼らは立ち上がりました。生き返ったのです！　それはものすごい人数でした。神様は言われました。

「これらはイスラエルだ。彼らは『私たちの骨は干からびてしまった。もう希望も将来もなくなってしまった』と嘆いている。彼らに預言して言いなさい。『主なる神様が言われる。わたしの民よ、わたしは墓を開いて、あなたたちを墓から出してイスラエルの地へと連れ帰る。あなたたちは、わたしがあなたたちの主であることを知るだろう。それだけではなく、あなたたちにわたしの霊を入れよう。あなたたちは生きて、あなたたちの地に住む。これは、あなたたちの主であるわたしのことばだ。そして彼らは二度と二つの民に分かれることはない。二つの国に分裂しない。偶像礼拝やわたしのきらうことで、もう自分を汚すことはない。』」

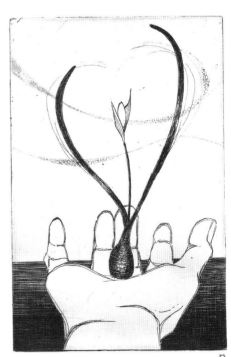

　羊には羊飼いが必要なように、国にも正しく導く人が必要です。でもイスラエルの国には、そのような人がいなかったのです。そのため自分の国から連れ出され他の国々に散らされてしまいました。でも神様はご自分が羊飼いのように人々を探し出し、ご自分のもとに集めると言われました。そして、やがて一人の素晴らしい羊飼いなる人を送ると約束されました。
　その方こそイエス・キリストです。

もっと教えて！

第45課　バビロン捕囚民となった預言者エゼキエル

枯れた骨の復活（エゼキエル書）

私があなたがたの中に霊を与えると、あなたがたは生き返る。

（聖書協会共同訳）

わたしがあなたがたのうちにわたしの霊を入れると、あなたがたは生き返る。

（新改訳2017）

（エゼキエル書　37章14節）

神様はイスラエルの民に、御自分の霊を彼らの中に置くことで、彼らが新たな生命を得ることを約束しました。ここでいう「霊」は神様の霊であり、肉体的な生命に加えて霊的な生命、つまり神様との関係を回復することを指しています。神様が御自分の霊を人々に与えることで、彼らは霊的に生き返り、神様との関係を回復することができるのです。

これは神様の救いと回復の約束です。「イエスは言われた。「わたしは復活であり、命である。わたしを信じる者は、死んでも生きる。生きていてわたしを信じる者はだれも、決して死ぬことはない。このことを信じるか。」

（ヨハネ福音書 11章25-26節）

【バビロンで捕囚民を励ましたエゼキエル】

エゼキエルは紀元前6世紀頃のバビロン捕囚時代における預言者です。彼は、他のユダヤ人たちと共にバビロンに捕囚されましたが、神様からの召命を受けて、バビロンの捕囚民に悔い改めと希望をもたらしました。（エゼ1:1-3）エゼキエルは神様がいつも彼らと共にあり、悔い改めて神様に立ち帰る者には、新しい未来を築いてくださると伝えました。（エゼ33:11-16）（エゼ34:1-31）このエゼキエルの語りかけは、捕囚された人々に大きな希望を与え、神様が自分たちを見捨てないことを確信させ、困難な状況を乗り越えて国を再建するための力を与えました。

（出典は巻末）

【エゼキエルが見た神の幻】

エゼキエルは、幻の中で、火の中で金の輝きを発している神様の玉座を見ました。（エゼ1:4）神様の玉座は、四方に向く車輪の上に載っており、四つの顔を持つ四つの生き物によって囲まれていました。（エゼ1:5-28）この不思議な光景は、神様の力と栄光を象徴していました。

この幻は、祭司であったエゼキエルに預言者としての使命を確信させ、励ますものとなりました。（エゼ2:1-3:15）預言者エゼキルは捕囚民たちに希望を与え、神様の計画が進行中であることを伝えました。

祈りましょう

天の父なる神様。イエス様は復活であり、命です。神様は私たちにイエス様を通して新しい命を与えてくださいました。私たちがこの恵みを忘れないようにお導きください。愛する主イエス・キリストのお名前によってお祈りします。

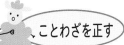

ことわざを正す 【父たちが、酸いぶどうを食べたので子どもたちの歯がうく】（エゼキエル18:2 口語訳）

当時、ユダヤ人の間には、「父たちが、酸いぶどうを食べたので子どもたちの歯がうく」ということわざがありました（エゼ18:2）。このことわざは、父親の罪が子どもに連帯し、子どもたちが父親の罪の報いを受けることを意味していました。しかし、神様は、エゼキエルを通してこの考え方を正し、子どもたちは自分の行いによってのみ罰を受けることを示しました。エゼキエルは「子どもたちは自分自身の罪によって罰を受ける。父親の罪が、子どもに連鎖して報いを受けることはない」と告げたのです（エゼ18:19-21）。

これは神様の愛と正義を示し、過去の世代の罪が子どもたちを罰するという当時の考え方を否定しました。

メシア預言 【わたしは彼らの上にひとりの牧者を立てる。すなわちわが僕ダビデである。彼は彼らを養う。彼は彼らを養い、彼らの牧者となる。】（エゼキエル34:23 口語訳）

エゼキエルは、ダビデ王の子孫から、羊の群れを愛する牧者のように人々を守り導くメシア（救い主）が現れると預言しました。

イエス・キリストは、ダビデの子孫として生まれ、十字架で死んで復活し、私たちの罪を赦し、永遠の命を与えてくださいました。

エゼキエルの預言は、イエス・キリストの到来を預言したものと解釈することができ、私たちに希望と救いのメッセージをもたらします。私たちは、イエス・キリストの愛と導きによって、困難を乗り越え、真の命を見つけることができるのです。

希望の預言 【わたしは新しい心をあなたがたに与え、新しい霊をあなたがたの内に授け、あなたがたの肉から、石の心を除いて、肉の心を与える。】（エゼキエル36:26 口語訳）

神様はイスラエルの民の心を「石の心」と表現されました（エゼ11:19、36:26）。人々の心は、岩のように、硬く偏屈でした。愛も憐れみも感じられません。人々の心は神様から離れ、もはや神様を愛することも神様に従うこともできませんでした。このような人々に対して、神様は新しい心、肉の心を与えると約束されました。肉とは、柔らかく、しなやかで、「肉の心」は愛と憐れみを感じることができます。神様は、人々が神様を愛し、再び神様に従うことができるように、柔らかい心を持つことを望まれたのです。

なぜ？

なぜキリストの「聖霊降臨日（キリストの復活と昇天の後に弟子たちに聖霊が降った日：新約聖書『使徒言行録』2章1節 - 42節）」には「枯れた骨の復活」の話が教会で語られるの？

「聖霊降臨日（ペンテコステ）」は、イエス・キリストの復活と昇天の後、弟子たちに「聖霊」が臨んだことを記念する日です（使2:1-42）。「枯れた骨の復活」の幻（エゼ37:1-14）では、神様が枯れ果てた骨の山をエゼキエルに見せます。神様に促されるままにエゼキエルが骨たちに預言すると、骨は集まり肉が生じ、霊が吹き込まれて復活します。これは、聖霊が、ペンテコステのときに弟子たちにしてくださったように、霊的に乾いて死んだ状態である人々に「いのち」を吹き込むことができることを象徴しています。また、イエス・キリストが死んだ後に復活したように、私たちもイエス・キリストを信じることで、肉体的には死んでも、復活し永遠の命を得られることを教えています。

「枯れた骨の復活」の幻は、聖霊の力、神様の臨在、そして復活の希望を私たちに力強く思い起こさせてくれるのです。「これらの骨に向かって、主なる神はこう言われる。見よ、わたしはお前たちの中に霊を吹き込む。すると、お前たちは生き返る。」（エゼキエル書37:5） 　　　（出典は巻末）

考えたり、話し合ったり、覚えたりしてみよう！

第45課のキーポイント！

□ 1. エゼキエルはどんな家に生まれた？

□ 2. 神様がエゼキエルを「枯れた骨」のある谷に連れて行き、干からびた骨に何と言えと言った？

□ 3. （2）の後、骨と骨がつながり、その後どうなった？

□ 4. （3）の後、神様はエゼキエルに、まだ息をしていない骨に向かって、何と言えと言った？

□ 5. 他のユダヤ人たちと共にバビロンに捕囚されたエゼキエルは、捕囚民に何をもたらした？

□ 6. 神様はイスラエルの民の心を「石の心」と表現された。「石の心」とはどんな心？

□ 7. 神様は新しい「肉の心」を与えると約束された。「肉の心」とはどんな心？

※答えは巻末の152ページにあります。

第46課　エルサレムに帰り神殿を再建する
（エズラ記・ハガイ書・ゼカリヤ書）

　ペルシャの王キュロス（クロス）は「ユダの民は自分の国に帰り、もう一度エルサレムに神殿を建てるように」とおふれを出しました。神様がキュロスの心を動かされたのです。これらのことはキュロスが生まれるはるか前にエレミヤやイザヤが預言していました。

　ユダ族、ベニヤミン族、祭司、レビ人たちはエルサレムに向けて出発しました。ペルシャに残る人々は金や家畜、宝物などで帰る人々を助け、キュロス王もかつてネブカドネツァル王がエルサレム神殿から持ち帰った物を返しました。

　人々はエルサレムに集まり、ヨシュア（イエシュア）とゼルバベルはモーセの律法に書かれているように祭壇を築きました。いけにえをささげるためです。また仮庵の祭りも祝いました。

「仮庵の祭り」については、45ページの「三大祭り」を参照。

　それから石工、大工を雇い、杉材を買いました。エルサレムに帰った翌年の第二の月、工事は始まりました。神殿の土台が完成したとき、人々はラッパやシンバルをもって神様をほめたたえました。けれど喜びの叫びの中に泣き声が聞こえるではありませんか。ソロモンの神殿を知っている人たちは、かつての荘厳な神殿と比べて悲しくなったのです。喜びと悲しみの混ざり合った、その叫び声は遠くまで聞こえました。

　順調に始まったと見えた工事でしたが、敵の妨害によって中断させられてしまいました。

　すると預言者ハガイとゼカリヤが、神様のことばを伝えるためにやってきました。ゼルバベルととヨシュアは奮い立ち、工事は再開されたのです。ハガイとゼカリヤは、その後も彼らのそばにいて励まし続けました。

ユーフラテス川西側地域の総督タテナイは、神殿工事を見てダレイオス王に手紙を書きました。キュロス王の許可で再建しているという彼らの言葉は真実なのか確かめてほしいと。

バビロンの書庫でキュロス王のおふれが発見され、ダレイオス王は次のように返しました。「神の神殿の工事を邪魔してはいけない。工事にかかる費用を支給し、いけにえの動物や食料を毎日欠かすことなく与えるように。」それは全面的な助けを命じるものでした。

イスラエルの神様の命令、ペルシャの王キュロス、ダレイオスの命令によって、ついに神殿は完成しました。
ダレイオス王第6年のことでした。

もっと教えて！

あなたの王があなたのところに来る。彼は正しき者であって、勝利を得る者。へりくだって、ろばに乗って来る。雌ろばの子、子ろばに乗って。
（聖書協会共同訳）

見よ、あなたの王があなたのところに来る。義なる者で、勝利を得、柔和な者で、ろばに乗って。雌ろばの子である、ろばに乗って。
（新改訳2017）

（ゼカリヤ書　9章9節）

ダレイオス王の時代に、預言者ゼカリヤは、神様から「正しい王、勝利をもたらす王」がやって来るという幻を示されました。その王は勇敢な姿ではなく、へりくだって、ろばに乗って来ました。高貴な人は馬に乗るものであり、ろばは貧しい人々が荷物運びや乗り物として使う動物でした。

この預言は、主イエスがエルサレムに入城された際に成就しました。「その翌日、祭にきていた大ぜいの群衆は、イエスがエルサレムにこられると聞いて、しゅろの枝を手にとり、迎えに出て行った。そして叫んだ、『ホサナ、主の御名によってきたる者に祝福あれ、イスラエルの王に』。イエスは、ろばの子を見つけて、その上に乗られた。それは『シオンの娘よ、恐れるな。見よ、あなたの王がろばの子に乗っておいでになる』と書いてあるとおりであった。」（ヨハネ福音書 12章 12-15節）（口語訳）
（マタ 21:1-11、マコ 11:1-11、ルカ 19:28-40、ヨハ 12:12-19）

祈りましょう

天の父なる神様。私たちの罪を贖ってくださるため、まことの王であられるのに、ご自分を低くされ、へりくだって子ろばに乗って来られたイエス様の愛に感謝します。愛する主イエス・キリストのお名前によってお祈りします。

考えたり、話し合ったり、覚えたりしてみよう！

第46課のキーポイント！

□ 1. ペルシャのキュロス（クロス）王は、ユダの民に何と言うおふれを出した？　□ 2. 神殿の土台が完成して、人々が喜び叫ぶ中に、泣き声が聞こえたのはどのような人たちのどう言った心の悲しみ？　□ 3. 敵の妨害によって工事が中断した時、励ましに来た預言者二人は誰と誰？

※答えは巻末の152ページにあります。

第47課 ユダヤ人の絶滅を防いだエステル
勇気ある美しき王妃の決断
（エステル記）

バビロンの王ネブカドネツァルは南王国ユダの人々をバビロンに連れて行きましたが、その後バビロンはペルシャによって滅ぼされました。

ペルシャのキュロス王は彼らが自分の国に帰ることを許しましたが、ペルシャに残った人々も多くいました。その中にエステルとモルデカイがいます。モルデカイは王宮で仕えながら、両親を亡くしたエステルを養女として育てていました。モルデカイとエステルは、いとこにあたります。

ペルシャの王がダレイオスからクセルクセスに代わって3年目、王は宴会を開きました。王宮は美しく飾られ、モザイクの床に金銀の長いすが置かれました。大臣、家来、ペルシャ127州の首長たちが招かれ、盛大な宴会は180日続きました。

宴会7日目のこと、酒に酔ったクセルクセス王は、王妃ワシュティに来るよう命じました。美しい王妃を集まった人々に見せたかったのです。でも、ワシュティが断ったため王はかっとなり、ワシュティを王妃の座から追放しました。

ところが怒りが落ち着くと、王はワシュティを追い出したことを後悔しはじめました。そこで新しい王妃を選ぶことになりました。

国中から集められた美しい娘たちの中にエステルもいました。王はすべての娘たちの中でエステルを一番愛し、エステルが新王妃に選ばれたのです。

ある日、エステルの養父モルデカイは、二人の人物が王を殺そうと計画していることを聞き、すぐ王妃エステルに告げました。エステルがそれを王に知らせ、二人は死刑となりました。その事件はモルデカイの名とともに王の前で記録されました。

その後、王はアガグ人ハマンを高い位につけました。だれもがハマンにひざをかがめ、ひれ伏す中、モルデカイはそうしません。モルデカイにとって、ひれ伏すのは神様だけなのです。

怒り狂うハマンはモルデカイを罰するだけでは足りず、すべてのユダヤ人を滅ぼすことを決めました。そして、プル（くじ）で、約一年後にユダヤ人は殺されることとなりました。モルデカイはもちろん、ユダヤ人に大きな悲しみと嘆きが起こりました。王もハマンの決定に同意しました。王はエステルがユダヤ人であることを知らなかったのです。

モルデカイはエステルにこう伝えました。
「ユダヤ人が滅ぼされることになった。王に助けを求めてほしい」
エステルの返事は——「だれであっても王に呼ばれずに王のところに行けば
死刑です。王が金の笏を差し出せば生きることができますが、私はこの
30日間、王から一度も呼ばれていないのです」
モルデカイはさらに続けます。「おまえは王宮にいるから自分は助かると
思うな。おまえが王妃となったのは、おそらくこの時のためなのだろう」

エステルは心を決めました。
「ユダヤ人を集めて私のために3日間断食をしてください。私も断食します。
そして王の前に出ます。たとえ死刑になるとしても私は行きます」

3日目、エステルは王の前に進み出ました。王がエステルに目を留め
ました。はたして金の笏は……？
「エステル、どうしたのだ？　おまえの願いはなんだ？」金の笏は
差し出されたのです。
「きょう、王様のために宴会をいたします。ハマンとともに
お越しください」

王はハマンと宴会に出かけました。
「エステル。おまえの願いはなにか？　かなえてやろう」
「それでは明日もハマンと宴会にいらしてください。
明日こそ私の願いを申し上げます」
その日ハマンは良い気分で帰りましたが、王宮の門でモルデカイを見て、またも
怒りが湧いてきました。でも、ぐっとがまんし、妻や友人たちを集めて自慢話をは
じめました。
「私は富も息子もたくさん持っている。そして今や王だけでなく王妃にまで特別に重
んじられている。あのモルデカイさえいなければ、すべてが輝いている」
それを聞いてみなが提案しました。
「明日、王妃の宴会に行く前にモルデカイを50キュピトの柱で死刑にしたら良いの
では？」

その晩、王はなぜか寝つけませんでした。それで記録の書を家来に読ませました。
すると二人の家来が自分を殺そうとしていたのをモルデカイが報告したとあります。
「モルデカイになにか褒美をやったか？」
「いいえ」

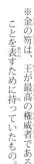

※金の笏は、王が最高の権威者であることを表すために持っていたもの。

1キュピットは人の肘から中指の先までの間の長さ。
50キュピットは20数メートルのとても高い柱である。

朝になり、ハマンがやってきたので王はハマンに聞きました。
「王が栄誉を与えたいと思う者にはどうすれば良いかな？」
　ハマンは自分のことだろうと考え、自分がしてもらいたいことを言いました。
「王様。その人に王服を着せ、王の馬に乗せてください。『王様が栄誉を与えたい者である！』と大臣に大声で言わせながら町の広場を通るのが良いでしょう」
「よし。急いで王服と馬を用意させよう」
　心の中で喜ぶハマンに、王は続けて言いました。
「おまえが言った通りのことをモルデカイにしなさい」
「え…！？」何が何だかわからないまま、ハマンは自分が王に言った通りモルデカイにするしかありませんでした。
　その悔しさを妻と友人たちに話すと、みなは言いました。
「あなたは、もうモルデカイに勝つことはできません。
彼がユダヤ人の子孫であるならば」
　そこへエステルの宴会への迎えがきました。

　王はエステルに尋ねました。
「おまえの願いは何なのか？」
「王様。私と私の民族を守って
いただきたいのです。
私たちは殺され、絶やされようとしています」
「そんなことを企んでいるのは
いったい誰なのか？」
「ここにいるハマンです」
ハマンは真っ青になり震えあがり、
王は激しく怒りだしました。
「王様。モルデカイのためにハマンが用意した
柱が立っています」家来が言うと、
「ハマンをその柱にかけよ！」
王の命令が下されました。

こうして、ユダヤ人は危機一髪のところで
絶滅をまぬかれたのでした。

※［没薬樹］
「おとめたちはおのおの婦人のための規定にしたがって十二か月を経て後、順番にクセルクセス王の所へ行くのであった。
これは彼らの化粧の期間として、没薬の油を用いること六か月、香料および婦人の化粧に使う品々を用いること六か月が定められていたからである。」エステル記 2:12（口語訳参照）

もっと教えて！

第47課　ユダヤ人の絶滅を 防いだエステル

勇気ある美しき王妃の決断（エステル記）

> このような時のためにこそ、あなたは王妃の位に達したのではないか。
> (聖書協会共同訳)
>
> あなたがこの王国に来たのは、もしかすると、このような時のためかもしれない。
> (新改訳 2017)

（エステル記　4章14節）

自己中心の思いを捨て、神様のために生きる人の姿をエステルに見ることができます。彼女は王の花嫁として整えられる時、最初の6ヶ月は没薬に浸りました。没薬は死者を埋葬する時に使われる香油です（ヨハ19:38-42など）。つまり彼女は自我に死んで王のために生きる訓練を受けたのでした。それは、自分の民が滅びるという危機を目前にして実を結びました。エステルは同胞の救いのため、死をもいとわず王の前へと進み出たのです。

エステルが王妃とされたのは、まさに「このような時のため」でした。

祈りましょう

天の父なる神様。
私たちの国に目を向け、あなたのあわれみと救いの恵みを注いでください。
愛する主イエス・キリストのお名前によってお祈りします。

時代背景 【ペルシャにそのまま残留したユダヤ人】

エステル記の時代は紀元前5世紀。クセルクセス王の元で、ペルシャは127州を統治する大帝国を築いていました（エス 1:1）。バビロンはすでにペルシャ帝国に滅ぼされ、多くのユダヤ人たちがエルサレムに帰還し、神殿の再建に励んでいました。一方で、ペルシャに留まったユダヤ人もおり、エステルもその一人です。クセルクセス王は、ユダヤ人に対して寛容な態度をとっていたと言われていますが、それでもユダヤ人への差別は存在していました。エステルは自身がユダヤ人であることを隠さなければならなかったのです。
（出典は巻末）

プリム祭 【ユダヤ人が絶滅の危機から救われたことを記念する祭り】

プリム祭は、ユダヤ人が絶滅の危機から救われたことを記念する祭りで、ユダヤ暦のアダル月、太陽暦の3月ごろに行われます。「プリム」は「くじ」を意味するペルシャ語に由来し、ペルシャの高官ハマンがユダヤ人を根絶やしにする月を決めるために投げた「くじ」にちなみます。

この祭りでは、人々は会堂に集まりエステル記を朗読し、エステルとモルデカイの勇気と信仰を学びます。こどもたちは仮装し、音楽や祝宴を楽しむ一方で、「ハマンタシェン（ハマンの耳）」と呼ばれる三角形のクッキーを食べる習慣があります。（出典は巻末）

考えたり、話し合ったり、覚えたりしてみよう！

第47課のキーポイント！

□ 1. エステルとモルデカイはユダヤに帰らないで、何と言う国に留まった？　□ 2. クセルクセス王は、王妃ワシュティに対してなぜ怒った？　□ 3. ハマンはモルデカイに対して、なぜユダヤ人を根絶やしにするほどに怒った？　□ 4. クセルクセス王は、眠れない夜に記録書を読んだ。その内容は？　□ 5. 宴会の時にエステルが王に願い出たことはどんなこと？　□ 6.（5）のエステルの願い出たことによって、ハマンはどうなった？　□ 7. ユダヤ人は絶滅をまぬかれた？

※答えは巻末の152ページにあります。

第48課 エルサレムに帰り 52日で城壁を修復する

(ネヘミヤ記)

ネヘミヤはペルシャのアルタクセルクセス王の献酌官でした。

あるときユダからやって来た親類のハナニがエルサレムの様子を伝えてくれました。それによるとエルサレムの城壁はこわされたまま、城門も焼き払われたままだというのです。

ネヘミヤは泣き崩れました。深い悲しみの中、断食をして神様に祈りました。「ああ、主よ、天の神様。あなたを愛し、あなたの命令を守る者に約束を果たしてくださる神様。私は夜も昼もイスラエルの民のために祈っています。私たちは罪を犯したので国々に散らされました。けれどもあなたに従うならエルサレムに連れ戻すとも言われました。どうぞ今、あなたの僕である私の祈りに耳を傾け、願いをかなえてください」

ネヘミヤがアルタクセルクセス王にぶどう酒をついでいると、王が聞きました。
「からだの具合が悪いのか？ それとも何か悲しいことでもあったのか？」
ネヘミヤは王にこたえました。
「王様。私の先祖の町が荒れ果てていると聞き、悲しまずにいられないのです。建て直すために、帰らせてくださいませんか」
王の許しが出たのでネヘミヤはエルサレムに戻り、壊れた城壁を調べて、工事に取りかかりました。

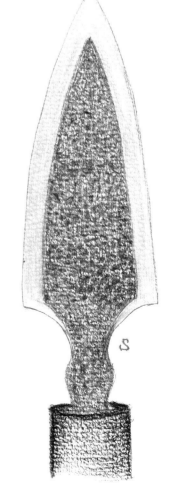

すると、サンバラテ（サンバラト）、トビヤという敵がやってきて「おまえたちはいったい何をやっているんだ？」とネヘミヤたちをあざ笑いました。ネヘミヤは彼らに言い返しました。

「天の神が私たちを成功させてくださる」

サンバラテたちが、工事を中止させようと攻めてくるので、民は槍や剣をもちながら工事をしました。ネヘミヤは言いました。

「工事は大きく広がってきているので、私たちは離れ離れになっている。角笛が聞こえたら集まろう。私たちの神が私たちのために戦ってくださる！」

敵は、あの手この手と邪魔をしてきましたが城壁はなんと52日で完成しました。神様が成功させてくださったのです。

もっと教えて！

あなたは恵みに満ち、憐れみ深い赦しの神。怒るに遅く、慈しみに富み彼らを見捨てることはなさいませんでした。
（聖書協会共同訳）

あなたは赦しの神であり、情け深く、あわれみ深く、怒るのに遅く、恵み豊かであられ、彼らをお捨てになりませんでした。
（新改訳2017）

（ネヘミヤ記　9章17節）

エルサレムの城壁が修復され、仮庵の祭り（ネヘ7:1）が終わった後、レビ人たちは民を代表して神（ネヘ8:17）様に罪の告白の祈りを捧げました。エジプト（ネヘ9:5）から導き出されたイスラエルの先祖たちは、荒野をさまよっていた時「エジプトでの苦役（出15:24）（出16:2）（出16:7）の方がましだった」と繰り返し不平を言いました。しかし、神様は恵み深く、怒るのに遅く、（出22:26）憐れみに富んでおられます。ですからイスラ（出34:6）エルの人々を見捨てることなく養い続け、約（申32:13）束の地へと導かれたのです。（申26:9）（申26:15）

祈りましょう

天の父なる神様。
あなたは恵みに満ち、憐れみ深い赦しの神であることを覚え、感謝します。
あなたの道を歩むことができるようにお守りください。愛する主イエス・キリストのお名前によってお祈りします。

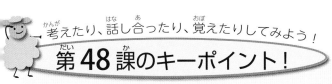

考えたり、話し合ったり、覚えたりしてみよう！

第48課のキーポイント！

□1. ネヘミヤはハナニからエルサレムのどう言った様子を聞いた？　□2.(1)のことを聞いたネヘミヤは泣き崩れ、悲しみの中、何をして神様に祈った？　□3. アルタクセルクセス王の許しが出て、ネヘミヤはエルサレムに戻り、何に取りかかった？　□4. 工事を中止させようと攻めて来た敵に対して、民は何を持ちながら工事をし続けた？

□5. 城壁は何日で完成した？

※答えは巻末の152ページにあります。

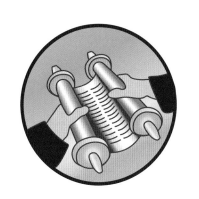

第49課　モーセの律法の学び

エズラとネヘミヤの宗教改革

（エズラ記・ネヘミヤ記）

　ペルシャの王がアルタクセルクセスであった時代、エズラという人がいました。エズラは祭司であり、モーセの律法にくわしい学者です。

　神殿が再建されて60年くらいたったころ、エズラは多くの民とともにエルサレムに戻りました。エズラの旅が守られるように、アルタクセルクセス王は手紙を書いてエズラに持たせました。神様が王の心に働きかけたからです。神様の守りの中、エズラたちは無事にエルサレムに到着しました。

　おどろいたことに、イスラエルの民は神様の律法を守らず生活をしていました。偶像を礼拝する民と結婚した者もいます。エズラは泣きながら、ひれ伏して神様に祈りました。するとイスラエルの男、女、子どもたちが、大勢がエズラのもとにやってきました。彼らも自分たちが神様に罪を犯してしまったことで泣いていました。

　※水の門に民が集まりました。みなエズラに律法の書を読んでほしいと願いました。そして夜明けから昼まで、みな神様のみことばを聞き続けました。
民は「アーメン、アーメン」と手を上げ、
ひれ伏して神様を礼拝しました。
神様が命じていることが、
どういうことなのか
わかったとき、
みな、さらにはげしく泣きました。

「水の門」とは、神殿の南側に位置する門の事。

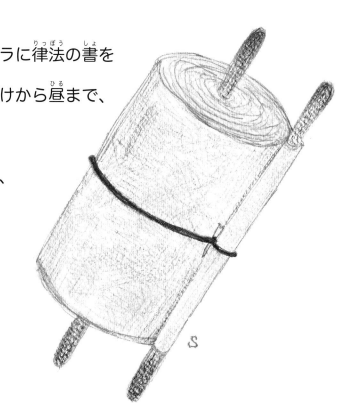

嘆く民にむかってエズラもネヘミヤも言いました。

「今日は、あなたがたの神、主の聖なる日である。だから泣いてはならない、悲しんではならない。ごちそうを食べなさい。食べ物のない人には分けてやりなさい。神である主を喜び祝うことこそが、あなたがたの力だ」

みなは、ごちそうを分け合い、食べて飲んで大いに喜びました。そして仮庵の祭りも行いました。先祖たちがエジプトから救い出されたこと、荒野での生活、神様がどのように守ってくださったのか、どのように導いてくださったのかを思い起こすためです。

祭りの最初から最後の日まで連日、律法の書が読まれました。

お祝いは7日間続きました。

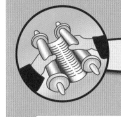

もっと教えて！

エズラは、主の律法を研究することと実践すること、イスラエルにおいて掟と法を教えることに専念した。
（聖書協会共同訳）

エズラは、主の律法を調べ、これを実行し、イスラエルで掟と定めを教えようと心を定めていた。
（新改訳2017）

（ エズラ記　7章10節 ）

エズラはエルサレム神殿の再建に取り組みました。それまでイスラエルは、バビロンでの長い捕囚生活を送り、神殿がなく祭りも行われず、律法の書が読まれることもありませんでした。

そこでエズラは、民に律法の書（モーセ五書）を読み聞かせ、自身も御言葉の研究を続けました。

イスラエルが神様の教えに基づいて再建されることを願ったのです。

祈りましょう

♪ 天の父なる神様。
あなたの御言葉を喜んで読み、聞き、また、御言葉に沿って生きることができますように導いてください。
愛する主イエス・キリストのお名前によってお祈りします。

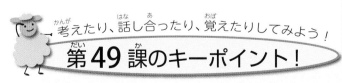

考えたり、話し合ったり、覚えたりしてみよう！

第49課のキーポイント！

☐ 1. エズラは何をしていた人、また何に詳しい人？

☐ 2. エズラは神殿が再建されて何年くらいたったころにエルサレムに戻った？

☐ 3. エズラがエルサレムに帰った時、イスラエルの民はどんな生活をしていた？

☐ 4. (3)のイスラエルの民の生活を見てエズラが泣きながら神様に祈った時、イスラエルの民はどのようにした？

☐ 5. エズラが律法の書を民に読み聞かせた時、民はどのようにした？

※答えは巻末の152ページにあります。

第50課　聖書の中間時代
救い主イエス・キリストの誕生を待ち望む

　旧約聖書と新約聖書の間には約400年の空白の時代があります。バビロン捕囚で国がなくなってしまったためです。

　ペルシャのキュロス（クロス）王によってユダヤ人は捕囚から解放されました。ユダヤに戻った人々は神殿を建て直しましたが、そのままバビロンにとどまった人たちもいました。また、世界中に散って行った人たちも大勢います。

　それでもユダヤ人は、それぞれの場所で安息日を守り、律法を教える人も出てきました。世界に散って行った人たちは、そのころ世界の共通語であったギリシャ語を話すようになり、ギリシャ語の旧約聖書も作られました。

　そのような時を経て、ついに神様の素晴らしい約束―――救い主が来られるのです！救い主イエス・キリストがダビデの町ベツレヘムでお生まれになる……新約聖書は、この良き知らせから始まります。

もっと教えて！

　旧約聖書の終わりから、新約聖書の始まりまでの約400年を中間時代と言います。イスラエルは、この間に次々と起こった帝国、ペルシャ、ギリシャ、シリア、エジプト、ローマなどに支配されました。ユダヤ人は、これらの帝国から迫害を受け、国土を失い、自分たちの宗教や文化を守るための様々な試練に直面しました。しかし、彼らは自分たちの信仰を守りながら、神様が約束された未来を待ち続けました。

【中間時代におこった主な出来事「散らされた者（ディアスポラ）」、「会堂（シナゴーグ）」、「ギリシャ語訳の旧約聖書（セプトゥアギアンダ）」、「律法主義」。】

【散らされた者（ディアスポラ）】

　この時代、イスラエルは異なる帝国に征服され、ユダヤ人たちは、バビロニア、ペルシャ、ローマなど各地に散らされました。この散らされた人々のことをディアスポラ（ギリシャ語で「撒き散らされたもの」）と呼びます。彼らは異なる文化や言語の中で生活しながらも、自分たちの信仰や文化を大切に守り続けました。ディアスポラは、イスラエルの歴史において重要な出来事であり、中間時代におけるユダヤ人の生き方と文化の成長を示す大切な要素となっています。（出典は巻末）

【会堂（シナゴーグ）】

　ディアスポラたちは、互いに集まり、礼拝や聖書の学びを行う場を必要としました。そこで、彼らは会堂（シナゴーグ）を建てて、聖書の読解や学びを行うようになりました。これは神殿とは異なり、祭司による祭儀を行わない自主的な集会所です。会堂では、礼拝、トーラーの勉強、結婚式、葬式などの様々な行事が行われます。その後もユダヤ教の重要な礼拝と学びの場として受け継がれ、現代に至るまで大切にされています。（出典は巻末）

【ギリシャ語訳の旧約聖書（セプトゥアギアンダ）】

　ローマ帝国中に散ったユダヤ人は、当時の共通語であったギリシャ語を話していたため、ギリシャ語の聖書が必要になりました。そこで紀元前3世紀頃から旧約聖書が徐々にギリシャ語に翻訳されていきました。このギリシャ語に翻訳された旧約聖書が七十人訳聖書（セプトゥアギンタ Septuaginta、ラテン語で「70」の意味）です。七十人訳の名前の由来は、72人の翻訳者たちが72日間で旧約聖書のうちの「律法（モーセ五書）」を翻訳したという伝説にもとづいています。（出典は巻末）

【律法主義】

　律法主義は、ユダヤ教の法律や戒律（律法、あるいはトーラーという）を厳格に守ることを重んじます。

　中間時代、ユダヤ人は異邦人たちの帝国に支配され、苦しんでいました。これは自分たちが神様の教えに背いたからだと考え、徹底して律法を守ることで、祝福を取り戻そうとしました。その結果、律法に細かい規則がどんどん付け加えられていったのです。いつしか、律法そのものよりも細則を守ることが重要になりました。これが律法主義です。

　イエス・キリストは神様の本来の律法…愛を示すために来られました。

　律法学者はイエス・キリストに質問しました。「すべての戒めの中で、どれが第一のものですか。」

　それに対しイエス・キリストは次のように明確に答えています。

　「第一の戒めはこれです。『心をつくし、精神をつくし、思いをつくし、力をつくして、主なるあなたの神を愛せよ』第二は『自分を愛するようにあなたの隣り人を愛せよ』これより大事な戒めは、ほかにありません。」

（マルコの福音書 12:28-30）
（出典は巻末）

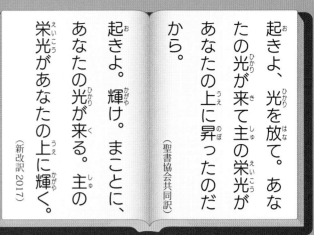

起きよ、光を放て。あなたの光が来て主の栄光があなたの上に昇ったのだから。

（聖書協会共同訳）

起きよ。輝け。まことに、あなたの光が来る。主の栄光があなたの上に輝く。

（新改訳2017）

（イザヤ書　60章1節）

　イスラエルは、国の滅亡とバビロン捕囚によって長い暗闇の中にありました。しかしこの預言は、神様の栄光がイスラエルの上に輝き、イスラエルが暗黒の時代を脱し、その未来が明るく輝かしいものになることを預言しています。

　「主は言われる、シオンの娘よ、喜び歌え。わたしが来て、あなたの中に住むからである。その日には、多くの国民が主に連なって、わたしの民となる。わたしはあなたの中に住む。」

（ゼカリヤ書 2章 10-11節）（口語訳）

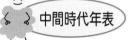

中間時代年表

BC 332	● BC332年：ギリシャのアレクサンドロス大王がペルシャ帝国を滅ぼし、ユダヤはギリシャ王国（マケドニア王国＝アレクサンドロス大王建国）の支配下に入る。
BC 168	● BC168年：シリア（ギリシャ王国の一つ）の王アンティオコス・エピファネス王がエルサレム神殿を汚しユダヤ人を圧迫する。 ●ユダヤ人のハスモン家を中心に独立戦争を起こしセレウコス朝（シリア）から独立する。
BC 63	● BC63年：ユダヤはローマ帝国の支配下に入る。
BC 37	● BC37年：ヘロデがユダヤの王（ヘロデ大王）となる。
AD 4	● AD4年頃：イエス・キリストが誕生する。 ※諸説あり。

祈りましょう

天の父なる神様。
この私にも、あなたの栄光を照らしてくださることを感謝します。
私は喜び、歌います。
愛する主イエス・キリストのお名前によってお祈りします。

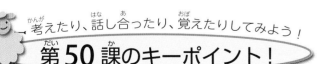

考えたり、話し合ったり、覚えたりしてみよう！

第50課のキーポイント！

□1. 旧約聖書と新約聖書の間には約何年の空白の時代がある？　□2. 中間時代におこった主な出来事「散らされた者（ディアスポラ）」とは何？　□3. 中間時代におこった主な出来事、「会堂（シナゴーグ）」とは何？　□4. 中間時代におこった主な出来事、「ギリシャ語訳の旧約聖書（セプトゥアギアンダ）」とは何？　□5. 中間時代におこった主な出来事、「律法主義」とは何？

※答えは巻末の 152 ページにあります。

考えたり、話し合ったり、覚えたりしてみよう！
第1~50課のキーポイント！

【第1課　はじめに…………………………… 13 ページ】

□ 1.1日目は光。　□ 2.2日目は大空。　□ 3.3日目は陸地と海と植物。　□ 4.4日目は太陽と月と星。　□ 5.5日目は水の中の生き物と、翼のある生き物。　□ 6.6日目は地の獣、家畜、土を這うもの、人。　□ 7.7日目は休まれた。　□ 8. 神様は人間を神様に似せて創られた。　□ 9.「非常に良い」と言われた。ものすごく満足された。　□ 10. ご自分が創造されたものを祝福する日。人間に休息を与える日など。

【第2課　罪のはじまり………………………… 16 ページ】

□ 1. 神様は人間の鼻にいのちの息を、ふうーっと吹き入れた。　□ 2. エデンの園　□ 3.「いのちの木」と「善悪を知る木」。神様が食べてはいけないと言った木は「善悪を知る木」　□ 4. その木から食べたら必ず死んでしまう。　□ 5. 人のあばら骨のひとつ。□ 6. 男の人はアダム、女の人がエバ。　□ 7.「園のどの木からも食べてはいけないと本当に神様は言ったのですか？」　□ 8. エバは、がまんできずにその実をとって食べてしまいまい、その実をアダムにも食べさせた。　□ 9. 葉っぱをつなげて腰のまわりを隠した。神様の足音を聞いて、木の間に隠れてしまった。　□ 10. 蛇には「おまえは、どの生き物よりものろわれる。腹ばいで動くようになる。女の子孫がお前の頭を踏みつけ、おまえは彼のかかとにかみつく」エバには「あなたは子を産むとき大いに苦しむ。そして夫に支配される」アダムには「食べてはいけないといっておいた木から食べたので大地はのろわれた。あなたは食べ物を得るために一生苦しむ。そして、土に帰るのだ」

【第3課　虹の約束……………………………… 21 ページ】

□ 1.「罪」　□ 2. 洪水　□ 3.「箱舟をつくりなさい」。　□ 4. すべての生き物の雄と雌。　□ 5. 大雨が40日40夜続き、150日のあいだ水は増え続けた。　□ 6. アララテ（アララト）の山。　□ 7. 新鮮なオリーブの葉っぱ。　□ 8. ノアは神様のために祭壇を築き、ささげものをした。　□ 9.「二度と大洪水によって地を滅ぼすことはしない。虹が約束のしるしだ」

【第4課　混乱…………………………… 23 ページ】

□ 1. 地球上には一種類のことばしかなかった。　□ 2. 人間たちは相談をして天にとどく高い塔を建てた。□ 3. 神様は人間のことばを混乱させ、たがいに通じないようにした。□ 4. バベル（混乱）。

【第5課　正しい人ヨブ………………………… 27 ページ】

□ 1. いつも正しく生きていた。　□ 2.「それは、あなたがヨブにたくさんのものをあたえ、守ってあげているからでしょう。財産を取りあげてみてください。あなたのことを呪うにきまっています。」□ 3.「ヨブのすべての持ち物を、おまえのすきにしてよい。でもヨブの体には何もするな。」□ 4. ヨブは立ち上がり自分の上着を引き裂き、頭をそり、地面にひれ伏した。　□ 5. ヨブの妻は「あなたは、こんなになってもまだ神様を信じるっていうの？神様を呪って死んだほうが良いわよ」と言った。ヨブは「おまえの言葉は、まるで神様を知らない女が言うようなことだ。私たちは神様から良いものをいただくのだから、悪いものも受けるべきだよ」とこたえた。　□ 6. ヨブは「神様に悪いことは何ひとつしていない」とこたえた。　□ 7. ヨブは「ああ、私は小さな者です。あなたにこたえることなどできません。この口に手を当て黙ります」とこたえた。　□ 8. ヨブの病はいやされ、持ち物は以前の2倍与えられた。家畜は2万頭を超え、7人の息子と3人の美しい娘が生まれた。ヨブは娘たちにも息子たちと同じように財産を分け与え、さらに140年生き、子孫を4代先までも見るようにされた。

【第6課　信仰の人アブラハム…………………… 30 ページ】

□ 1. アブラムは神様の言うとおり、どこへ行くのかわからないまま出発した。　□ 2. 神様は「さあ、天を見上げてごらん。そして星を数えてみなさい。あなたの子孫はこのようになるのだ。」と言った。アブラムは神様を信じました。　□ 3. 神様は「あなたの子孫を大いにふやし、あなたは多くの国民の父となる。カナンはあなたと子孫のものだ。サラは男の子を生む。その子の名前はイサクとしなさい。」と言った。　□ 4. アブラハムは、翌朝はやく神様に言われたとおりイサクを連れて出発した。　□ 5. イサクは「お父さん、ささげものにする羊は、どこですか？」と聞いた。アブラハムは「神様が用意してくださるよ」とこたえた。　□ 6. 神様は「アブラハム。その子を殺してはならない。」と言って、一匹の羊を用意してくださった。　□ 7.「信仰の父」とはアブラハムのこと。神に信頼を置き、それが神の御前に「義」と認められたから。□ 8. 妻は「リベカ」。□ 9. 双子の兄は「エサウ」弟は「ヤコブ」。

【第7課　つかみ取るヤコブ…………………… 35 ページ】

□ 1. イサクは兄息子エサウを、リベカは弟息子ヤコブを愛した。　□ 2.「獲物をとってきて私の好きな料理を作って食べさせてほしい。死ぬ前にお前を祝福したいから。」　□ 3. リベカはヤコブにエサウの服を着せ、ヤコブにエサウのふりをさせた。　□ 4. エサウは大変おこってヤコブを殺そうと考えた。　□ 5. リベカの兄であるラバンの家にヤコブを逃がした。　□ 6. ヤコブはラケルを愛して、ラケルと結婚したかった。　□ 7. ヤコブは神様と夜が明けるまで格闘した。　□ 8. 神様に「私を祝福してくださらなければ、行かせません」としがみついた。　□ 9.「イスラエル」という名前に変わった。「私は顔と顔を合わせて神様を見たのに命が救われた」という意味。　□ 10. エサウとヤコブは仲直りした。

【第8課　神様がヨセフと共におられる…………………… 39 ページ】

□ 1. ヤコブには12人の息子が生まれ、11番目のヨセフを特別に愛した。　□ 2. 兄たちは腹をたて、ますますヨセフをねたむようになり、ヨセフを商人に売った。　□ 3. ヤコブは、何日も泣き続けた。　□ 4. エジプトの総理大臣にえらばれた。　□ 5. ヨセフは7年の豊作のあいだに食糧をどんどんたくわえた。　□ 6. 兄たちはヨセフの顔を見てもまったくわからなかった。　□ 7. 召使に兄たち9人の袋に穀物をいっぱい入れさせ、代金として支払った銀も入れさせた。□ 8. ヨセフがまんできずに自分がヨセフであることを明かした。　□ 9. ヨセフは「私をエジプトに連れてきたのは神様です。一族のいのちを救うために先に私を送ってくださったのです」と言った。　□ 10. ヤコブはヨセフと再び会うことができた。一家はエジプトに住むことになった。

【第9課　モーセの使命……………………………… 43 ページ】

□ 1. ファラオはイスラエルの民に男の子が生まれたらナイル川に投げ込むよう命令した。　□ 2. 王女（ファラオの娘）　□ 3. モーセはミデアンの地に逃げた。□ 4. 結婚して羊飼いをして暮らしていた。　□ 5. 柴が燃えていた。モーセは「わたしは『ある』という者、アブラハムの神、イサクの神、ヤコブの神である」お方から呼ばれ、「苦しみの中にいるイスラエルの民をエジプトからカナンの地へ救いだす」使命を与えられた。　□ 6.「神様がイスラエルの民をエジプトから出すよう言っておられる」ことを伝えるためにファラオの所に行った。　□ 7.（1番目）杖でナイル川を打つと、ナイル川が血にかわった。（2番目）エジプト中がカエルだらけになった。（3番目）地のちりがブヨになった。（4番目）アブの大群がエジプトの地を荒らした。（5番目）エジプト人の家畜に重い伝染病がはやった。（6番目）天に向けてまきちらしたかまどのすすが人と家畜につき、うみのでる腫物になった。（7番目）はげしい雹がふった。（8番目）いなごの大群がやってきて、木の実はすべて食べられた。（9番目）エジプトが真っ暗になった。（10番目）エジプト人の家族にうまれた一番目の子どもや家畜が死んだ。

【第10課　神様が過ぎ越される……………………… 45 ページ】

□ 1.「家族ごとに雄の小羊を一匹用意し、その羊を殺しなさい。ヒソプをその羊の血にひたし家の門柱と、かもいにぬりなさい。その夜、その肉を焼いて、酵母を入れないパンと苦菜といっしょに急いで食べなさい。わたしは羊の血がぬられた家は通りすぎるが、血がぬられていない家の最初の子どもは死ぬ。」　□ 2. 神様は門柱とかもいの血を見て過ぎ越された。　□ 3.「エジプトから出ていけ！」　□ 4. エジプト人に金銀の飾りや服を求めた。　□ 5. 男の人だけで 60 万人。　□ 6.430 年間

【第11課　海が二つに割れる…………………………… 49 ページ】

□ 1.「なんで私たちをエジプトから連れだしたのか」「こんな荒れたはてた地で死ぬよりエジプト人に仕えるほうがましだ。」　□ 2.「怖がってはいけない。神様がどのように救ってくださるのか、しっかりと立ってこの目で見ようではないか。あのエジプト人たちを私たちは二度と見ることはないのだ。神様があなたたちのために戦ってくださるのだから、しずかにだまっていなさい。」　□ 3. 海がわかれ、海の中にかわいた土があらわれた。　□ 4. 水はもとに戻り、エジプト人は、ひとり残らず海にのみこまれてしまった。　□ 5. 神様は、昼は雲の柱、夜は火の柱でイスラエルの民を導き、ずっと離れずに守ってくださった。　□ 6. 神様が夕方には肉（うずら）を、朝にはパン（マナ）を与えてくださった。神様がモーセに杖で岩を打つように言うと、岩から水が出てきた。　□ 7. モーセが手を上げるとイスラエルが強くなり、下げるとアマレクが強くなった。モーセが疲れた時、アロンとフルはモーセを石にすわらせ、両側からモーセの手をささえた。

【第12課　神様の教え……………………………… 53 ページ】

□ 1. 十戒　□ 2.(1) あなたの神はわたしのほかにはいない。(2) 偶像を造ってはならない。それを拝んだり、それに仕えてはいけない。(3) あなたの神、主の名前をむやみやたらに唱えてはならない。(4) 安息日を忘れることなくきよく過ごしなさい。(5) あなたの父と母を尊敬しなさい。(6) 殺してはならない。(7) 姦淫してはならない。(8) 盗んではならない。(9) あなたのまわりにいる人について嘘を言ってはならない。(10) その人のものを何ひとつほしがってはならない。　□ 3. 石の板　□ 4.『金の子牛』を造り、祭壇も造り、みんなでささげものをして食べたり飲んだり、お祭りをしていた。　□ 5. モーセは怒って、持っていた石の板を投げ捨て、板はバラバラになってしまった。金の子牛を火で焼いて粉々にした。　□ 6.「あなたの主は、あわれみ深く、恵みゆたかで、すぐには怒らない。愛にあふれ、うそやいつわりのない神だ。わが子を大切に思うその慈しみにかぎりはないが、罰するべきものは罰せずにはおけないのだ。」

【第13課　幕屋………………………………… 55 ページ】

□ 1. 聖所　□ 2. 幕屋　□ 3. 契約の箱　□ 4. モーセは入ることができなかった。　□ 5. 雲が離れてのぼった時には旅をつづけた。雲がのぼらない時は旅立つことなくとどまった。

【第14課　12 人の偵察隊……………………………… 57 ページ】

□ 1. カナン　□ 2.12 人　□ 3.「住人は強いか弱いか、多いか少ないか。人々は天幕を張って暮らしているのか、それとも城壁のある町なのか。その土地は作物が育てやすい肥えた土地か、それともやせた土地か。木はあるのか、ないのか。その土地になっている果物をいくつか持ち帰ってきなさい。」　□ 4.40 日間　□ 5.「あの土地は、乳と蜜が流れるすばらしい土地です。住人はとても強くて、町は城壁に囲まれてる。」　□ 6.「あの民と戦うのは無理だ。私たちよりずっと強いのだから。われわれは食い尽くされてしまう。あそこにいるのは巨人だ。」　□ 7. それを聞いたイスラエルの民は大声で泣いた。「ああ、エジプトで死んだほうが良かった。そうでないなら、この荒野で死にたい。なぜ神様は、私たちをここに連れて来たんだ。」

【第15課　しゃべるロバ……………………………… 59 ページ】

□ 1.「イスラエルを呪ってくれ」　□ 2. 主の使いが剣をもって道に立ちはだかった。　□ 3.「どうして私を三度も打つのですか。」「わたしは、あなたをずっとお乗せしてきたロバです。いままで、あなたにこのようなことをしたことがありましたか」　□ 4.「なぜ、ロバを三度も打ったのか。ロバを進ませなかったのはわたしだ。おまえが間違ったことをしようとしたからだ。もしもロバがそのまま進んでいたら、わたしはおまえを殺し、ロバを生かしておいたであろう。おまえは、わたしが語ることだけを語りなさい。」　□ 5. 呪いのことばではなく祝福のことばに変わった。

【第16課　新しいリーダーにヨシュア………………… 61 ページ】

□ 1. モーセがカナンの地に足をふみいれることを神様が許さなかった。　□ 2. それまでに神様が見せてくださった奇蹟の数々や教えを民に伝えた。　□ 3. シナイの荒野で神様からの教えを頂いたのは 39 年も前のこと。それを聞いた人々はヨシュアとカレブをのぞいて死んでしまったので、もう一度話す必要があった。　□ 4. ヨシュア

【第17課　エリコの城壁が角笛と大声でくずれる……… 65 ページ】

□ 1.「さあ今、この民を連れてヨルダン川をわたり、わたしがイスラエルの民に与えようとしている土地へ行きなさい。」　□ 2. ラハブ　□ 3. ラハブは、神様がイスラエルの民をエジプトから助け出し、海をわけたことなどを聞いて、この方こそが本物の神様だと信じ、おそれていた。　□ 4. 窓に真っ赤なひもを結びつけなさいと言った。　□ 5. 水は流れるのをやめて壁のように立ちあがった。　□ 6. 7 人の祭司たちは角笛を吹き鳴らしながら神様の箱の前を進み、決して声を出さなかった。1 日に一周、同じことを 6 日間くりかえした。　□ 7. あっというまに町の城壁はくずれ落ちた。　□ 8. ヨシュアは神様のいうとおり次々と町を攻め取り、民に分けあたえた。

【第 18 課　12 名の勇しい士師…… … … … … … 69 ページ】

□ 1.12 名の士師　□ 2. 酒ぶねの中で小麦を打っていた。　□ 3.300 人にまで減らされた。　□ 4. 角笛と壺　□ 5.300 人が角笛を吹き鳴らし、壺を打ち砕いて大きな音をたて、松明の光と大声で敵を驚かせて勝利した。　□ 6.「あなたは男の子を生む。その子の頭にはかみそりを当ててはならない。神様に仕えるナジル人として、とくべつにきよめられているからだ。その子はペリシテ人からイスラエルを救い出すことになる」　□ 7.「私はナジル人なので髪の毛がそり落とされたら力は弱くなる」と打ちあけてしまった。□ 8. 神殿の 2 本の柱を力いっぱい押し、神殿が崩れ落ち、多くのペリシテ人が死んだ。

【第 19 課　あなたの神は私の神…… … … … … … 73 ページ】

□ 1. イスラエルがき飢饉になり食べ物がなくなったから。　□ 2. 親元に帰り再婚するようにすすめた。　□ 3.「お母さん、私に帰れと言わないでください。お母さんの行くところに私も行き、お母さんのいる所に私もいたいのです。お母さんの民族が私の民族です。そして、お母さんの神様が私の神様なのですから。お母さんと離れるとしたら、それは死ぬ時しかありません。それ以外で、もしも私がお母さんから離れたなら神様に私をきびしく罰してほしいのです。」□ 4. いっしょにベツレヘムに帰ることにした。　□ 5. ボアズは亡くなったエリメレクの親戚。□ 6. ボアズはルツに「よその畑に行かず、刈り入れの間、いつもここで落ち穂を拾いなさい。あなたのじゃまをしないように、私からみんなに言っておきます。のどが乾いたら遠慮せずに自由に水をのみなさい」と言った。ルツがたくさん拾えるように、わざと穂を落とすよう召使いに命じた。□ 7. ナオミはルツに「あなたは今日、きれいに身支度をしてボアズのところへ行きなさい。ボアズが寝ているところへ行き、その足元に横たわりなさい。」と言った。　□ 8. ダビデ

【第 20 課　初代イスラエルのサウル王…… … … … … … 77 ページ】

□ 1.「神様。もし、あなたが私の悲しみをわかってくださり、男の子を授けてくださるなら、私はその子の一生をあなたにおささげします。その子の頭にかみそりを当てません」と誓った。　□ 2. ハンナは神様に約束したとおり、サムエルを神様にささげた。　□ 3. 祭司エリのもとで暮らした。　□ 4.「いいかい、こんど呼ばれたら『はい。主よ、お話しください。僕は聞いております』と言うのだよ」と言った。　□ 5.「民の言うとおりにしなさい。わたしが彼らをエジプトから連れ出した時から、彼らは何度もわたしを捨て、ほかの神を求めてきた。いままた同じことをしようとしている。ただし、王をたてるということが、どういうことなのかを、よくよく知らせておきなさい」と言われた。　□ 6. サウル。サウルは背が高く、飛びぬけて美しい青年。□ 7. 油を注いだ。

【第 21 課　ダビデとゴリアテ（ゴリアト）… … … … … … … 81 ページ】

□ 1. 羊の世話をしていた少年。　□ 2. 竪琴をひいた。　□ 3. 身長は 3 メートル　□ 4.「獅子や熊からも私を守ってくださった主は、かならずゴリアテからも救いだしてくださいます！」　□ 5. ダビデは、兜と鎧を脱いで、石投げと川底からひろったなめらかな 5 つの石、杖をもってゴリアテの前に立った。　□ 6.「サウルは千を打ち、ダビデは万を打った」　□ 7. ダビデにむかって槍を投げつけた。　□ 8. サウル王の息子ヨナタン　□ 9. ダビデは「主がお選びになった方であり、私のお仕えする方だ。そのようなことは主の前にぜったいにできない」と、けっしてサウルに手を出さなかった。

【第 22 課　ダビデ王のイスラエル統一王国…… … … … … … 85 ページ】

□ 1. ダビデの町　□ 2. ダビデの町　□ 3. ダビデの王国　□ 4. バテ・シェバ（バト・シェバ）　□ 5. ダビデはウリヤを戦いでいちばん危険なところに立たせるよう指示をし、ウリヤは敵にやられて死んだ。　□ 6. 預言者ナタン　□ 7. ダビデは「私は主に罪を犯しました」と言った。　□ 8. たくさんの子どもがいた。　□ 9. 争いがあった。　□ 10. ダビデは「ああ、私の子アブサロム、アブサロムよ、私の子、私の子よ」と大声で泣きさけんだ。□ 11.33 年のあいだ。

【第 23 課　主はわたしの羊飼い…… … … … … … 87 ページ】

□ 1.150 の詩や歌　□ 2. 神様への賛美や感謝、祈り　□ 3. ダビデ王

【第 24 課　ソロモンの知恵… … … … … … … 90 ページ】

□ 1. 民を正しくおさめるための知恵をもとめた。　□ 2. 神様はソロモンの願いをきいてよろこばれ、「わたしはあなたに飛びぬけた知恵をあたえよう。そして、あなたが願わなかった財産や名誉もあたえよう。父ダビデのようにわたしの命令をまもるなら、あなたは長生きする」と言われた。　□ 3.「生きているその子をふたつに切って、半分をひとりに、半分をもうひとりにあたえなさい」と本当の母親を言い当てた。　□ 4. イスラエルの民はソロモン王を尊敬した。　□ 5.480 年目のこと　□ 6. 神様はとても悲しまれた。

【第 25 課　知恵に耳を傾けよ… … … ヘ… … … … … 91 ページ】

□ 1. 知恵文学　□ 2. 教訓　□ 3. ソロモン王　□ 4. 人との関わり方、正直さや思いやりの大切さを教えている。

【第 26 課　神様を知らなければ すべては空… … … … … … … 92 ページ】

□ 1. 知恵の書　□ 2. ソロモン王　□ 3. 人生は空虚　□ 4. 神様を信じ、神様を敬うことこそが、人生の唯一の意味

【第 27 課　愛の歌… … … … … … 93 ページ】

□ 1. 恋愛　□ 2. キリストと教会の関係　□ 3. 愛と信仰、神様との親密な関係を強調　□ 4. 癒しと救いを表現

【第 28 課　王国が南北に分かれる…… … … … … … 95 ページ】

□ 1. 北イスラエル王国と、南ユダ王国に分かれることになった。　□ 2. 約 2 割の王　□ 3. 神のことば□ 4. イザヤ書」・「エレミヤ書」・「エゼキエル書」□ 5. 紀元前・BC1000 年　□ 6. 紀元前・BC922 年頃　□ 7. 紀元前・BC722 年頃　□ 8. 紀元前・BC586 年頃　□ 9. 紀元前・BC537 年頃　□ 10. 紀元前・BC520-515 年

【第29課　生きたまま天に上った預言者エリヤ… … … … … … … … 99 ページ】

□ 1. 預言者エリヤは北イスラエルのアハブ王に「私が仕えている神様は生きています。これから数年は露もおりず、雨もふりません」と言った。　□ 2. バアルという神に仕え、イスラエルのどの王よりも神様を怒らせていた。　□ 3. イゼベル　□ 4. 数羽の鳥　□ 5. エリヤは死んだサレプタのやもめの息子を抱いて自分の部屋に行き、神に祈り、その子の上に自分の体を 3 回伏せて「どうかこの子の命をかえしてください！」とさけんだ。主は、その子を生きかえらせてくださった。　□ 6. 主である神様　□ 7. エリシャ　□ 8. 火の戦車が火の馬に引かれてふたりの間にあらわれ、つむじ風がエリヤを天につれのぼった。

【第30課　エリヤの 2 倍の霊を求めた預言者エリシャ… … … … … … 103 ページ】

□ 1. エリヤ　□ 2. 彼の師であるエリヤのような強い信仰と神の力を持ちたいという強い願いを表している。　□ 3. 近所の人たちから、たくさんの器を借りてきて、その器に家にあった小びんの油を注がせた。すべての器に油がたっぷり入り、その油を売って借金を返させた。　□ 4.「来年、あなたは男の子を抱くでしょう」と言った。翌年、女の人は男の子を産んだ。　□ 5. とつぜん死んでしまった息子とエリシャは、へやでふたりきりになり神様にいのり、自分の顔と両手を子どもの顔と両手に重ねて身をかがめると子どものからだがあたたかくなった。すると子どもは 7 回くしゃみをして目をひらいた。　□ 6.「ヨルダン川で 7 回からだをあらいなさい」と言った。　□ 7. エリシャが手をおいて、ひふ病をなおしてくれると思っていたので怒った。　□ 8. エリシャの名は外国にまで知られるようになった。

【第31課　7 歳の王ヨアシュ… … … … … … … … 105 ページ】

□ 1. 寝具をしまう小部屋に 6 年間。　□ 2.7 歳　□ 3. 祭司エホヤダ（ヨヤダ）　□ 4. 神殿のこわれているところを直させ、ささげものも正しくささげた。
□ 5. 偶像を礼拝するようになってしまった。

【第32課　大きな魚にのみこまれた ヨナ… … … … … … … … 109 ページ】

□ 1. アッシリアのニネベ　□ 2.「わたしのことばを伝えなさい。」　□ 3. ヨナは、ニネベと反対方向のタルシシュ行きの船にのった。　□ 4. 神様が大風をふかせたので海は荒れくるい、ヨナがのった船はこわれそうになった。　□ 5. 船乗りたちは、自分たちがそれぞれ信じている神々に助けを求めたが嵐はおさまらず、ヨナにくじが当たった。船乗りたちは迷いながらもヨナを海に投げこんだ。　□ 6. おなかの中で神様に祈った。　□ 7. 三日三晩　□ 8. ニネベの人々はみな神様のことばを信じ、王様も人々も悪の道から離れた。（ヨナは神様のことばを伝えるのに苦労しなかった）□ 9. ニネベの人たちが、あっさりと悔い改め、神様もかんたんに計画を変更してしまったから。　□ 10.「12 万にもの人とたくさんの家畜がいる大きな町ニネベをわたしが惜しまずにいられると思うのか？」

【第33課　羊を飼い、いちじく桑を育てていたアモス 110 ページ】

□ 1. いちじく桑を作っていた羊飼い　□ 2. 弱い人や貧しい人　□ 3. 神様を礼拝するふりをし、じつは偶像を拝んでいた。　□ 4.「わたしを求めなさい。正しいことを求めなさい。悪を求めてはいけない。そうすれば、あなたがたは生きる」　□ 5.「ダビデの家系が建て直される」という神様の約束。

【第34課　妻を買い戻したホセア… … … … … … … … 111 ページ】

□ 1.「ゴメルをもう一度愛しなさい。偶像の神々に向いてしまったイスラエルを、このわたしが愛したように。」□ 2. お金をはらってゴメルを買い戻した。「あなたは、ここにいなさい。ほかの男たちではなく、ずっと私のもとに。」□ 3. 神様の愛はどんな時も変わることなく「わたしのもとに帰ってきなさい」とよびかけ、待っておられる。　□ 4. いつでもゆるし、あなたをいやすと約束してくださる。

【第35課　北王国イスラエル最後の王ホセア… … … … … … … … 112 ページ】

□ 1. ホセア　□ 2. アッシリア帝国　□ 3. 紀元前 BC772 年　□ 4. 神様をすて偶像に仕えることを選んだから。□ 5. アッシリア

【第36課　救い主イエス・キリスト誕生の預言するイザヤ… … … … … … 115 ページ】

□ 1. 主が高いところにある御座に座っておられるのを見た。　□ 2.6 つ　□ 3. 祭壇の燃える炭火　□ 4.「ここに、私がおります。この私を遣わしてください」□ 5.「インマヌエル」「神様は私たちとともにいてくださる」と言う意味。

【第37課　命拾いしたヒゼキア王… … … … … … … … 117 ページ】

□ 1. 父アハズ王が作った偶像礼拝の祭壇、石の柱、アシェラ像を砕いて取り除き、本物の神様だけを信頼し従った。　□ 2. 北王国イスラエルがアッシリアに攻め取られ、民はアッシリアに連れて行かれた。　□ 3. 預言者イザヤ　□ 4.「病をいやして 15 年命をのばそう。アッシリアからも救い出す」神様は日時計の影を 10 段戻すという奇蹟を見せてくださった。　□ 5. 神様には何でもできることをヒゼキヤに伝えたかった。　□ 6. バビロンから見舞いがやってくると宝物蔵の中や、国にある宝のすべてを得意げに見せてしまった。

【第38課　身代わりになってくださる 救い主… … … … … … … … 120 ページ】

□ 1. いいえ。「慰めよ、慰めよ、わたしの民を」と預言者イザヤに命じた。　□ 2. 神様は救い主をこの世に送ると約束された。　□ 3. 未来のメシアの出現を予告したもの。　□ 4. 民衆のために苦しみながら救いをもたらす存在。　□ 5. イザヤの預言は、イエス・キリストが人々に希望と救いをもたらすことを伝える重要な証し。　□ 6. 一致している。

【第39課　ベツレヘムに救い主が来る… … … … … … … … 121 ページ】

□ 1. 預言者イザヤ　□ 2.「正しいことを行い、やさしい心、あわれみの心をもち、へりくだってあなたの神である、このわたしといっしょに歩むことだ。」□ 3. ユダのベツレヘムで生まれる。

【第40課　正しい人は信仰によって生きる… … … … … … … … 122 ページ】

□ 1. ハバククから神様に問いかけた預言者。　□ 2. なぜならバビロンという国はユダよりももっと罪深いから。そのバビロンにユダを滅ぼさせるなど、あんまりだとハバククは思った。　□ 3.「神であるわたしを信頼して生きる者だ」　□ 4.「それでも私は、私を救ってくださる神様がおられることを大いに喜ぶ。神様が私の力となってくださるから、私は鹿のようにどんな険しい山も上ることができる！」

【第41課　すべての人に霊を注ぐ神………………………… 123 ページ】
□1.「主の日」神様のさばきは恐ろしいのだから悔い改めなさいとヨエルは言った。　□2.「心を引き裂いて本当の悔い改めをしなさい。」と神様は言われた。　□3. 神様は悔い改めたご自分の民をあわれみ、荒れた地を元どおりにすると言われた。　□4.「主の霊をすべての人に注ぐ」

【第42課　捕囚民となって生きのびなさい……………………… 125 ページ】
□1. 神様のことばを聞かないユダはバビロンによって滅ぼされ、バビロンに仕える。　□2. ユダの人々はエレミヤが語る神様のことばではなく、偽預言者のことばを信じた。そればかりかエレミヤを殺そうとした。　□3.「涙の預言者」　□4.「バビロンに連れて行かれたら、そこに家を建て、畑で作物を作り収穫物を食べ、結婚して子どもを育てなさい。子どもも結婚し、子どもを産み、そこで増えなさい。減ってはならない。その町が平安で繁栄するように祈りなさい。その町によってあなたがたにも平安が与えられ繁栄するのだ」　□5. 人々の心に書く。

【第43課　エルサレムが攻め落とされバビロン捕囚となる……………… 127 ページ】
□1.「哀歌」はエルサレム陥落とエルサレム神殿の破壊を嘆く内容の詩集。　□2. ヘブライ文字のアルファベット順になっていて、それぞれが「いろは歌」の形式になっている。　□3. 希望の詩　□4. 神様の愛を信じ、エルサレムの復興を願っている。　□5.「哀歌」は私たちに困難や悲しみの中でも信仰を持ち続け、希望を捨てずに生きることの大切さを教えてくれます。

【第44課　ライオンの穴から救われたダニエル………………… 131 ページ】
□1. 健康で美しく、知識も知恵もある優秀な青年たち。　□2.3 人が縄を解かれて歩いており、3 人は焼かれたようすはまったくない。　□3.「シャデラク、メシャク、アベデ・ネゴの神は、なんとすばらしいことか！御使いを送り彼らを救われた。彼らは王の命令であっても自分たちの神以外のものを拝まなかった。彼らの神を侮る者はゆるされない。」　□4.「私の神は御使いを送ってライオンの口をふさいでくださいました。」と言って、ひとつの傷もなかった。　□5. かわりにダニエルを殺そうとした者たちが穴に投げ込まれ、彼らは底に落ちる前にライオンにかみ砕かれた。　□6. ダレイオス王は全国に手紙を送った。「ダニエルの神は生きておられる。永遠に変わらないお方だ。その国は滅びない。その主権はずっと続き、人を救い自由にされる。天でも地でも奇蹟を行い、ダニエルをライオンから救い出された！」　□7. 象徴的な言葉や表現で未来の出来事や神様の計画を述べているもの。　□8.「ヨハネの黙示録」

【第45課　バビロン捕囚民となった預言者エゼキエル…………………… 135 ページ】
□1. エゼキエルは祭司の家に生まれた。　□2.「干からびた骨よ。わたしがあなたたちに息を吹き入れるので、あなたたちは生き返る。筋をつけ、肉を生じさせ、皮膚でおおい、息を与える。そしてあなたたちは生き返る。あなたたちは、わたしが主であることを知るだろう。」　□3. カタカタと言う音がどんどん大きくなり、骨と骨が互いに近づいて、くっつき、つながり、筋がついて肉が生じ、つぎつぎと皮膚がおおった。　□4.「息よ、来い。殺されたものが生き返るように彼らの中に入れ！。」　□5. バビロンの捕囚民に悔い改めと希望をもたらしました。　□6. 岩のように、硬く偏屈な心。　□7. 愛と憐れみを感じることができる心。

【第46課　エルサレムに帰り神殿を再建する………………… 137 ページ】
□1.「ユダの民は自分の国に帰り、もう一度エルサレムに神殿を建てるように」　□2. ソロモンの神殿を知っている人たちは、かつての神殿と比べて悲しくなった。　□3. 預言者ハガイとゼカリヤ

【第47課　ユダヤ人の絶滅を防いだエステル………………… 141 ページ】
□1. ペルシャ　□2. クセルクセス王は、美しい王妃ワシュティを集まった人々に見せたかったので、宴会に来るよう命じたが、ワシュティが断ったため王はかっとなり、ワシュティを王妃の座から追放した。　□3. だれもがハマンにひざをかがめ、ひれ伏す中、モルデカイだけはひれ伏さなかったため。　□4.「二人の家来がクセルクセス王を殺そうとしていたのをモルデカイが報告した」との内容。　□5.「私と私の民族を守っていただきたいのです。私たちはハマンに殺され、絶やされようとしています」　□6. ハマンは真っ青になり震えあがり、王は激しく怒りだした。モルデカイのためにハマンが用意した柱に「ハマンをその柱にかけよ！」王の命令がくだされた。　□7. ユダヤ人は危機一髪のところで絶滅をまぬがれた。

【第48課　エルサレムに帰り 52 日で城壁を修復する………………… 143 ページ】
□1. エルサレムの城壁は壊されたまま、城門も焼き払われたままである。　□2. 断食　□3. 壊れた城壁を調べて、工事に取りかかった。　□4. 民は槍や剣をもちながら工事し続けた。□5.52 日

【第49課　モーセの律法の学びエズラとネヘミヤの宗教改革………………… 145 ページ】
□1. エズラは祭司であり、モーセの律法にくわしい学者。　□2.60 年くらいたったころ。　□3. イスラエルの民は神様の律法を破った生活をしていた。偶像を礼拝する民と結婚した者もいた。　□4. 自分たちが神様に罪を犯してしまったことで泣いていた。　□5. 民は「アーメン、アーメン」と手を上げ、ひれ伏して神様を礼拝した。神様がなんとおっしゃっているのか、それがわかったとき、みな泣きだした。

【第50課　聖書の中間時代………………… 147 ページ】
□1. 約 400 年□2. ユダヤ人たちは、バビロニア、ペルシャ、ローマなど各地に散らされた。この散らされた人々のことをディアスポラと言う。　□3. ディアスポラたちは、互いに集まり、礼拝や聖書の学びを行う場を必要とし、彼らは会堂（シナゴーグ）を建てて、聖書の読解や学びを行うようになった。これは神殿とは異なり、祭司による祭儀を行わない自主的な集会所。会堂では、礼拝、トーラーの勉強、結婚式、葬式などの様々な行事が行われた。　□4. ローマ帝国中に散ったユダヤ人は、当時の共通語であったギリシャ語を話していたため、ギリシャ語の聖書が必要になり、紀元前 3 世紀頃から旧約聖書が徐々にギリシャ語に翻訳されていった。このギリシャ語に翻訳された旧約聖書が七十人訳聖書（セプトゥアギンタ Septuaginta、ラテン語で「70」の意味）　□5.　律法主義とは、律法主義は、ユダヤ教の法律や戒律（律法、あるいはトーラーという）を厳格に守ることを重んる。

【索引】

本書に関しての主な語句の課を表示しています。

ま

や

ら

わ

【出　典】 本書に関しての出典を表示しています。

【葦の海の奇跡】ハンデル：ジョージ・フリードリッヒ・ヘンデル：オラトリオ『イスラエル・エジプト』、ジョセフ・ロスナー：小説『エクソダス』、セシル・B・デミル：1956 年の映画『十戒』、レンブラント・ファン・レイン：絵画「モーセが紅海を分ける」(1669 年)、ジェームズ・ティソ：絵画「モーセが紅海を分ける」(1896 年)【油注ぎ】●聖なる油注ぎ Holy Anointing Oil: Academic Accelerator https://academic-accelerator.com/encyclopedia/jp/holy-anointing-oil ●出エジプト記 4:14、6:20、7:1、28:1 ●出エジプト記 29:1-29、出エジプト記 30:22-33、出エジプト記 40:13-15、レビ記 8:12 ●創世記28:18-19 ヤコブは次の朝早く起きて、枕にしていた石を取り、それを記念碑として立て、先端に油を注いで、その場所をベテル (神の家) と名付けた ●創世記 31:13 ●メシアMessiah: 学研キッズネット https://kids.gakken.co.jp/jiten/dictionary07400065/ ●メシアMessiah: 旺文社世界史事典 三訂版 https://kotobank.jp/word/ メシア-141311 ●メシアMessiah: 日本大百科全書 https://kotobank.jp/word/ メシア-141311 ●メシアMessiah: ブリタニカ国際大百科事典 https://kotobank.jp/word/ メシア-141311【アブラハムの義】(ガラ 3:6) それは、「アブラハムは神を信じた。それは彼の義と認められた」と言われているとおりです。ブリタニカ国際大百科事典 小項目事典 https://kotobank.jp/word/ アブラハム【イザヤ燃える炭火】●シュメール神話: https://ja.wikipedia.org/wiki/ シュメール神話 ●ヨナ書 2:1 ●ヨナ書 2:2-10 ●ヨナ書 3:3 ●わかる組織神学 予型論: レムナント出版https://remnant-p.com/076wakaru.htm ●イザヤ書 6:6-7 ●マラキ書 3:2-3【イザヤ苦難のしもべ】●列王記下 19:2、列王記下 19:20-34、列王記下 20:1-19、歴代誌下 32:20、イザヤ書 ●イザヤ書 52:13-53:12 ● Brettler(2019) Isaiah's Suffering Servant: Before and After Christianity. https://www.academia.edu/38683951/Isaiahs_Suffering_Servant_Before_and_After_Christianity ● イ ザ ヤ 書7:14、9:6、35:5-6、40:3、50:6、52:14、53:1-12【イスラエル】「イスラエル」は「神と戦う者」または「神が支配する」を意味します。日本大百科全書 (ニッポニカ)https://kotobank.jp/word/ イスラエル-203248【エステル・プリム祭】●エステル記 1:1 ●キュロス2 世: ウィキペディア https://ja.wikipedia.org/wiki/ キュロス2 世 ●バビロン捕囚: 世界史の窓 https://www.y-history.net/appendix/wh0101-082.html BC538 年 ●アケメネス朝: 世界の歴史まっぷ https://sekainorekisi.com/glossary/ アケメネス朝/ ●クセルクセス1 世: ウィキペディア https://ja.wikipedia.org/wiki/ クセルクセス1 世 ●プリム祭: 世界大百科事典 第 2 版 https://kotobank.jp/word/ プリム祭-1202625 ●プリムの祭り: 聖書入門.com https://seishonyumon.com/glossary/ プリムの祭り/ ●イスラエルでも仮装を楽しむお祭りがある！ユダヤ教のお祭り「プリム」: 日本イスラエル親善協会https://japan-israel-friendship.or.jp/special/festival/1547/ ●イスラエル版ハロウィン「プリム祭り」とは: ISRAERU 編集部https://israeru.jp/lifestyle/purim/【エゼキエル】●エゼキエル: ウィキペディアWikipedia. https://ja.wikipedia.org/wiki/%E3%82%A8%E3%82%BC%E3%82%AD%E3%82%A8%E3%83%AB ●エゼキエル書 1:1-3 ●エゼキエル書 33:11-16 ●エゼキエル書 34:1-31 ●エゼキエル書 1:4 ●エゼキエル書 1:5-28 ●エゼキエル書 2:1-3:15 ●エゼキエル書18:2 ●エゼキエル書18:19-21【エリシャ】●列王記下 2:11 彼らが話しながら歩き続けていると、見よ、火の戦車が火の馬に引かれて現れ、二人の間を分けた。エリヤは嵐の中を天に上って行った。●創世記5:2 エノクは神と共に歩んだ。神が彼を取られたので彼はいなくなった。●ヘブライ人への手紙 11:5 信仰によって、エノクは死を経験しないように、天に移されました。●マタイによる福音書 17:1-13、マコによる福音書9:2-13、ルカによる福音書9:28-36 ●使徒言行録 1:6-11【雅歌】●列王記下12-25 章、歴代誌下 10-36 章 ●知恵文学: ブリタニカ国際大百科事典https://kotobank.jp/word/ 知恵文学-95713 ●知恵文学: 精選版 日本国語大辞典https://kotobank.jp/word/ 知恵文学-95713 ●知恵文学: 世界大百科事典 第 2 版https://kotobank.jp/word/ 知恵文学-95713 ●箴言 1:1 イスラエルの王、ダビデの子、ソロモンの箴言 ●箴言 - Wikipedia. https://ja.wikipedia.org/wiki/%E7%AE%B4%E8%A8%80 ●コヘレトの言葉 1:1 エルサレムの王、ダビデの子、コヘレトの言葉 ●コヘレトの言葉 12:8 なんと空しいことか、とコヘレトは言う。すべては空しい、と。●コヘレトの言葉 12:13-14 すべてに耳を傾けて得た結論。「神を畏れ、その戒めを守れ。」これこそ、人間のすべて。神は、善をも悪をも／一切の業を、隠れたこともすべて／裁きの座に引き出されるであろう ヤムニア会議https://ja.wikipedia.org/wiki/ ヤムニア会議 Academic Accelerator https://academic-accelerator.com/encyclopedia/song-of-songs A Living Library of Torah https://www.sefaria.org/sheets/9510?lang=biA Living Library of Torah https://www.sefaria.org/English_Explanation_of_Mishnah_Yadayim.3.5.1?lang=bi【仮庵の祭】平凡社世界大百科事典 第 2 版https://kotobank.jp/word/ 仮庵の祭-467767、スッコート: 平凡社世界大百科事典 第 2 版https://kotobank.jp/word/ スッコート-1347167【枯れた骨の復活と聖霊降臨日】●エゼキエル書 11:19、36:26 ●使徒言行録 2:1-42 ●ペンテコステ: 世界大百科事典 第 2 版https://kotobank.jp/word/ ペンテコステ-131321 ●聖霊降臨日: デジタル大辞泉 https://kotobank.jp/word/ 聖霊降臨日-546710 ●ペンテコステ: ウィキペディア https://ja.wikipedia.org/wiki/ ペンテコステ ●エゼキエル書 37:1-14【義】※正しくてまっすぐな方。(※ 義なる (ツァディク)) 義: 精選版 日本国語大辞典 https://kotobank.jp/word/ 義-49809 義: 聖書事典34 版 (日本基督教団出版局、1995 年)【(ケシェト) ヘブライ語で「虹」】7198. qesheth: https://biblehub.com/hebrew/7198.htm【五旬節】五旬節: 精選版 日本国語大辞典 https://kotobank.jp/word/ 五旬節-64784、五旬祭: 平凡社世界大百科事典 第 2 版 https://kotobank.jp/word/ 五旬祭-835535 駐日イスラエル大使館 https://twitter.com/IsraelinJapan/status/1044022420024131585?ref_src=twsrc%5Etfw%7Ctwcamp%5Etweetembed%7Ctwterm%5E1044022420024131585%7Ctwgr%5Ef0264702aa756dc423c34b7c142385126b92e89e%7Ctwcon%5Es1_&ref_url=https%3A%2F%2Fkeaton511.com%2Fchrist-jewish-festival%2F【酒ぶね】精選版 日本国語大辞典https://kotobank.jp/word/ 酒 槽・ 酒 船-273409、History of the wine press https://en.wikipedia.org/wiki/History_of_the_wine_press、Ancient Wine Press https://bible-history.com/sketches/wine-press、2,600-Year-Old Wine Press Discovered in Lebanon, but What Were They Drinking https://www.winespectator.com/articles/2-600-year-old-wine-press-discovered-in-lebanon-but-what-were-they-drinking-unfiltered、An ancient winepress…Gideon's "hide out" https://jasonbybee.com/2013/04/08/the-story-the-threshing-floor/、Threshing Floors of the Bible https://www.worldhistory.org/article/2050/threshing-floors-of-the-bible/、SIGNS & SYMBOLS OF THE BIBLE (THRESHING FLOOR) https://jesusway4you.com/2018/11/14/signs-symbols-of-the-bible-threshing-floor/、士師記 6:11、聖書図鑑 酒ぶね http://bhakase.blog41.fc2.com/blog-entry-10.html【死海文書】https://ja.wikipedia.org/wiki/%E6%AD%BB%E6%B5%B7%E6%96%87%E6%9B%B8【士師】精選版 日本国語大辞典 https://kotobank.jp/word/ 士師-73176、士師: 山川 世界史小辞典 改訂新版 https://kotobank.jp/word/ 士師-73176、新日本聖書刊行会 聖書新改訳、新日本聖書刊行会 聖書新改訳2017 など、山川 世界史小辞典 改訂新版 https://kotobank.jp/word/ 士師-73176、士師記: 精選版 日本国語大辞典 https://kotobank.jp/word/ 士師記-73207、士師: ブリタニカ国際大百科事典 小項目事典https://kotobank.jp/word/ 士師-73176、士師: 平凡社百科事典マイペディアhttps://kotobank.jp/word/ 士師-73176、イスラエル史: 聖書事典34 版 (日本基督教団出版局、1995 年)【七十人訳聖書】● 七十人訳聖書: 小学館 日本大百科全書 https://kotobank.jp/word/ 七十人訳聖書-283032 ●七十人訳聖書: 小学館 デジタル大辞泉https://kotobank.jp/word/ 七十人訳聖書-283032 ●七十人訳聖書: 平凡社 世界大百科事典 第 2 版https://kotobank.jp/word/ 七十人訳聖書-283032 ●フラウィウス・ヨセフス『ユダヤ古代誌 6』秦剛平 訳、筑摩書房 (ちくま学芸文庫)、2000 年。ISBN 448008536X【ヘブル語の断言的命令】牧師の書斎 meigata-bokushin.secret.jp/index.php? ヘブル語の断言的命令、松永希久夫「歴史の中のイエス像」(NHK ブックス、日本放送出版協会、1989 年、 238 頁)【シナゴーグ】●シナゴーグ: 世界大百科事典 第 2 版 https://kotobank.jp/word/ シナゴーグ-74541 ●シナゴーグ: 平凡社 百科事典マイペディアhttps://kotobank.jp/word/ シナゴーグ-74541 ●シナゴーグ: ウィキペディア https://ja.wikipedia.org/wiki/ シナゴーグ【過越祭】ブリタニカ国際大百科事典 小項目事典 https://kotobank.jp/word/ 過越祭-83515【聖書は何語で書かれたか】翻訳史02｜聖書は何語で書かれたか 聖書協会HP https://www.bible.or.jp/know/know07.html Genesis 1:1 Westminster Leningrad Codex text https://www.tanach.us/ Genesis 1:1 Westminster Leningrad Codex text courtesy of Biblehub https://biblehub.com/interlinear/genesis/1-1.htm【ソロモン】●列王記上 5:15-7:51、歴代誌下 1:18-5:1 ●サムエル記下 5:14、サムエル記下 12:24、列王記上 1:13、列王記上 1:33、歴代誌上 14:4 など ●列王記上 3:11-12、列王記上 5:9-14、列王記上 5:26、列王記上 10:23-24、歴代誌下 1:12 ●列王記上 3:13、列王記上5 章 (列王記上 4:29-34)、列王記上 10:10-29、歴代誌下 1:12、歴代誌下 9:4-28 ●列王記上 3:16-28、列王記上 10:1-9、歴代誌下 9:1-3 ●列王記上 5:1-25、歴代誌下 9:9-31 ●列王記上 3:1、列王記上 7:8、列王記上 11:1-12、歴代誌下 8:11 ●列王記上 11:4-13【ダニエル】●バビロン捕囚: キリスト教マメ知識 https://www.pauline.or.jp/chripedia/mame_Babylon.php ●哀歌Lamentation: 小学館日本大百科全書(ニッポニカ) https://kotobank.jp/word/ 哀歌-421137 ●黙示文学: 小学館日本大百科全書(ニッポニカ) https://kotobank.jp/word/ 黙示文学-142217 ●黙示文学 Apocalyptic literature: 世界大百科事典 第 2 版 https://kotobank.jp/word/ 黙示文学-142217 ●黙示文学 (もくしぶんがく) とは？ 意味・使い方をわかり .... https://dictionary.goo.ne.jp/word/%E9%BB%99%E7%A4%BA%E6%96%87%E5%AD%A6/【ダニエル壁の文字】●ダニエル書 1:3-17 ●ダニエル書 1:17 ●ダニエル書 1:19 ●ダニエル書 1:7 ●ダニエル書 3:1-18 ●ダニエル書 3:19-23 ●ダニエル書 3:24-27 ●ダニエル書 3:28-30 ●ダニエル書 1:21、5:13、6:3-4 ●ダニエル書 2:1-49、4:1-34 ●ダニエル書 5:1-30 ●ダニエル書 6:1-25 ●ダニエル書 1:21、6:29 ●ダニエル書 2:1-15 ●ダニエル書 2:16-45 ●ダニエル書 2:46-49【ダニエルライオンの穴・ダレイオス王】● ダニエル書5:1-9 ● ダニエル書5:10-24 ● ダニエル書5:25-28 ● ダニエル書5:28-30 ● ダニエル書7:1-18 ● ダニエル書8:1-27 ● ダニエル書10:1-12:13 ● Paul V. Niskanen (2004) The Human and the Divine in History: Herodotus and the Book of Daniel, T&T Clark; 1st edition ● https://www.christianstudylibrary.org/article/daniel-8-%E2%80%93-ram-two-horns ●https://lifehopeandtruth.com/prophecy/understanding-the-book-of-daniel/daniel-8/ ● https://enduringword.com/bible-commentary/daniel-8/ ● ダニエル書6:1-4 ● ダニエル書6:5-14 ● ダニエル書6:15-16 ● ダニエル書6:17 ● ダニエル書6:18-29【ダビデ】●サムエル記上 10:1、10:24、11:15 ●サウルSaul: ブリタニカ国際大百科事典 https://kotobank.jp/word/ サウル-68384 ●サウル (Saul): デジタル大辞泉 https://kotobank.jp/word/ サウル-68384 ●【サウルSaul】: 世界大百科事典 第 2 版https://kotobank.jp/word/ サウル-68384 ●サウルSaul: 山川出版社 世界史小辞典 改訂新版 https://kotobank.jp/word/ サウル-68384 ●サムエル記上 9 章-31 章、歴代誌上10 章 ●サムエル記上 15:1-35 ●サムエル記上 13:8-14、サムエル記上 18:8-9 ●歴代誌上 10:13 サウルは、主に背いた罪のため、主の言葉を守らず、かえって口寄せに伺いを立てたために死んだ。●詩篇 51:19 しかし、神の求めるいけにえは打ち砕かれた霊。打ち砕かれ悔いる心を／神よ、あなたは侮られません。 ●箴言 3:34 主は不遜な者を嘲り／へりくだる人に恵みを賜る。●ルカ 18:9- 14 ●ヤコ 4:6 神は、高慢な者を敵とし、謙遜な者には恵みをお与えになる。●1ペト 5:5 神は、高慢な者を敵とし、謙遜な者には恵みをお与えになる ●サムエル記上 4 章、7 章。ペリシテとの戦い ●サムエル記上 8:5、サムエル記上 8:20 ●サムエル記上 8:7 ● ダビデ Wikipedia https://ja.wikipedia.org/wiki/ ダビデ【ダビデ神の箱】●サムエル記下 23:15、歴代誌上 11:17 ●サムエル記下 23:13-17、歴代誌上 11:15-19 ●サムエル記上 24 章、サムエル記上 26 章 ●サムエル記下 22 章、詩篇 34 章など ●サムエル記上 18:5 ●サムエル記上 18:6-8 ●サムエル記上 18:9 ●出エジプト記 40:20、申命記 10:2 ●民数記 17:25 ●出エジプト記16:33-34 ●ヘブライ人への手紙 9:4 ●契約の箱 (契約の櫃) (神の箱) キリスト教マメ知識https://www.pauline.or.jp/chripedia/mame_kaminohako.php ●契約の箱: ウィキペディア https://ja.wikipedia.org/wiki/ 契約の箱 ●サムエル記下 6:1、歴代誌上 13:1-14【ダビデ荒野での生活】●Harold Willmington(2018) リバティ大学 10-2018 A Biographical Study of David https://digitalcommons.liberty.edu/cgi/viewcontent.cgi?article=1012&context=ot_biographies ●サムエル記上 17 章 ●詩篇 3:1 など ●サムエル記上 24:6-7 ●詩篇32 章、37 章、38 章、51 章、86 章、139 章など ●サムエル記下 12:13、サムエル記下 24:10 ●たとえば、使徒言行録 2:25-28、使徒言行録13:22-23、ヘブライ人への手紙11:32-34 ●駐日イスラエル大使館 https://embassies.gov.il/tokyo/AboutIsrael/history/Pages/ 聖書時代.aspx ●サムエル記上 13:16、サムエル記上 13:22、サムエル記下 21:7、サムエル記下 21:13-14、歴代誌上 8:33、歴代誌上 9:39、歴代誌上 10:2 ●サムエル記上 13:3、サムエル記上 14 章 ●サムエル記上 18:1 ●サムエル記上 20:12-15、サムエル記上 20:27-34 ●サムエル記上 18:9 ●サムエル記上 19:4-6、●サムエル記上 31:6、サムエル記下 1:4、サムエル記下 1:12 ●サムエル記上 16 章、17 章 ●サムエル記上 18:9 ●サムエル記上 21:11 ●サムエル記上 22:1 ●サムエル記上 22:2【ダビデ神殿】●サムエル記下 6:13-19、歴代誌上 15:1-16:43 ●サムエル記上17 章 ●サムエル記上 17:39-57、18:5-8、18:30、30:1-20、サムエル記下 5:6-10、8:1-14、10:6-19、11:1、12:26-31 など ●駐日イスラエル大使館 https://embassies.gov.il/tokyo/AboutIsrael/history/Pages/ 聖書時代.aspx ●サムエル記下 1:17-27 ●詩篇3-9、11-32、34 - 41、51 - 65、68 - 70、86 - 88、101、103、108 - 110、122、124、131、133、138 – 145 章など。複数の著者や編集者の関与がある可能性があるため、著者の特定には異論があります ●サムエル記下 11 章 ●サムエル記下 12:1-12 ●サムエル記下 12:13 ●サムエル記下 12:14-19 など●サムエル記下 3:2-5、歴代誌上 3:1-9、歴代誌上 14:4-7 ●サムエル記下 18:14-15、サムエル記下 19:1-5 ●サムエル記上 16:1-31:13、サムエル記下 1:1-24:25、列王記上1:1-2:11、歴代誌上 11:1-29:30 ●サムエル記下 7:1-2 ●歴代誌上 22:1 ●歴代誌上 22:6-10、歴代誌上 28:3【中間時代】●中間時代を学ぼう！ 新約聖書時代のユダヤ教世界 月刊いのちのことば 2008 年04 月号 https://www.wlpm.or.jp/inokoto/2016/04/26/ 中間時代を学ぼう！- 新約聖書時代のユダヤ教世/ ●中間時代: ブリタニカ国際大百科事典 小項目事典 https://kotobank.jp/word/ 中間時代-97105 ●中間時代: 新約聖書の背景 https://ebible.jp/ntback_middle.pdf【聴覚器官】Parnia, S., Hamilton, L. M., Puddicombe, S. M., Holgate, S. T., Frew, A. J., & Davies, D. E. (2014). Autocrine ligands of the epithelial growth factor receptor mediate inflammatory responses to diesel exhaust particles. Respiratory research, 15, 1-10.【ディアスポラ】●原口尚彰(2012) 異教世界の中での共同体形成 ： 初期キリスト教のディアスポラ状況https://www.tohoku-gakuin.ac.jp/research/journal/bk2012/pdf/bk2012no02_03.pdf ●ディアスポラ: ウィキペディア英語版https://en.wikipedia.org/wiki/Jewish_diaspora ●ディアスポラ: ブリタニカ国際大百科事典 小項目事典 https://kotobank.jp/word/ ディアスポラ-99728 ●離散ユダヤ人: 平凡社 世界大百科事典 第 2 版 https://kotobank.jp/word/ 離散ユダヤ人-1435816【トーラー】●トーラー: ウィキペディア https://ja.wikipedia.org/wiki/ トーラー ●口伝律法: ウィキペディア https://ja.wikipedia.org/wiki/ 口伝律法 ●律法／律法主義／トーラー: 世界史の窓 https://www.y-history.net/appendix/wh0101-088.html#:~:text= 律法／律法主義／トーラー&text= ユダヤ人の民族宗教、を律法主義という。●ミシュナー ：ウィキペディア https://ja.wikipedia.org/wiki/ ミシュナー ●律法主義: ブリタニカ国際大百科事典 小項目事典 https://kotobank.jp/word/ 律法主義-149066 ●マタイによる福音書 23:1-36、マルコによる福音書2:27、7:1-23、ルカによる福音書6:1-11、11:37-54、13:10-17、14:1-6、18:9-14、ヨハネによる福音書5:1-18、7:21-24、8:1-11、9:13-16【トーラー】平凡社世界大百科事典 第 2 版 https://kotobank.jp/word/ トーラー-581990【虹 (創9:13)】● What Does Rainbow Mean In Hebrew? https://blog.israelbiblicalstudies.com/jewish-studies/rainbow-mean-hebrew/ ●7198. qesheth: https://biblehub.com/hebrew/7198.htm ●コロサイ 1:19-20 ●ローマ 5:8-11【ファラオ】ファラオ: 平凡社世界大百科事典 第 2 版 https://kotobank.jp/word/ ファラオ-122393、ファラオ: https://ja.wikipedia.org/wiki/ ファラオ、Pharaohs: National Geographic Society https://education.nationalgeographic.org/resource/pharaohs/、屋形禎亮、 杉勇ほか「2:「神王国家」の出現と「庶民国家」及び6: イク=エン=アテンとその時代」『岩波講座 世界歴史1』岩波書店、1969 年、55-82、197-226 頁【幕屋】新聖書辞典 図172 【幕屋の図】出典：www.biblegateway.com/blog/2014/07/experience-the-tabernacle-an-interview-with-jeanne-whittaker/【幕屋】www.biblegateway.com/blog/2014/07/experience-the-tabernacle-an-interview-with-jeanne-whittaker/【メシア】https://kotobank.jp/word/ メシア-141311【モーセ五書】デジタル大辞泉 https://kotobank.jp/word/ モーセ五書-142412【ヤコブ】聖書事典34 版 (日本基督教団出版局、1995 年)、平凡社世界大百科事典 第 2 版https://kotobank.jp/word/ ヤコブ-143618【預言者】●預言者: 平凡社 百科事典マイペディア https://kotobank.jp/word/ 預言者-146003 ●預言: 小学館 日本大百科全書 https://kotobank.jp/word/ 預言-146002 ●預言者: ウィキペディア https://ja.wikipedia.org/wiki/ 預言者 ●サムエル記上3:1-14、ダニエル書2:19-23、エレミヤ書1:4-10、エゼキエル書1:1-28、ミカ書1:1、ゼカリヤ書1:7-17 など ●預言者: 小学館 日本大百科全書https://kotobank.jp/word/ 預言者-146003 ●預言者: ブリタニカ国際大百科事典 小項目事典https://kotobank.jp/word/ 預言者-146003 ●山川出版社「山川 世界史小辞典 改訂新版」https://kotobank.jp/word/ 預言者-146003【ヨシュア】聖書事典34 版 (日本基督教団出版局、1995 年)、【イエス】の名はギリシャ語の音読表記であり、ヘブライ語では「ヨシュア」日本大百科全書 (ニッポニカ)https://kotobank.jp/word/ イエス・キリスト-156225【ヨナ】●列王記下 2:9 ●申命記 21:17 ●列王記下 5:1-14 ●列王記下 4:32-35 ●列王記下 4:38-44 ● 歴代誌下 24:7 ●列王記下 12:3-17、歴代誌下 24:4-15 ●列王記下 12 章、歴代誌下 24 章●【ニネベNineveh】: 世界大百科事典 第 2 版、ニネベNineveh: ブリタニカ国際大百科事典https://kotobank.jp/word/ ニネベ-110025 ●アッシリア Assyria: Academic Accelerator https://academic-accelerator.com/encyclopedia/jp/assyria【律法】小学館 日本大百科全書 (ニ ッ ポ ニ カ) https://kotobank.jp/word/ 律 法-149061The 613 Commandments (Mitzvot) by Mendy Hecht https://www.chabad.org/library/article_cdo/aid/756399/jewish/The-613-Commandments-Mitzvot.htm 律法: ブリタニカ国際大百科事典 小項目事典https://kotobank.jp/word/ 律法-149061【歴史年表】(P.6-7, P.95,P.113) Bible Timeline https://biblehub.com/timeline ※ 但し次の２点は「聖書検定公式テキスト第１級旧約聖書歴史図」) ※BC1000 年ダビデ王がイスラエル統一王国建国 (Bible Timelin ではBC1003 ※BC922 年頃イスラエル統一王国南北に分裂 (Bible Timelin ではBC931)【ろば】聖書事典34 版 (日本基督教団出版局、1995 年)

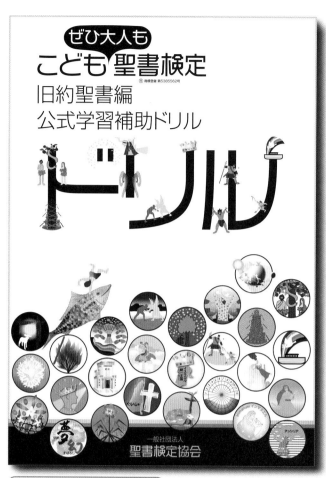

こども聖書検定・旧約聖書編 公式学習補助ドリル
体裁：A4判 66ページ全カラー
本体価格：900円（税込価格：990円）

こども聖書検定・旧約聖書編 公式学習補助ドリルの特徴

● まずは公式テキストの本文を読んでから、同じ課のドリルに取り組もう！

● 公式テキストの各課のエッセンスを、ぎゅう〜っと凝縮し、ポイントをついた構成は、遊心いっぱいのクイズ、ぬりえ、書写、くじ、迷路、なぞなぞ、など飽きることなく楽しくく学習できる。

● 各課の聖句は暗唱しやすい文字量なので覚えやすい。

● 「聖書通読マップ」掲載。通読のガイドとしてぜひご活用。

● 旧約聖書の聖句「みことばカード」のぬり絵掲載。

● ドリルをすることにより、各課のエッセンスが習得できる。

● こどもはもちろんのこと、ぜひ大人にもおすすめ！

● 個人で、グループで、家庭で、教会学校などでぜひご活用！

● 各課のアイコンと見出しが公式テキストと連動しているので分かりやすい

● 巻末にはていねいな解答を掲載

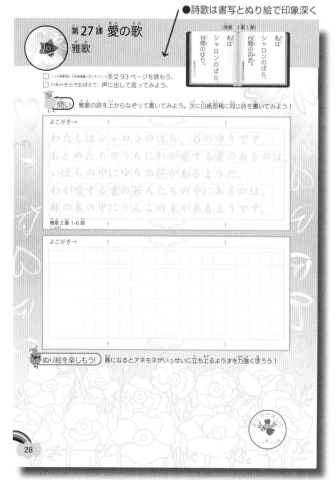

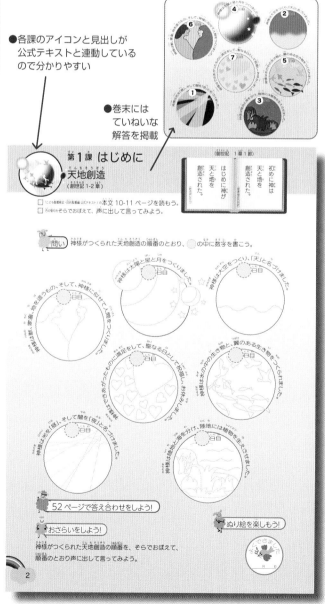

● 申し込み・受検料支払い方法

■インターネットで申し込み（支払方法：各種クレジットカード、Amazon Pay、コンビニ、商品代引き、郵便振替、銀行振込）

https://seisho-kentei.com

■FAX で申し込み（支払方法：折り返し送付する郵便振替のみの支払方法です。）

次ページの FAX 申し込みに必要事項を記入し、送信してください。

FAX 番号：045-370-8671

■郵便ハガキで申し込み（支払方法：折り返し送付する郵便振替のみの支払方法です。）

右下の申し込みハガキに必要事項を記入し、切り取って切手を貼り投函してください。

■郵便振替で申し込み

郵便振替用紙で（次ページ参照）
申し込みと支払いをしてください。

● 「こども聖書検定・旧約聖書編」又は
「もっと教えて聖書検定・旧約聖書編」
検定試験の申し込み後に、
以下の３点を送付します。

　１. 「こども聖書検定・旧約聖書編」又は、
　　　「もっと教えて聖書検定・旧約聖書編」
　　　試験問題用紙

　２. 解答用紙

　３. 返信用封筒

※キャンセル、返金について

申し込み後のキャンセル、および受検者
の変更はできません。いったん払い込ま
れた受検料の返金はできません。

●検定試験料金（税・送料込）

※どなたでも、何歳でも、いつでも、
　自由（飛び級あり）に受検できます。

検定試験名	受検料
「こども聖書検定・旧約聖書編」	1,500 円（税・送料込）（こどもから大人まで同料金）
「もっと教えて聖書検定・旧約聖書編」	2,000 円（税・送料込）（こどもから大人まで同料金）

はがきでご注文の方は切り取ってお出し下さい ✂

郵便ハガキ

〒236-8799

所定の料金の
郵便切手を
お貼りください

横浜金沢郵便局
私書箱 4号

 一般社団法人
聖書検定協会 行

はがきでご注文の場合のお支払い方法は下記の２種類です。いずれかに必ず○をしてください。

○ 郵便振替（商品到着後の後払い）→送料は全国一律180円／3,000円以上お買い上げは送料無料
○ ゆうパックコレクト（代引手数料300円）→送料は全国一律180円／3,000円以上お買い上げは送料無料

※２種類の試験はどちらでも、また両方とも、自由に受検できます。

検定試験名	受検申し込み	検定料
こども聖書検定・旧約聖書編	○ 受検します	¥ 1,500（税・送料込）（こどもから大人まで同料金）
もっと教えて聖書検定・旧約聖書編	○ 受検します	¥ 2,000（税・送料込）（こどもから大人まで同料金）

品　　名	単価	数
こども聖書検定・旧約聖書編 公式テキスト	定価:本体 ¥ 1,800（税込¥1,980・送料別）	
こども聖書検定・旧約聖書編 公式学習補助ドリル	定価:本体 ¥ 900（税込¥990・送料別）	

■郵便振替で申し込む場合の記入方法（振込料はご負担いただきます）

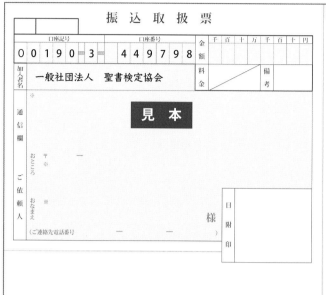

振 込 取 扱 票

口座記号		口座番号	金額
0 0 1 9 0 − 3		4 4 9 7 9 8	千 百 十 万 千 百 十 円

加入者名　一般社団法人　聖書検定協会

料金／備考

見　本

通信欄

ご依頼人
〒 ─
おところ ※
おなまえ ※
（ご連絡先電話番号　　─　　　─　　　）

様

日附印

振替払込請求書兼受領証

口座記号番号	0 0 1 9 0 − 3
	4 4 9 7 9 8

加入者名　一般社団法人　聖書検定協会

金額

ご依頼人　　　　　　　　　　様

料金／日附印

備考

●通信欄・ご依頼人の
　書き方は右下参照

はがきでご注文の方は切り取ってお出し下さい ✂

こども聖書検定・旧約聖書編　　受検申し込み　　もっと教えて聖書検定・旧約聖書編

※下記、赤い太枠の中はもれなく必ずご記入ください。

受検者氏名

フリガナ	
氏名	

受検一式・採点一式お届け先住所

郵便番号					−				都道府県名	（都・道・府・県）
市区町村名										
丁目・番地										
建物・様方等										
電話			─			─				

※受検者複数人の場合は名前（漢字とフリガナも）を記入してください。

氏名	フリガナ	検定試験名
		こども聖書検定・旧約聖書編 もっと教えて聖書検定・旧約聖書編
		こども聖書検定・旧約聖書編 もっと教えて聖書検定・旧約聖書編
		こども聖書検定・旧約聖書編 もっと教えて聖書検定・旧約聖書編
		こども聖書検定・旧約聖書編 もっと教えて聖書検定・旧約聖書編

こども聖書検定・旧約聖書編　202312

■郵便振替で申し込みの場合

郵便局に備え付けの
振込取扱票に、
下記の事項を必ず
書いてください。

口座記号：
00190-3
●口座番号：
449798
●加入者名：
一般社団法人 聖書検定協会

●通信欄
「こども聖書検定・旧約聖書編
受検申込」、または
「もっと教えて聖書検定・
旧約聖書編 受検申込」
と記入

●申込者の
住所、氏名（ふりがな）、
電話番号を記入

（正しくお届けするためマンション名や
部屋番号も記入）

⬆ FAX送信

（送信先：聖書検定協会 FAX：045-370-8671）

（こども聖書検定・旧約聖書編）　受検申し込み　（もっと教えて聖書検定・旧約聖書編）

※下記、赤い太枠の中はもれなく必ずご記入ください。

受検者氏名	
フリガナ	
氏名	

受検一式・採点一式お届け先住所

郵便番号					都道府県名	（都・道・府・県）
市区町村名						
丁目・番地						
建物・様方等						
電話	—		—		—	

※受検者複数人の場合は名前（漢字とフリガナも）を記入してください。

氏名	フリガナ	検定試験名	
		こども聖書検定・旧約聖書編	もっと教えて聖書検定・旧約聖書編
		こども聖書検定・旧約聖書編	もっと教えて聖書検定・旧約聖書編
		こども聖書検定・旧約聖書編	もっと教えて聖書検定・旧約聖書編
		こども聖書検定・旧約聖書編	もっと教えて聖書検定・旧約聖書編

※2種類の試験はどちらでも、また両方とも、自由に受検できます。

検定試験名	受検申し込み	検定料
こども聖書検定・旧約聖書編	◯ 受検します	￥1,500（税・送料込）（こどもから大人まで同料金）
もっと教えて聖書検定・旧約聖書編	◯ 受検します	￥2,000（税・送料込）（こどもから大人まで同料金）

品　名	単価	数
こども聖書検定・旧約聖書編 公式テキスト	定価:本体 ￥1,800（税込￥1,980・送料別）	
こども聖書検定・旧約聖書編 公式学習補助ドリル	定価:本体 ￥900（税込￥990・送料別）	

こども聖書検定・旧約聖書編 202312

このページをコピーしてファックスしてください。

著者：岩佐 めぐみ（本文）

1958年、東京都に生まれる。多摩美術大学グラフィックデザイン科卒業。童話作家。デビュー作『ぼくはアフリカにすむキリンといいます』のドイツ語版が2018年、日本作品で初めてとなるドイツ児童文学賞を受賞する。作品に、上記に続く「クジラ海のお話」シリーズ（偕成社）、『バッファローおじさんのおくりもの』『カンガルーおばさんのおかいもの』（講談社）などがある。クジラ海のお話は、さまざまな言語に訳され世界中の子どもたちに愛されている。
ぶどうの木キリスト教会土浦チャペル牧師。

著者：穴澤 活郎（もっと教えて）

博士（理学）・博士（環境学）
現在、東京大学・准教授　専門は地球化学・環境学
JTJ宣教神学校講師
新旧約聖書の文体分析、計量分析等に従事

挿絵：渡辺 晋哉（「S」のサインのある絵）

1965年生まれ。上野の森キリスト教会副牧師。編み物手芸作家。
自由学園で陶芸など美術工芸を学び1988年卒業。
幼い頃より祖母から茶道華道の薫陶を受け、植物の美しさに魅かれる。
11歳で洗礼を受け、15歳から教会学校教師になる。
イスラエル旅行で聖地のスケッチをし、聖書の挿絵に目覚める。

著者：富田 慎悟（聖句解説と祈り他）

新宿シャローム教会主任牧師、　新宿シャローム教会ひのはら会堂
シャロームひのはら主任牧師、ゴスペルヴィレッジ 祈りの家 SHOP
（シャローム祈りの 家）代表ディレクター、
ベストライフスクール（チャーチ スクール）元校長。
モットーは「神の子、キリストの花嫁、主のしもべ」。

構成・デザイン：村上 芳

一般社団法人 聖書検定協会　代表理事
Tokyo Union Church 会員：1872(明治5)年に東京・築地外国人居留地に設立された超教派のインターナショナル教会。※現在は表参道(東京都渋谷区神宮前)
みことばアートなどクリスチャンアートの制作多数。ミッションは聖書のみことばをすべての人に伝えること。

こども聖書検定・旧約聖書編

2023年12月1日 初版第1刷発行

著　者	岩佐 めぐみ・穴澤 活郎・富田 慎悟
挿　絵	渡辺 晋哉
構成・デザイン	村上 芳
発　行　人	村上 芳
発行・発売	一般社団法人 聖書検定協会

〒236-0023 横浜市金沢区平潟町31-1
TEL:045-370-8651　FAX:045-370-8671
Email：info@seisho-kentei.com
URL：https://seisho-kentei.com

聖書 新共同訳：
(c) 共同訳聖書実行委員会 Executive Committee of The Common Bible Translation
(c) 日本聖書協会 Japan Bible Society , Tokyo 1987,1988

聖書新改訳：
©1970,1978,2003 新日本聖書刊行会